KECHIXU FAZHAN
SHIYANQU YANJIU

广西西江流域生态环境与区域经济一体化丛书；
广西科学研究与计划项目部分成果（桂科软11217002-31）
广西西江流域生态环境与一体化发展协同创新中心资助

可持续发展实验区研究

——以广西为例

宋书巧 覃玲玲 覃春烨 ◎著

中国财经出版传媒集团
经济科学出版社
Economic Science Press

前　　言

目前，我国已建成国家级可持续发展实验区160个（含先进示范区13个），省级实验区180个以上，覆盖全国30个省、自治区、直辖市。广西共有7个可持续发展实验区，其中只有恭城瑶族自治县可持续发展实验区为国家级可持续发展实验区，其余6个均为省级可持续发展实验区。国家可持续发展实验区按示范主题来划分，主要有资源型城市转型、生态保护和修复、社会发展、循环经济、城乡一体化、小城镇建设等类型，而广西可持续发展实验区主要为循环经济类型。

本书共分为八章，第一章和第二章对我国可持续发展实验区的发展历程和建设经验进行了分析总结；第三章和第四章对广西可持续发展实验区发展现状和发展模式进行了分析；第五章、第六章和第七章对广西可持续发展实验区发展水平、发展能力和生态足迹进行了分析评价；第八章在国内可持续发展实验区发展机制分析的基础上，结合对广西可持续发展实验区的分析评价，提出了广西可持续发展实验区发展机制。

本书是广西科学研究与计划项目《广西可持续发展实验区发展模式和发展机制研究》（桂科软11217002－31）的研究成果，获得广西西江流域生态环境与一体化发展协同创新中心经费支持。中国科技开发院广西分院阮付贤、陈雪梅和广西师范学院胡伟、胡云华、杜笑佳、韩建江等参加了调研、资料收集和整理工作，在此一并感谢。

目　　录

第一章　可持续发展实验区发展历程 …… 1
　一、可持续发展实验区产生背景 …… 1
　二、可持续发展实验区发展历程 …… 4
　三、全国可持续发展实验区发展现状 …… 8
　本章参考文献 …… 14

第二章　我国可持续发展实验区建设经验 …… 15
　一、资源型城市转型 …… 15
　二、生态保护和修复 …… 22
　三、社会发展 …… 28
　四、循环经济 …… 32
　五、城乡一体化 …… 36
　六、小城镇建设 …… 42
　本章参考文献 …… 47

第三章　广西可持续发展实验区发展现状 …… 51
　一、桂林市恭城瑶族自治县可持续发展实验区 …… 51
　二、河池市宜州市可持续发展实验区 …… 58
　三、防城港市东兴市可持续发展实验区 …… 64
　四、玉林市北流市可持续发展实验区 …… 71
　五、柳州市柳北区可持续发展实验区 …… 76
　六、来宾市兴宾区可持续发展实验区 …… 81
　七、梧州市进口再生资源加工园区可持续发展实验区 …… 86
　本章参考文献 …… 90

第四章　广西可持续发展实验区可持续发展模式 …… 93
一、基于生态农业循环经济的可持续发展模式 …… 93
二、基于工农业复合型循环经济的可持续发展模式 …… 96
三、基于工业循环经济的可持续发展模式 …… 101
四、基于边境贸易的可持续发展模式 …… 107
本章参考文献 …… 109

第五章　广西可持续发展实验区发展水平评价 …… 111
一、可持续发展评价模型与指标体系 …… 111
二、广西可持续发展实验区发展水平评价 …… 134
本章参考文献 …… 141

第六章　广西国家级可持续发展实验区发展能力评价 …… 143
一、可持续发展能力国内外研究现状 …… 143
二、恭城实验区可持续发展能力评价 …… 145
三、恭城实验区与同等级实验区之间的比较 …… 156
本章参考文献 …… 159

第七章　广西国家级可持续发展实验区生态足迹分析 …… 161
一、生态足迹模型的理论基础 …… 161
二、恭城实验区生态足迹分析 …… 164
三、结论与展望 …… 172
本章参考文献 …… 172

第八章　可持续发展实验区发展机制研究 …… 174
一、国内部分可持续发展实验区发展机制 …… 174
二、广西可持续发展实验区发展机制研究 …… 185
本章参考文献 …… 188

第一章

可持续发展实验区发展历程

一、可持续发展实验区产生背景

1972年6月，第一次国际性的环境大会——联合国人类环境大会，在瑞典首都斯德哥尔摩举行，113个国家及相关组织就共同关心的环境问题进行了探讨。这是人类第一次把环境问题纳入国际议事日程。会议通过了《人类环境宣言》和《行动计划》，宣告了人类对环境的传统观念的终结，达成了“只有一个地球”、人类与环境是不可分割的“共同体”的共识。1983年，世界环境与发展委员会（WCED），也称布伦特兰委员会成立。该委员会作为全球各地、南北双方、政府与企业机构以及民间团体之间信息交流的平台，通过三年对全球各政府首脑和公众对环境与发展的看法的调研，于1987年发表了《我们共同的未来》的研究成果，将可持续发展定义为：“既满足当代人的需要又不对后代人满足其需要的能力构成危害的发展”[1]。报告里指出，环境和生态问题是事关人类的生存大计，过去的传统方式制约了环境、资源和经济的发展，要想转变这一方式，必须制定统一的环境政策与发展战略，而可持续发展的概念即为环境政策和发展战略的统一提供了一个基本框架。环境与发展的统一是对所有国家的要求，不论是发达国家还是发展中国家，实现可持续发展需要改变每个国家的国内和国际政策。报告里还呼吁联合国大会郑重考虑将报告内容转变成一个联合国可持续发展的行动规划。自此之后，“可持续发展”理论逐渐得到广泛认可和接受，越来越多的国家把可持续发展作为国家的发展战略加以推进，可持续发展成为一种国际共识。

1992年6月3~14日，联合国环境与发展大会在巴西首都里约热内卢国际会议中心隆重举行，183个国家和70个国际组织与会，103个国家元首或政府首脑亲自与会并讲话。会议讨论并通过了关于环境与发展的《里约环境与发展宣言》（又称《地球宪章》，包含27项基本原则）、《21世纪议程》（关于21世纪环境与发展的行动指南，确定21世纪39项战略计划）和《关于森林问题的原则声明》，签署了联合国《气候变化框架公约》（UNFCCC）和《生物多样性公约》（CBD）两个重要的公约。环境与发展大会提出了人类“可持续发展”的新战略和新观念，提供了一个从20世纪90年代起至21世纪的行动蓝图，内容涉及与全球持续发展有关的所有领域，是人类为了可持续发展而制定的行动纲领。会议之后，可持续发展深入到城市会议直至国际组织，150多个国家建立了国家级的研究机构，研究综合的可持续发展方法，80多个国家把《21世纪议程》的主要内容纳入国家发展规划，6 000多个城市在议程的指导下制定了远景目标。至此，可持续发展得到了世界最广泛和最高级别的政治承诺。以这次大会为标志，人类对环境和发展的认识提高到了一个崭新的阶段，可持续发展思想成为人类高高举起的重要旗帜。

2002年8月26日到9月4日以“拯救地球、重在行动”为宗旨的可持续发展世界首脑会议在南非约翰内斯堡国际会议中心举行，104位国家元首和政府首脑以及来自世界192个国家和地区的7 000多名代表出席会议。这次会议回顾了《21世纪议程》的执行情况、取得的进展和存在的问题，并制订了新的可持续发展行动计划。经过与会国家和代表的共同努力，会议通过了《约翰内斯堡可持续发展宣言》和《可持续发展世界首脑会议执行计划》。在这次大会上，地方可持续发展在全球可持续发展中的作用引起国际社会的普遍重视。

2012年6月20日到22日联合国可持续发展大会在巴西里约热内卢召开，这次大会又称“里约+20”峰会。作为继1992年联合国环境与发展大会及2002年南非约翰内斯堡可持续发展世界首脑会议后，国际可持续发展领域举行的又一次大规模、高级别会议，大会把“可持续发展和消除贫困背景下的绿色经济”“促进可持续发展的机制框架”作为两大主题，并将“评估可持续发展取得的进展、存在的差距”“积极应对新问题、新挑战”“做出新的政治承诺”作为此次大会的三大目标[2]。“里约+20”峰会各利益方在大会任务、主题、目标以及经济、社会发展和环境保护三大支柱相统筹，在坚持“共同但有区别的责任”原则，发展模式多样化、多方参与、协商一致等基本原则上均具有共识。很多国家也提出了设立可持续发展目标，研究设计衡量可持续发展新指标等建议。但各国在两大议题的一些具体立场上仍存在一定差异。

从可持续发展理论发展的历程来看，1987年以布伦特兰夫人为首的联合国环境与发展委员会在《我们共同的未来》报告中提出了可持续发展观；1992年召开的联合国环境与发展大会则将人类对可持续发展的探索由理论转化为实践，提出了可持续发展的全球行动计划——《21世纪议程》；2002年的南非约翰内斯堡可持续发展世界首脑会议，对地方可持续发展在全球可持续发展中的作用予以充分重视；2012 年联合国在巴西召开的可持续发展大会通过了《我们憧憬的未来》。这反映出可持续发展从议程向行动尤其是地方行动的转变趋势，可持续发展行动的重心日益向地方转移。

中国走可持续发展之路不仅仅是中国政府顺应时代潮流作出的一项战略抉择，更是从中国的实际出发，解决自身发展问题的一项科学决策，是中国实现国家富强和民族振兴的必由之路。

20 世纪 70 年代人们通过对传统经济发展道路的反思，提出了可持续发展模式。在 80 年代中期，可持续发展这个概念、理论和思想，从国外引入中国，代表性著作是莱斯特·R·布朗（Lester R. Brown，1981）撰写的《建设一个持续发展的社会》，该书于 1981 年出版，1984 年译成中文由科学技术文献出版社出版。90 年代，中国政府积极响应 1992 年联合国环境与发展会议上提出的可持续发展观念，率先制定并于 1994 年 3 月颁布了《中国 21 世纪议程》[3]。中国立足基本国情积极应对国内外环境的复杂变化和重大挑战，将以人为本、全面协调可持续的科学发展观确立为国家发展的根本指导思想，全面实施可持续发展战略[4]。此后国内理论界便从各种不同的角度来研究可持续发展，形成了可持续发展研究的热潮。1995 年 9 月，前国家主席江泽民在中共十四届五中全会的讲话中提出："在现代化进程中必须将可持续发展作为一项重大战略"。1996 年 3 月，全国人大八届四次会议批准了《中华人民共和国关于国民经济和社会发展"九五"计划和二〇一〇年远景目标纲要的报告》，报告将可持续发展上升为国家战略并全面推进实施。2001 年 7 月 1 日，江泽民总书记在建党 80 周年纪念大会上全面阐释我国可持续发展战略："要促进人和自然的协调与和谐，使人们在优美的生态环境中工作和生活。坚持实施可持续发展战略，正确处理经济发展同人口、资源、环境的关系，改善生态环境和美化生活环境，改善公共设施和社会福利设施，努力开拓生产发展、生活富裕和生态良好的文明发展道路"。2002 年，党的十六大也把可持续发展作为了中国 21 世纪经济发展的指导性原则。从可持续发展理论思想的介绍宣传推广，到后来写进中央和国家的文件形成我国的发展战略，可持续发展已成为家喻户晓深入人心的理论，成为科学发展观的主要组成部分[5]。

中国从"可持续发展"理念提出到国家行动用了 15 年，"循环经济"模式推广用了 8 年，而从"低碳经济与社会"提出到变成行动仅用了 4～5 年时间，这说明社会与民众对可持续发展理念与行动接受度在不断增强，而且近几年来中国可持续发展战略行动的重点与主题明确：城市可持续发展战略（2005 年）；建设资源节约型与环境友好型社会（2006 年）；水：治理与创新（2007 年）；政策回顾与展望（2008 年）；探索中国特色的低碳道路（2009 年）；大力推进生态文明建设（2012 年）[6]。

在可持续发展的大背景下，我国为实现地区的可持续发展，开始在国内开展国家可持续发展实验区的建设工作。建立国家可持续发展实验区是我国为推动可持续发展战略的具体行动，是一项把可持续发展战略和中国 21 世纪议程落实到地方的可持续发展实验示范工程。实验区的产生与发展，得到了国际可持续发展先进理念的启示，但更为主要的是源自中国努力实现经济社会协调发展，人与自然和谐共存的内在发展需求，是一项有中国特色的地方可持续发展实验示范工作。实验区建设过程中获得的成功，为充分发挥科学技术第一生产力的作用，缓解人口、资源和环境对经济发展的制约，以及为全面建设小康社会提供了经验，也起到了示范作用。

二、可持续发展实验区发展历程

可持续发展实验区是为探索中国可持续发展之路而产生的。实验区从无到有，逐步走出了一条实现区域经济、社会与人口、资源、环境协调发展的新路子，在国内外产生了较大的影响，起到了良好的示范作用。实验区具有贯彻国家可持续发展战略，实施《中国 21 世纪议程》，推动社会经济全面协调发展的鲜明特点，在改革开放以来我国开展的各种示范试点活动中，显示了特殊的作用。实验区建设与发展大体经历了如下三个阶段[7]：

（一）创立试点，积极开拓科技促进社会发展新局面（1986～1994 年）

1978 年党的十一届三中全会以后，中国开启了改革开放的大门。随着改革开放的不断深入，制约发展的桎梏被打破，中国的生产力获得了解放，经济获得了前所未有的发展，尤其在中国东部沿海开放地区，涌现出“长江三角洲”“珠江三角洲”等多个具有广泛辐射力和强大影响力的“增长板块”。体制的变革和市场的活力使这些区域成为中国最富生机、最具吸引力的区域。但是，在发展过程中也出现了诸多问题，如经济发展和社会发展不协调，社会发展相对滞后；资源枯竭，环境污染，人与自然不和谐；城乡之间、地区之间收入差距扩大，区域发展不平衡。面对新的形势和新的问题，科学技术促进社会发展工作被提上议事日程。1985 年 9 月，原国家科学技术委员会（以下简称国家科委）在大连市召开“科学技术与社会发展”座谈会。会议主要讨论两个问题：一是我国社会发展工作的范围及其所含科学技术问题；二是围绕中央“七五”计划建议，探讨科学技术促进社会发展在今后五年内应着力抓好的一些事情。

会议认为，党的十一届三中全会以来，经济、社会出现了持续、稳定、协调发展的新局面，出现了好势头。但是长期以来在强调抓经济建设的同时，却忽视了社会发展工作，放松了对提高全社会生活质量的努力，造成社会发展与科技、经济发展不相协调，带来了诸如人口、生态、资源、环境、住房、交通、通讯、文化、教育、医疗保健等一系列发展中的社会问题。新的发展形势和发展机会要求，在坚定不移地依靠科学技术进步促进经济发展的同时，对于依靠科学技术进步促进社会发展问题必须给予高度重视。

根据这次会议精神，1986 年 7 月，江苏省科委提出申请，推荐常州市和无锡市华庄镇作为社会发展综合示范试点城镇。同年 8 月 5 日，国家科委做出批复，同意江苏省科委意见，把常州市和无锡市华庄镇作为社会发展综合示范试点城镇。同时，在批复中指出：为了适应改革的需要，加强部门之间的横向联系，国家科委、原城乡建设部、公安部、民政部、文化部、原广播电影电视部、国家体委、国家计划生育委员会、国家环保局和中央爱国卫生委员会、老龄问题全国委员会、中国残疾人福利基金会、中国儿童发展中心等十四个部门和单位，都支持并共同参与指导这项试点工作。为了使试点工作顺利开展，批复要求各有关单位注意认真总结经验，为我国城镇的社会发展和逐步建立起文明、健康、科学的生活方式创造出一条新路子。

综合示范试点的主要任务是，在先进的科学技术指导下，科学地制定城镇社会发展总体规划，全面提高人口身体素质、思想政治素质和文化素质，实现经济、社会、生态效益的综合提高，物质文明和精神文明的同时建设，三大产业协调发展，为建设有中国特色的社会主义做出有益探索。

对两个试点的要求各有侧重。常州：在改革开放和全力推进社会主义现代化建设，实现人民生活水平达到小康目标的过程中，如何以科学技术引导和推动社会经济协调发展，探索城市具有中国特色的新的社会发展道路。华庄镇：促进小城镇在经济发展的同时，完善与现代社会建设相适应的社会服务设施，发挥小城镇的功能，在人口、生态、环境、交通、通讯、文化、教育、卫生、体育等方面取得综合示范效应，探索经济发达地区农村小城镇社会发展的新经验。

此后，常州市和华庄镇在当地党和政府领导下，在国家有关部委的支持下，按照试点规划的要求，自力更生，进行了积极探索和有益的尝试，迈出了开拓性的一步。经过三年的建设发展，两地在人口、教育、卫生、环境、社会保障、社会秩序与安全、通讯、广播、电视电影、文化体育和城镇建设等社会发展各个方面都取得了显著的成绩。1989 年 12 月，原国家科委与原国家计委等 10 多个部委在常州市召开了城镇社会发展综合示范试点工作会议，听取了常州市、华庄镇第一阶段试点工作汇报，在参观考察了示范项目后，与会代表一致认为，常州市和华庄镇结合本地实际，因地制宜，采取了切实可行的措施，使社会事业获得全面发展，成绩显著；两地的做法和经验值得学习和借鉴。会议要求在华东六省一市再各选一两个地方进行试点。

1992 年，原国家科委组织的“社会发展科技理论与实践研讨会”在广东省珠海市召开，会议就在我国改革开放的新形势下如何更好地推动社会发展问题进行研讨。会议指出，社会发展综合试点数量较少，而且主要集中在沿海经济发达地区，中部地区和经济不发达地区的社会发展科技工作如何开展，还没有经验。会议提出，“社会发展综合试点工作是一项改变观念、创造环境的社会改革试验”，应当扩大试点范围、增加实验区改革的内容、大胆进行政策性改革试验，对社会发展综合试点的范围进行扩展。

根据这次会议精神，原国家科委和原国家体改委共同发出了《关于建立社会发展综合实验区的若干意见》，意见中指出，实验区要“解决人口、资源、生态环境等方面的问题，搞好城镇建设、文化教育、卫生体育、劳动就业、社区建设、社会服务、社会保障、社会安全等各项工作。创造良好的生产与生活环境”。同时，由 23 个国务院有关部门和团体共同组成了实验区协调领导小组（随后又增加了 5 个部门），并成立了社会发展综合实验区管理办公室。从此，实验区工作全面启动，进入了推进发展阶段。

（二）拓展内涵，稳步推进可持续发展战略（1994～2002 年）

1994 年 3 月，国务院正式通过了《中国 21 世纪议程》，并将其作为指导我国国民经济与社会发展的纲领性文件。同年 7 月，实验区协调领导小组召开会议，明确指出要将可持续发展的思想作为实验区的指导思想。在会议上，原国家科委邓楠副主任指出，“实验区可以说是实践《中国 21 世纪议程》的实验区，可以作为中国今后发展的方向和样板”“这条道路就是中国未来发展的道路，也是建设具有中国特色社会主义的发展方向”。会议提出了“实施《中国 21 世纪议程》，推进社会发展综合实验区建设”的意见，要求各实验区要率先实施《中国 21 世纪议程》，把实验区建设成为实施可持续发展战略的基地。1995 年中共中央、国务院发布的《中共中央、国务院关于加速科技进步的决定》（中发〔1995〕8 号）提出：“全面实施《中国 21 世纪议程》。依靠科学技术，控制人口增长，提高人口素质，合理开发利用资源，保护生态环境，实现经济和社会的持续发展，要切实加强社会发展领域的科学研究与技术开发”。1996 年第八届全国人大批准的《国民经济和社会发展“九五”计划和 2010 年远景目标纲要》明确提出：“建立一批科技引导社会发展综合实验区，依靠科学技术、控制人口增长，提高人口素质，合理开发资源，保护生态环境，实现经济和社会的持续、协调发展”。

1997 年 12 月 29 日，实验区协调领导小组向国务院有关领导汇报了实验区建设工作，得到了国务院领导的肯定。根据国阅〔1998〕15 号文件的内容，进一步推广实验区的成功经验是办好可持续发展这件大事的好途径，对贯彻可持续发展战略和科教兴国战略，推动经济与社会协调发展，实现两个根本性转变有重要意义。要加大改革力度，结合实际，不断探索，在认真总结并吸收国外有益经验的基础上，逐步扩大试点，把这项工作做得更好。会议同意将“社会发展综合实验区”更名为“可持续发展实验区”。

此后，在实验区协调领导小组的组织和领导下，开始从地方选择具有代表性和示范性的中小城市、县、镇以及大城市城区，进行全面的实验和示范。为了保证实验区建设的规范化、制度化、科学化，加强对实验区工作的宏观指导，国家可持续发展实验区办公室制定了《国家可持续发展管理办法》《国家可持续发展实验区验收管理办法》，确定了实验区建设依据“综合规划、重点突破，科技引导、机制创新，自主建设、突出特色，协调联动、公众参与”的原则，构建了实验区验收考核指标体系，确立了人口、生态、资源、环境、经济、社会、科技教育七大类指标。

2002 年，在国家可持续发展实验区管理办公室的主持下，30 多位专家组成的实验区验收工作组，先后 130 人次对首批建区满 6 年以上的 20 个国家级实验区进行了验收考察。北京市西城区等 18 个国家级可持续发展实验区通过验收，山东省临沂市罗庄等两个国家可持续发展实验区未通过验收。

（三）总结经验，全面落实科学发展观（2002 年至今）

2002 年 11 月，党的十六大提出了全面建设小康社会的奋斗目标，指出“我们要在 21 世纪头 20 年，集中力量，全面建设惠及十几亿人口的更高水平的小康社会”。2004 年，党的十六届三中全会《关于完善社会主义市场经济体制若干问题的决定》，提出要“坚持以人为本，树立全面、协调、可持续的发展观，促进经济社会和人的全面发展”。此后，围绕科学发展观，中央先后提出了构建社会主义和谐社会、建设资源节约型和环境友好型社会，推进社会主义新农村建设等一系列新的战略目标和任务。

在科学发展观的统领下，实验区建设进入了全新的发展阶段。围绕新时期国家的战略目标和任务，实验区在不断总结经验的基础上及时调整实验区的工作任务和目标，创新实验区工作思路和方法，研究制定实验区“十一五”规划和示范区管理办法，努力开拓实验区工作的新局面。在这一阶段，实验区先后实施了

6个主题的28个示范项目，并取得了可喜的成绩；《可持续发展实验区系列丛书》先后出版，系统总结了实验区建设的经验和成果；2004年，正式启动了实验区论坛机制，为实验区提供交流平台；实验区的国际合作工作不断拓展，国际影响不断扩大。

在开展22年可持续发展实验区的基础上，2008年9月首次确定了13个国家可持续发展先进示范区。分别为：北京市西城区、成都市金牛区、武汉市江岸区、重庆市北碚区、湖南省资兴市、江苏省江阴市、江苏省大丰市、山东省日照市、山东省烟台牟平区、黑龙江省肇东市、河北省正定县、安徽省毛集区、山东省长岛县。在2008年12月5日可持续发展先进示范区授牌仪式上，科技部部长万钢指出：在新的历史时期，实验区、示范区要成为经济社会发展新理念和新模式的创新区，而示范区更要成为新技术、新成果推广转化的先行区和新经济发展和新兴产业发展的孵化区，成为贯彻落实科学发展观、促进区域可持续发展的重要载体和平台。示范区在建设过程中要更加突出科技是第一生产力的重要作用，促进区域经济社会可持续发展，不断创新思路和方法，与时俱进地加强地方可持续发展能力建设。

新时期，实验区与时俱进，根据发展的实际，继续积累经验，不断扩大实验内容，承担实验任务，通过进一步的建设，使实验区、示范区成为国家体制创新、机制创新和技术创新的实验基地，成为推广、应用可持续发展集成技术的示范基地，成为全面建设小康社会和构建和谐社会的典范。

实验区是可持续发展理念与中国实际相结合的产物，经过三个阶段的建设，实验区以可持续发展为主线，全面推动区域经济和社会协调发展，实现小康社会的工作目标进一步明确，依靠科技进步，深化和拓展可持续发展的实验示范内容，实施“科教兴国”和“可持续发展”战略的现实意义更加突出。

三、全国可持续发展实验区发展现状

（一）国家可持续发展实验区发展现状

经过27年的建设和发展，实验区从试点开始，逐步扩展，截止到2013年4月，已建成国家级实验区160个（含先进示范区13个），省级实验区180个以上，覆盖全国30个省、直辖市、自治区，见表1－1、表1－2，形成了从国家到地方共同推进可持续发展战略的格局，在国内外可持续发展领域产生了广泛的影响。

表 1-1　国家可持续发展实验区（示范区）一览（按批准时间列表）

批准时间	实验区数目	国家级可持续发展实验区
1992 年	3	江苏省常州市、江苏省无锡市华庄镇、江苏省大丰市
1993 年	7	浙江省绍兴市杨汛桥镇、广东省佛山市顺德区容桂镇、浙江省东阳市横店镇、浙江省宁波市鄞州区邱隘镇、辽宁省沈阳市沈河区、四川省广汉市、黑龙江省肇东市
1994 年	4	山东省烟台市牟平区、安徽省淮南市毛集镇、河北省正定县、四川省成都市金牛区
1995 年	7	北京市西城区、山东省烟台市长岛县、安徽省合肥市包河区、湖北省荆门市钟祥市、河南省辉县市孟庄镇、河南省巩义市竹林镇、广东省东莞市清溪镇
1996 年	4	重庆市万州区龙宝移民开发区、江西省井冈山市、河南省林州市、陕西省华阴市
1997 年	3	重庆市北碚区、吉林省白山市、山西省泽州县
1999 年	5	湖北省武汉市江岸区、江苏省江阴市、山东省日照市、湖南省资兴市、北京市怀柔区
2001 年	6	天津市大港区、广西壮族自治区恭城瑶族自治县、云南省曲靖市麒麟区、上海市徐汇区、福建省漳州市东山县、陕西省宝鸡市渭滨区
2003 年	5	广东省广州市天河区、黑龙江省大庆市、黑龙江省海林市、江西省赣州市章贡区、湖南省韶山市
2004 年	3	四川省乐山市五通桥区、浙江省台州市温岭市、山东省青岛市城阳区
2006 年	11	河南省孟州市、浙江省桐乡市、山东省东营市、湖北省仙桃市、浙江省湖州市南浔区、福建省漳平市、宁夏回族自治区中卫市城区、安徽省铜陵市、河南省鄢陵县、湖北省武汉市汉阳区、山西省太原市迎泽区
2008 年	5	浙江省杭州市下城区、河北省廊坊市、山西省怀仁县、湖南省华容县、云南省陆良县
2009 年	35	内蒙古自治区鄂尔多斯市、河北省武安市、天津市东丽区、陕西省榆林市、江苏省苏州市、江苏省张家港市、青海省海南藏族自治州、福建省龙岩市、江西省贵溪市、广东省梅州市丰顺县、广东省江门市新会区、重庆市渝北区、新疆维吾尔自治区克拉玛依市、辽宁省本溪市南芬区、浙江省安吉县、山西省长治市、山西省右玉县、辽宁省沈阳市铁西区、新疆维吾尔自治区阜康市、江苏省宜兴市、江苏省昆山市、江苏省常熟市、江苏省太仓市、浙江省宁海县、青海省海西蒙古族藏族自治州、湖北省宜昌市点军区、湖北省神农架林区、湖北省谷城县、贵州省毕节地区、贵州省都匀市、内蒙古自治区赤峰市元宝山区、浙江省绍兴市、江西省崇义县、江西省婺源县、河南省濮阳市华龙区
2010 年	10	北京市石景山区、河北省平泉县、河北省迁安市、上海市崇明县、山东省黄河三角洲、河南省宝丰县、广东省云安县、贵州省贵阳市白云区、贵州省清镇市、甘肃省敦煌市

续表

批准时间	实验区数目	国家级可持续发展实验区
2011 年	12	山东省潍坊市峡山生态经济发展区、山东省枣庄市山亭区、吉林省四平市、江苏省吴江市、福建省惠安县、辽宁省沈阳市和平区、辽宁省沈阳市沈北新区、河南省济源市、河南省嵩县、湖北省宜城市、广东省蕉岭县、广东省南雄市
2012 年	15	黑龙江省牡丹江市阳明区、浙江省嘉兴市南湖区、安徽省黄山市歙县、山东省烟台市龙口市、江苏省南京市鼓楼区、广东省佛山市禅城区、湖北省宜昌市长阳土家族自治县、浙江省丽水市遂昌县、江苏省南京市江宁区、云南省临沧市、四川省眉山市丹棱县、福建省厦门市思明区、山东省德州市德城区、山东省淄博市沂源县、湖南省邵阳市邵东县
2013 年	25	内蒙古自治区呼和浩特市赛罕区、山东省潍坊高新技术产业开发区、山西省朔州市朔城区、赤峰市克什克腾旗、辽宁省营口市大石桥市、吉林省长春市九台市、新疆维吾尔自治区巴音郭楞蒙古自治州库尔勒市、甘肃省天水市秦州区、湖南省郴州市永兴县、浙江省杭州市上城区、江西省吉安市泰和县、江苏省盐城市、江苏省连云港市东海县、山西省阳泉市盂县、河南省鹤壁市、河南省濮阳市清丰县、湖北省襄阳市、湖北省黄冈市英山县、山东省青岛市黄岛区（青岛市黄岛经济技术开发区）、湖南省湘潭市湘乡市、海南省澄迈县、重庆市梁平县、贵州省遵义市红花岗区、江苏省南通市海门市、山东省临沂市沂水县

表 1－2　国家可持续发展实验区（示范区）一览（按省份列表）

省份	实验区数目	国家级可持续发展实验区
北京市	3	怀柔区、石景山区、西城区
天津市	2	大港区、东丽区
上海市	2	徐汇区、崇明县
河北省	5	廊坊市、武安市、迁安市、平泉县、正定县
江苏省	16	南京市鼓楼区、南京市江宁区、吴江市、南通市海门市、大丰市、太仓市、连云港市东海县、常熟市、常州市、苏州市、盐城市、江阴市、无锡市华庄镇、张家港市、宜兴市、昆山市
浙江省	13	湖州市南浔区、杭州市下城区、嘉兴市南湖区、杭州市上城区、绍兴市、桐乡市、台州市温岭市、宁海县、安吉县、丽水市遂昌县、绍兴市杨汛桥镇、东阳市横店镇、宁波市鄞州区邱隘镇
山东省	14	青岛市城阳区、潍坊市峡山生态经济发展区、枣庄市山亭区、德州市德城区、烟台市龙口市、青岛市黄岛区、烟台市牟平区、东营市、日照市、潍坊高新技术产业开发区、淄博市沂源县、临沂市沂水县、烟台市长岛县、黄河三角洲
福建省	5	厦门市思明区、龙岩市、漳平市、漳州市东山县、惠安县
广东省	9	广州市天河区、江门市新会区、佛山市禅城区、南雄市、梅州市丰顺县、云安县、蕉岭县、佛山市顺德区容桂镇、东莞市清溪镇
海南省	1	澄迈县

续表

省份	实验区数目	国家级可持续发展实验区
山西省	7	太原市迎泽区、朔州市朔城区、长治市、泽州县、怀仁县、右玉县、阳泉市盂县
河南省	11	濮阳市华龙区、鹤壁市、林州市、济源市、河南省孟州市、鄢陵县、宝丰县、嵩县、濮阳市清丰县、辉县市孟庄镇、巩义市竹林镇
湖北省	11	武汉市汉阳区、宜昌市点军区、武汉市江岸区、荆门市钟祥市、仙桃市、宜城市、襄阳市、神农架林区、谷城县、宜昌市长阳土家族自治县、黄冈市英山县
湖南省	6	韶山市、湘潭市湘乡市、资兴市、华容县、邵阳市邵东县、郴州市永兴县
安徽省	4	合肥市包河区、黄山市歙县、淮南市毛集镇、铜陵市
江西省	6	赣州市章贡区、井冈山市、贵溪市、崇义县、婺源县、吉安市泰和县
内蒙古	4	赤峰市元宝山区、呼和浩特市赛罕区、赤峰市克什克腾旗、鄂尔多斯市
广西	1	恭城瑶族自治县
宁夏	1	中卫市城区
新疆	3	克拉玛依市、巴音郭楞蒙古自治州库尔勒市、阜康市
重庆	4	渝北区、万州区龙宝移民开发区、北碚区、梁平县
四川	4	乐山市五通桥区、成都市金牛区、广汉市、眉山市丹棱县
贵州	5	毕节地区、贵阳市白云区、遵义市红花岗区、都匀市、清镇市
云南	3	曲靖市麒麟区、临沧市、陆良县
陕西	3	宝鸡市渭滨区、榆林市、华阴市
甘肃	2	天水市秦州区、敦煌市
青海省	2	海南藏族自治州、海西蒙古族藏族自治州
辽宁省	6	沈阳市沈河区、沈阳市铁西区、本溪市南芬区、沈阳市和平区、沈阳市沈北新区、营口市大石桥市
吉林省	3	白山市、四平市、长春市九台市
黑龙江省	4	牡丹江市阳明区、大庆市、海林市、肇东市

从地域分布上看，沿海和经济发达地区实验区较多，如江苏省已建立国家级实验区16个，山东省和浙江省已分别建立14个和13个国家级实验区，西部地区和欠发达地区偏少，广西和宁夏分别只有一个国家级实验区，西藏目前还没有国家级实验区。以东、中、西部地区来划分，东部地区共有国家级实验区83个，中部地区45个，西部地区32个，分别占实验区总数的51.87%、28.13%和20.00%。总体来说，实验区主要集中在东部和中部地区，见表1－3、图1－1。

表 1-3　　不同类型国家级实验区地域分布状况　　单位：个、%

类型	实验区总数	占总数的比例	东部地区		中部地区		西部地区	
			实验区个数	占总数的比例	实验区个数	占总数的比例	实验区个数	占总数的比例
大城市城区型	51	31.87	29	18.12	8	5.00	14	8.75
地级市	17	10.63	10	6.25	3	1.88	4	2.50
县及县级市	80	50.00	37	23.13	31	19.37	12	7.50
建制镇	9	5.63	6	3.75	3	1.88	0	0.00
跨行政区划实验区	3	1.87	1	0.62	0	0.00	2	1.25
合计	160	100.00	83	51.87	45	28.13	32	20.00

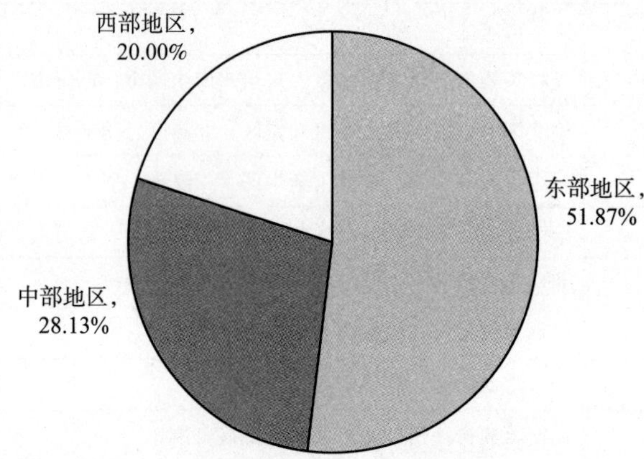

图 1-1　国家级实验区地域分布

改革开放以来，东部沿海地区因处于优越的地理位置，信息密集，资金充裕，引进技术快捷方便，经济社会发展明显超前，因此，当国家号召建立实验区时，首先响应的是东部沿海地区，因此沿海地区实验区数量较多，西部地区、欠发达地区数量较少。这也反映出在中国经济快速增长时期，经济社会的发展不协调首先在发达地区、大城市暴露出来。同时，也显示了在可持续发展实验区建设方面，中西部地区和落后地区有重视不足的弱点。

从行政级别来看，县及县级市实验区数量较多，占实验区总数的 50.00%，建制镇及跨行政区实验区较少，两者仅占实验区总数的 7.50%，见表 1-3 和图 1-2。

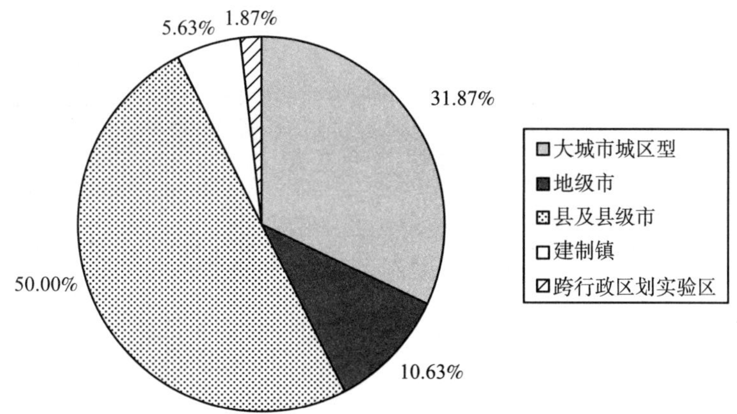

图 1－2　不同类型国家级实验区比例

1996 年以前批准的国家级实验区中，建制镇实验区较多，占总数的 45.5% 以上[8]。这一类实验区在 20 世纪 90 年代的发展大潮流中借助乡镇企业发展的大好时机，在经济高速发展的同时大力发展社会事业，取得了跨越式发展，它们大多集中在大中城市的周边地区，也有一部分在交通不便、长期贫困的欠发达地区脱颖而出，产生了很好的带动作用。1996 年以后，《国家可持续发展实验区管理办法》对申报国家级实验区的行政级别进行了调整，大城市的行政区、地级市、县（含县级市）才可申报，建制镇没有资格申报，导致建制镇实验区偏少。

“九五”以来，欠发达和贫困地区的可持续发展引起广泛关注，这些地区大多位于西部地区和革命老区，经济发展水平相对滞后但生态环境较好；在这些地区建立的实验区以县或县级市为主，重点探讨如何在保护生态环境的同时，实现经济社会的可持续发展，摆脱贫困落后的面貌。

（二）国家可持续发展先进示范区概况

可持续发展先进示范区是在实验区基础上进一步深化的可持续发展示范试点。在 2008 年，经由 15 个部门代表和国家可持续发展实验区专家指导委员会专家共 25 位成员组成的联席评审委员会评审，科技部部务会研究决定，认定北京市西城区、四川省成都市金牛区、湖北省武汉市江岸区、重庆市北碚区、湖南省资兴市、江苏省江阴市、江苏省大丰市、山东省日照市、山东省烟台市牟平区、黑龙江省肇东市、河北省正定县、安徽省淮南毛集区、山东省长岛县为首批国家可持续发展先进示范区。13 个先进示范区分布在全国 10 个省市，其中山东省就有 3 个。

可持续发展先进示范区是实施国家可持续发展、科教兴国、人才强国战略的载体，是践行科学发展观的基地。2007 年 7 月科技部出台了《国家可持续发展先进示范区管理办法》（国科发社字〔2007〕112 号），对示范区的基本条件、目标、任务和重点等进行了明确的规定。

本章参考文献

[1] 世界环境与发展委员会. 我们共同的未来 [M]. 北京：世界知识出版社，1989.

[2] 本刊编辑部. 联合国可持续发展大会——里约峰会 [J]. 中国能源，2012，34 (7)：1.

[3] 任保平. 中国可持续发展 10 年研究的述评 [J]. 西北大学学报（哲学社会科学版），2003 (3)：31 – 37.

[4] 杜鹰. 中国可持续发展 20 年回顾与展望 [J]. 中国科学院院刊，2012 (3)：268 – 273.

[5] 陆学艺. 可持续发展实验区发展历程回顾与建议 [J]. 中国人口·资源与环境，2007 (3)：1 – 2.

[6] 陈天荣. 中国可持续发展实验区创建成效与问题思考 [A]. 经济发展与管理创新——全国经济管理院校工业技术学研究会第十届学术年会论文集 [C]. 2010.

[7] 科学技术部社会发展科技司，中国 21 世纪议程管理中心. 国家可持续发展实验区报告（1986 ~ 2006）[M]. 北京：社会科学文献出版社，2007.

[8] 李善峰. 我国可持续发展实验区的评估理论与指标体系 [J]. 东岳论丛，2003，24 (2)：17 – 22.

第二章

我国可持续发展实验区建设经验

我国可持续发展实验区类型多样，按不同的分类标准就会有不同的分类结果。按主管部门和发展阶段来划分，实验区可分为省级可持续发展实验区、国家级可持续发展实验区和国家级可持续发展先进示范区三种类型；按行政区划建制划分可分为大城市城区、地级市、县及县级市、建制镇、跨行政区划实验区 5 种类型；按实验区示范主题来划分，实验区主要有：资源型城市转型、生态保护和修复、社会发展、循环经济、城乡一体化、小城镇建设等类型。

一、资源型城市转型

资源型城市是以本地区矿产、森林等自然资源开采、加工为主导产业的城市（包括地级市、地区等地级行政区和县级市、县等县级行政区），它因资源而兴，也因资源而困，城市的生产和发展与资源开发有密切关系。随着资源型城市发展的深入，许多资源型城市面临着“矿竭城衰”的危机。由于资源产业与资源型城市发展的规律，资源型城市必然经历“建设—繁荣—衰退—转型—振兴或消亡”的过程。2013 年 12 月 3 日，国务院印发了《全国资源型城市可持续发展规划（2013～2020 年）》（国发〔2013〕45 号），这是我国首次出台关于资源型城市可持续发展的国家级专项规划。根据资源保障能力和经济社会可持续发展能力，该规划对资源型城市进行了科学分类，将资源型城市划分为成长型、成熟型、衰退型和再生型四种类型。规划确定了全国 262 个资源型城市发展目标，到 2020 年，资源枯竭城市的历史遗留问题要基本解决，可持续发展能力显著增强，转型任务基本完成；资源富集地区资源开发与经济社会发展、生态环境保护相协调的格局基本形成；转变经济发展方式取得实质性进展，建立健全促进资源型城市可持续发展的长效机制。

随着资源的不断开采，大部分资源型城市面临着资源衰竭、环境污染严重、产业结构单一、经济增长缓慢、社会不稳定等诸多问题，经济社会发展受到严重影响。如何解决这一根本问题，规避资源型城市对资源“刚”性的“路径依赖”，促进资源型城市转型并实现可持续发展，是新时期促进我国区域协调发展、构建和谐社会的重大战略任务与主题，具有很强的现实与政策意义[1]。资源型城市可持续发展实验区的主要目标是探索如何实现产业转型、城市转型，保障经济社会的可持续发展。黑龙江省大庆市、山西省泽州县、内蒙古元宝山等实验区的成功建设为全国资源型城市转型提供了经验和示范。

（一）黑龙江省大庆市

大庆市是随着油田大规模开发利用而兴起的高度专业化的石油资源型城市。大庆地区在清初为蒙旗杜尔伯特的游猎地，一直没有定居村落。1904 年开始放荒招垦，村屯渐多。1913 年改为安达县。1955 年松辽石油勘探局在安达县大同一带进行石油资源钻探。1959 年新中国成立 10 周年大庆前不久，在东北松辽盆地陆相沉积中找到了工业性油流，遂以“大庆”命名。1960 年改名安达市（地级市），经 3 年多努力，探明了大庆油田地质储量并投入开发。1979 年，安达市更名为大庆市。如今大庆已成为人口近 300 万的大城市，在我国经济建设和石油工业布局中具有重要的战略地位和基础地位。

大庆市自然资源十分丰富，是我国目前最大的油田，也是世界上十大油田之一。大庆油田含油面积近 4 416 平方千米，可供开采的石油储量为 80 亿 ~ 100 亿吨，天然气储量 8 580 亿 ~ 42 900 亿立方米。截止到 2009 年，已探明油田 29 个，石油地质储量 56 亿吨，其中 87% 的石油储量已被开采，30% 的含油面积投入了开发[2]。随着油气资源可采储量的减少，资源持续开发能力不断下降，油田含水率攀高，开采成本上升，石油产量逐年递减，主体产业对资源的依赖性强烈，高度计划体制下的内向型计划经济与市场机制下的开放型的市场经济之间矛盾突出，生态环境伴随资源开发强度的扩大而有恶化趋势。大庆的可持续发展面临许多亟待解决的问题。

大庆市 1998 年被批准为省级可持续发展实验区，2003 年被批准为国家级可持续发展实验区。按照“生态、自然、现代、宜居”的建设理念，围绕建设“绿色油化之都、天然百湖之城、北国温泉之乡”的发展定位，大庆市加强思想观念转变和机制体制创新，不断优化产业结构，积极发展接续产业，加强城市功能和生态环境建设，加快经济转型和城市转型，努力走出一条石油资源型城市可持续发展之路。2013 年，大庆市地区生产总值达 4 332. 7 亿元，增长 11. 1% 以上；地方财政收入 263 亿元，增长 24. 8% 。先后获得全国科技进步市、全国文明城市、国家环保模范城市、全国社区建设示范城、全国十佳魅力城市、国家卫生城市、联合国迪拜改善居住环境良好范例奖和中国人居环境范例奖等称号。

大庆市可持续发展的具体做法：

第一，大力发展接替产业，调整产业结构。发展接替产业，调整产业结构是实现大庆经济转型和可持续发展的首要任务。大庆从油气资源优势和产业基础出发，将做大做强石化产业作为结构调整的重点和优势主导产业，坚持原油硬稳定、天然气快发展，力创百年油田，继续保持国家最大的石油工业基地地位。加大勘探力度，提高勘探精细程度和资源探明率，扩大勘探区域，不断寻找资源接替区，增加后备储量。加大开发力度，采取三次加密调整、三次采油、“三低”油藏有效开发等综合措施，提高主力油田采收率和难采储量动用率。加快天然气增储上产步伐，确保天然气勘探开发取得重大突破。调整工艺、做强油化工，搞好天然气利用、做大气化工，延伸产业链、做好深加工[3]。

在做大做强石化产业的同时，发展壮大其他接替产业，加快构筑非油经济产业群。充分利用大庆市的资源、市场、土地、能源和资金等优势，培育发展农牧产品精深加工、新材料、纺织、机械制造、电子信息等替代产业。加快发展金融、旅游、物流等现代服务业，带动商贸、餐饮等传统服务业提档升级，城乡消费市场繁荣活跃，新兴第三产业快速发展。2013 年，油与非油经济比例调整到 42.8∶57.2，与 2012 年相比，非油经济比重提高 3.2 个百分点。服务业多元业态关联升级，三产实现增加值 732.7 亿元、增长 14.4%。三次产业比例由 2000 年的 1.8∶89.7∶8.5 调整到 2013 年的 3.8∶79.3∶16.9，仅 2013 年，服务业比重提高 1.7 个百分点。

第二，不断深化各项改革，增强经济发展活力。深化改革，实现体制机制创新是实现大庆经济转型和可持续发展的根本动力所在。一是支持中直大企业深化改革；千方百计创造条件，促进大企业加快主辅分离、辅业改制。二是分离中直大企业的社会职能。积极争取中央财政转移支付，大企业承担的教育、公安、消防等职能顺利移交地方。三是深化农村税费改革。全面完成免征农业税工作，基本完成相关的乡镇机构、乡镇财政管理体制、农村义务教育管理体制“三项改革”。四是完成了国有企业下岗职工基本生活保障向失业保险并轨。五是全面实施行政审批制度改革。六是深化金融改革。按照国家统一部署，积极探索农村信用社改革。七是粮食企业改革取得积极进展，形成了改革实施方案，稳步推进国有资产置换和国企职工身份置换工作。八是事业单位改革开始启动。

第三，深入实施“引进来、走出去”战略。大庆实现经济转型和可持续发展要以开放促改革、促调整、促改造，需要不断扩大以招商引资为重点的对外开放。开展大规模招商活动。组织开展了赴俄、日、新加坡和大连、温州等国家和地区的招商活动，在经济社会发展诸多领域与国内外客商达成合作意向。邀请国内外客商来大庆洽谈。按照主导产业发展方向，策划了大豆、皮革、纸业等具有比较优势的产业，开展专题投资机会研究，组织小分队，盯住重点企业，开展集中攻关，引进了一批上下游一体化和关联度比较大的项目。创造优势招商，从解决投资者最关心的问题出发，创造相对优越的投资环境，吸引企业入驻。同时，加强对外经贸合作，提高利用两个市场、两种资源的能力，对外贸易取得较大进展。

第四，搭建发展平台，改善经济环境。优良的经济发展环境是大庆加快经济转型和实现可持续发展的前提和基础。着眼优化硬环境，加大基础设施建设力度，相继开工建设了301国道绕行线、让杜路、滨洲铁路平改立、大剧院、青少年宫、会议中心、铁人纪念馆等一大批重点项目，完成通县乡村公路1 287千米，城市功能不断完善。加快园区建设，打造新的创业平台，先后完善提升了精细化工园、大豆工业园、轻纺工业园、皮革工业园、玻璃工业园等19个专业园区，启动建设大庆西城工业园区，承载项目和企业的能力进一步增强。出台了《大庆市加快园区化工业发展若干意见》，为企业投资创造了优良的软环境。

第五，全面推进生态城市建设，恢复区域生态。改善生态环境，是经济转型和可持续发展的重要内容。大庆实验区坚持产业开发与资源节约并重、经济发展与生态保护并重的原则，实现了生态与经济发展双赢。提出了“实施绿色生态战略、建设生态大庆”的目标，将林地生态、草原生态、湿地生态、水环境治理、城市环境治理等有机结合，围绕建设生态自然现代宜居城市，在清洁生产、污染治理、环境整治、生态恢复等方面不断加大力度，全面推进“植树、复草、治水、净气、降噪”等环保和生态工程，生态环境质量得到不断的改善，实现了经济健康发展、生态持续优化、彼此相互促进的双赢局面。2013年，省级生态县区增加到6个、生态乡镇增加到49个。环保部城市空气质量排名，大庆紧随三亚、湛江两个沿海城市列全国第三位，居内陆城市首位。先后成为中国人居范例奖城市和中国内陆首个国家环保模范城市，是黑龙江省唯一的国家级卫生城市。

（二）山西省泽州县

泽州县是国家确定的首批全国重点产煤县之一，是全国百家明星县和山西省首批小康县，是一个典型的煤炭资源型经济强县。泽州县境内矿产资源丰富，以煤为主，依次有铁矿、硫铁矿、铝土矿、白云岩、石灰岩、水晶、萤石及铅锌矿等。长期以来泽州县以煤炭、煤化工和冶铸为主导产业，二产比重高，出现“一煤独大”的产业结构，三次产业比例严重失衡；城镇化率过低，区域发展不平衡问题较为突出；生态环境脆弱，森林覆盖率低，延续传统发展方式的环境压力增大，后续发展动力明显不足。这些问题严重制约了泽州县的可持续发展之路。

同时，煤炭工业也出现了一系列问题。随着矿井数量增多、产量增加，地方煤矿的井型小、矿点密、投入不足、装备落后、资源回收率低、安全差、经营管理混乱、加工转化率低、环境污染严重、生产能力不稳定等问题日趋严重[4]。

1997 年泽州县被科技部批准建设国家可持续发展实验区，2004 年顺利通过验收。围绕“地下转地上、黑色变绿色、延伸产业链、构建新体系”的建设目标，泽州县积极发展新型产业、地面企业和循环经济，坚持每年选择一个主题，集中精力财力，梯次推进，分阶段有选择地解决重大问题。通过构建“思想更新体系、科技支撑体系和政策保障体系”三大体系，探索出了一条资源型经济地区转型发展、安全发展、科学发展之路。

实验区建设以来，泽州县坚持以人为本，大力实施科教兴县战略和可持续发展战略，在保持经济又好又快发展的同时，努力推动经济、社会、人口、资源、环境的综合协调发展，使实验区建设取得了显著成效。2012 年，实现地区生产总值 217.7 亿元，增长 10.9%；财政总收入 37.5 亿元，增长 9.8%；公共财政预算收入 12.5 亿元，增长 15.2%；规模以上工业增加值 68.7 亿元，增长 15.1%；全社会固定资产投资 127.1 亿元，增长 30.1%；社会消费品零售总额 26.7 亿元，增长 16.1%；外贸进出口总额 4.13 亿美元，增长 47.1%；城镇居民人均可支配收入 21 691 元，增长 14.2%；农村居民人均纯收入 9 044 元，增长 13.9%；全县粮食总产达到 5.4 亿斤，创历史最高水平。

泽州县经济转型的具体做法有：

第一，科学规划，“四产八业”① 引领经济转型。泽州县先后制定了“五四一”发展战略②、“三三三”发展战略③和“153”发展战略④。先后组织编制了《泽州县 21 世纪议程行动计划》《社会发展综合实验区总体规划》《科教兴县实施意见》等专项规划，从重点行业或重点产业指导实验区工作。县委、县政府

---

① “四产八业”，即全力培育煤炭、钢铁、铸造、煤化工、电力、新兴产业、农副产品加工、旅游八大产业，打造独具特色的钢铁、煤化工、装备制造、光伏电子“四大基地”。

② “五四一”战略：抓好五大工程，即“两高一优”农业工程，产业结构调整工程，基础设施建设工程，小康建设与扶贫开发工程，党的凝聚力工程；打好四个硬仗，即财税征收硬仗，创名优产品硬仗，乡及乡以上工业翻身硬仗，“菜篮子”基地建设硬仗；实现一个目标，即 1995 年全县跨入小康县。

③ “三三三”发展战略，即：抓好绿色农业、生态工业、新兴产业等“三业”经济；启动机制创活、环境创优、党建创新等“三创”动力；实现宽裕型小康县、中西部经济强县、全国一流文明县等“三县”目标。

④ “153”发展战略：“1”就是“建设全面小康，冲刺全国百强”这样一个奋斗目标；“5”就是五大工作重点，就是在社会主义新农村建设上领跑，在经济结构调整上争先，在发展民营经济上跨越，在改革开放上突破，在构建和谐泽州上加速；“3”就是通过实施竞争力、推动力、凝聚力工程来保证“153”发展战略的实施。

提出了“做强煤炭产业、延伸化工电力、提升冶炼铸造、发展加工旅游”的转型发展思路，制定了“四产八业”的产业发展规划，即：充分发挥泽州区位、资源等比较优势，全力培育煤炭、钢铁、铸造、煤化工、电力、新材料、农副产品加工、旅游八大产业。首先积极稳妥推进煤炭资源整合，将原有的500座煤炭矿井整合为30座，使煤炭产量稳定在1 000万吨左右，积极推广应用了综合高效回采技术、安全信息化技术、节水型洗煤、分级筛选技术、瓦斯回收利用技术，使煤矿资源采区回采率由原来的35%提高到78%以上。稳妥推进泽州冶炼、泽州铸造向精密铸件、泽州制造转变，铸管业实现了四五次更新换代，由最初的手工到现在的水冷金属型球墨铸管、中高档球墨铸造生产线达到100余条，铸件产量达到100余万吨，中高档铸件占总产量的60%，产品远销日本、美国、欧洲及东南亚各地，成为在全国有一定影响的生铁和铸件基地。积极发展循环经济，延长产业链条，初步形成了煤—铁—铸—电—建材的产业链。在抓好传统产业上档升级的同时，积极发展一批市场前景好、发展空间大、环境污染少的高科技含量、高附加值的新兴产业。新上了天巨重工、鸿诺光电、蓝蒂烧烤炭、兴达铸件等一批新兴产业项目。

第二，依托优势，“一矿一业”带动经济转型。泽州首先从煤炭企业转型抓起，提出了“地下转地上、黑色变绿色、一矿办一企、百矿兴百业”的战略思路，制定出台了《关于实施“一矿一业”工程的意见》，积极鼓励和支持全县煤炭企业投资新项目，兴办新产业。明确要求，每个煤炭企业至少要新上一个地面产业项目。工作中，泽州采取“国有大矿先行，乡村煤矿跟进”的办法，区分类别、递次推进。县财政每年至少拿出2 000万元专项资金，以奖代补，支持“一矿一业”工程中科技型、外向型、吸纳就业型企业的发展。在县委、县政府的正确引导和大力扶持下，国有、县营、二轻煤矿全部新上了地面项目，乡村煤矿也发展了一大批地面企业。

第三，激活民资，“全民创业”助推经济转型。加快经济转型，必须充分发挥全县人民的才智，引导全民创新业。2007年起，相继出台了《泽州县全民创业实施意见》《关于进一步促进中小企业创业的若干意见》；组织曾经的煤老板、铁老板外出参观考察，开阔眼界，激发他们二次创业的热情；开办了创业大讲堂，先后邀请全国创业培训顾品教授等20多位国内知名专家学者到泽州“传经送宝”，指点迷津，在全县掀起了能人创企业、企业家创大业、群众创家业、干部创事业的热潮。

第四，抓大扶优，“项目建设”加速经济转型。抓转型，必须抓项目。泽州以引进、扶持重大项目建设为载体，构筑了转型发展的战略支撑。一是筑巢引凤，在产业转移中承接大项目。先后规划了巴公、南村、金村、周村、下村五个园区，完善配套了水、电、路等基础设施，并对入驻企业在资金、土地、税收等方面给予优惠和扶持，引导企业集群发展。同时，积极组团参加中博会、沪洽会等各类商洽会，先后引进了一批大型项目，引资近 100 亿元。二是重点扶持，"三大梯队"推进大项目。连续三年把项目建设作为全县"三大硬仗"的重中之重来抓，每年从调产项目中选出投资规模大、发展前景好、示范效应明显的八大新建、八大续建、八大达产达效 24 个项目，实行四大班子包项目、现场办公解难题、定期督查保进度，重点推进。

第五，优化环境，"五个平台"保障经济转型。泽州县坚持软硬环境同步推进，着力营造环境新优势。硬环境方面，重点抓了工业集中区供水、供电工程建设。先后开工建设了任庄水库供水工程、长河小水库群联合调度供水工程，建成 4 个 220 千伏变电站，5 个 110 千伏变电站，20 余个 35 千伏变电站，有效解决了企业用水用电难问题。软环境方面，建立了五个保障平台。一是开设"争先发展泽州人"专题栏目，在全县大力宣传创业典型事例，引导全民创业、转型发展。二是设立土地储备中心，建立土地保障平台。通过土地置换、整理，盘活并储备已关闭中小企业长期闲置土地近 6 000 亩，为 62 家企业解决用地 3 300 亩。三是成立金诺担保商会，建立融资保障平台。四是成立冶铸加协会，建立产业服务平台。成为全国铸造协会会员单位，举办了两届冶铸加产业发展年会。五是建设质量检测体系，建立质量保障平台。先后投资建设了铸造产品、农副产品、煤矿安全计量、气瓶检测、计量测试等五大专业质量技术检测中心，全面推进质量管理和标准化体系建设[5]。

（三）启示

通过分析大庆市和泽州县在资源型城市可持续发展方面的经验，我们可以得到如下启示：

第一，可持续发展离不开政府的财政税收扶持。尤其是在初期，中央和省级政府应分别对城市的生态环境治理、社会保障、基础设施建设、接替产业发展等方面给予支持，待经济进入正轨后再逐步减少或取消扶持[6]。

第二，因地制宜地选择并发展接续或替代产业。我国资源型城市众多，情况各异。政府在进行资源型城市接续或替代产业的选择时，必须充分考虑不同城市的独特优势，因地制宜地选择接续或替代产业，而不是一味地发展高新技术产业。同时在国家财力和政策大力支持的基础上，全方位、多层次、多方式、多渠道地筹措转型资金，促进接续或替代产业的快速发展。

第三，培育发展中小型企业。建立企业技术创新中心，帮助新企业制定规划，并在初期和成长期为之提供各种服务，帮助创业初期的中小企业渡过难关，促使其迅速成熟起来。

第四，保证充足的资金投入。政府通过财政资助、税收减免、金融服务、企业用地等一系列招商引资的优惠政策，吸引大批企业的入迁。吸引投资不仅能带来公共利益和社会福利的改善，还可以优化地方的市场结构，促进技术更新改造，能够为地方的就业、消费、教育、生活等各方面带来明显改善。

第五，制定切实的可持续发展规划。资源型城市的可持续发展是一项十分复杂的系统工程，政府必须提前对可持续发展的步骤以及实施措施等制定出明确而详细的规划，不仅包括总体规划和专项规划，还包括长期规划和短期规划，对资源型城市的可持续发展进行指导。

二、生态保护和修复

在中国经济快速发展过程中，许多地方生态环境遭受了严重破坏。实验区选择这类地区和城市，进行生态保护和修复的实验示范，探索如何从源头上扭转生态环境恶化趋势，实现人与自然的和谐发展。这类型实验区有四川省广汉市，其在城市生活垃圾处理和管理工作方面进行了有益的探索，形成了全国有名的“广汉模式”。福建省东山县推进生态工业、生态农业、海洋生态、生态旅游、生态林业等领域的建设，有“东海绿洲”之称。广东省清溪镇在“拒绝污染”的发展道路上建立了一个环境优美、宜商宜居的投资环境。山东省日照市以生态为主题，建立节约能源资源和保护生态环境的经济发展方式等。

（一）广东省清溪镇

清溪镇位于东莞市东南部，与深圳、惠州两市接壤，毗邻港澳，交通便利。全镇辖区面积143平方千米，下辖21个村（社区），常住人口31.6万人，其中户籍人口3.72万人。改革开放以来，围绕建设“国际制造强镇、现代生态名城”的奋斗目标，清溪完成了从边远落后的小山村到先进制造业重镇的发展，2015年全镇实现生产总值208.1亿元，完成规模以上工业总产值547.9亿元，同比增长6.1%；完成规模以上工业增加值115.5亿元，同比增长7.2%。近年来围绕建设“生态环境最美小镇”的目标，清溪镇坚定不移走生态优先、绿色发展之路，把生态建设融入经济社会发展各方面和全过程，推动形成绿色发展方式和生活方式，通过建设美丽清溪，提升城市吸引力，促进旅游大发展。

1995年12月，清溪镇被批准为国家可持续发展实验区。清溪镇以建设环境优美的现代制造业重镇为目标，充分利用工业基础雄厚、生态环境优越、区位优势明显的有利条件，加快产业结构调整步伐，以引进大项目、大企业来夯实第二产业，以发展生态旅游业来带动第三产业，以发展现代制造业配套服务产业来优化三大产业结构，真正实现高水平崛起，为珠三角地区实现又好又快的经济社会发展发挥示范作用。与2010年相比，经济总量从143.27亿元提升到2015年的208.05亿元，增长45.2%，年均增长7.75%，人均GDP由45 678元提高到65 860元，增长44.18%；全镇固定资产投资额达43.08亿元，年均增长14.4%；第二产业增加值实现120.5亿元，增长27.5%，年均增速达4.98%。2015年全镇财政收入、社会消费品零售总额、税收总额、各项存款余额分别增长236%、71%、142%和47.5%。获得“全国重点镇”“全国产学研合作创新示范基地”“全国产业集群区域品牌建设试点”“全国特色景观旅游名镇”“全国十佳生态旅游示范景区”“中国最美小镇”“中国最佳休闲小城”“中国最宜居城镇”“中国民间文化艺术之乡”等多个国字号荣誉[7]。

清溪镇可持续发展的具体做法：

第一，解放思想，更新观念，打破常规，大胆尝试。在各级领导部门的指导和帮助下，在有关科研单位的智力支持下，清溪镇确立了以人为本，科技、经济、社会与环境持续、协调发展的新路子。同时，通过各种形式进行广泛的宣传和动员，统一了全镇上下思想，达成走可持续发展道路的共识，奠定了实验区工作的思想基础。

第二，以高科技为先导，以高、轻为主体，高、轻、基协调发展。基于清溪镇是东深供水工程的重要蓄水站，不适宜发展重型工业、污染工业，环保指标是一个要求十分严格的准入指标。清溪镇的工业化发展思路是以高新技术为先导，以高新技术工业和轻型工业为主体，高新科技工业、轻型工业、基础工业协调发展的道路[8]。清溪镇山清水秀的自然环境、清新宁静的城镇氛围，吸引了大批诸如电子信息制造业等高新技术企业的进驻，极大地推动了清溪产业结构的优化和升级，促进了经济的持续快速发展。经过20多年的高速发展，通过承接国际产业转移，特别是台湾、香港、深圳地区的光电通信产业，清溪镇已形成了以光电通信产业为支柱、多种经济成分并存的较为完善的工业体系。同时大力发展以房地产业、旅游业和其他服务业为主的第三产业，推动并实现清溪镇工业化、城市化、现代化的大发展。经济的持续快速发展，有力地促进了各项社会事业的健康发展；经济社会的蓬勃发展又为自然生态环境的保护和优化提供了坚实的经济基础和社会保障；从而形成经济社会发展与自然环境保护二者良性互动、互相促进的可喜局面，基本实现了经济效益、环境效益和社会效益的统一。

第三，对全镇土地实行统筹管理。清溪镇吸取一些城镇“先发展、后规划”所带来的设施不配套、重复建设多、环境遭破坏的教训，在开发建设之初，就确立了“先规划、后发展”的城镇建设思路。在土地规划和使用上，镇委、镇政府对土地实行统筹管理，全镇土地由政府“统一征地、统一规划、统一开发、统一调配使用、统一搞基础设施建设”，坚持“规划一张图、审批一支笔、建设一盘棋、管理一个法”，从产业布局、资源开发、环境保护、基础设施等方面，做出科学合理的规划，制定建设步骤，从而奠定清溪向工业化、城市化、现代化发展的大格局[9]。

第四，坚持生态优先，绿色发展之路。清溪镇在发展过程中，旗帜鲜明地提出清溪的发展绝不损害生态环境，通过杜绝污染项目、普及环保教育、大搞城镇绿化、保护森林资源、加强环境保护、注重生态建设等一系列有效措施，坚持营造清新优美的城镇环境。全镇绿化覆盖率 67.03%，拥有 4 个森林公园和 1 个生态农业园，是珠三角生态环境最好的地方之一。

第五，加强产学研合作，提升自主创新能力和综合竞争力。为强化产学研合作的管理服务能力，清溪构建了全面的组织机构保障体系。成立了清溪镇实施创新驱动发展战略领导小组、清溪镇产学研合作领导小组、镇科技创新服务中心等组织机构。清溪相继制定、出台了“科技清溪工程”“清溪镇实施创新驱动发展战略‘1+21’配套政策体系”“清溪镇产学研合作专项资金管理办法”等一系列配套扶持政策，建立起以政府投入为引导，企业投入为主体，社会投入为补充的资金扶持体系，营造良好政策环境，为有效促进产学研合作提供有力保障。镇财政每年拿出 2 000 万元设立专项配套资金，大力实施创新驱动发展战略，用于扶持包括产学研基地、产业集群、专业镇的建设，以及基地、集群、专业镇内企业的产学研合作、品牌建设、技术改造与科技创新等，全方位引导企业加大科技创新投入。设置了专项资金，支持产学研政策体系建设，鼓励国内科研院所、高等院校在清溪建立研发机构。全镇企业研发机构备案数 140 个，研发机构覆盖率超 50%，其中，国家认可实验室 8 个、博士后科研工作站 2 个、院士工作站 4 个、广东省新型研发机构 1 个、广东省工程研究开发中心 6 个、广东省省级企业技术中心 4 个，还与清华、北大等高等院校开展产业化合作共建产学研基地[10]。

（二）山东省日照市

日照市地处鲁东南黄海之滨，是一座改革开放中崛起的港口城市和新亚欧大陆桥东方桥头堡，位于“环太平洋经济圈”、“环黄（渤）海经济圈”、山东半岛城市群与陆桥经济带的结合部，是鲁南经济带乃至整个沿桥地带的对外开放窗口和潜在“龙头”，区位条件优越。日照市位于我国南北过渡地带，素有“北方的南方、南方的北方”之美誉，冬无严寒，夏无酷暑，光照充足，气候宜人；城市环境空气质量、生活饮用水质量、近岸海域水质均保持国家一类（级）标准，森林覆盖率、城市建成区绿化覆盖率分别接近 30% 和 40%。优良的生态环境与便捷的海陆交通相结合，使日照成为国内最适宜人居、旅游和创业的地方之一。日照经济腹地辽阔富饶，陆向腹地覆盖素有中国“金腰带”之称的整个黄河流域和沿桥经济带，海向腹地遍及太平洋经济圈，为港口和城市发展提供了雄厚的后备资源和广阔的市场空间。

日照市 1993 年被列为省级社会发展综合实验区，1999 年被正式批准为国家可持续发展实验区，2008 年 9 月，上升为国家可持续发展先进示范区。根据国家可持续发展示范区建设的总体要求，结合发展优势突出而经济欠发达的实际，日照市立足现有基础，在充分发挥比较优势、培育壮大特色经济、推动经济跨越发展的同时，不断调整优化产业结构，大力推进工业、农业循环经济，培育生态、环保型企业，在集约利用土地、加强水资源保护、节能降耗、治理污染等方面加大力度，连续五年获山东省城市环境综合整治考核地市组第一名。实验区突出了新型港城走可持续发展道路的特色，着力发展港口经济、大学经济、体育经济，大力发展循环经济，在经济快速发展的前提下，保持了“蓝天、碧海、金沙滩”的优势，城市品牌和知名度大大提升[11]，为全国其他同类地区提供示范。在 2009 年荣获联合国人居奖的基础上，2013 年日照市又荣获中国十大最美海滨城市、中国十佳低碳生态城市、中国最具生态竞争力城市等称号，成为首批国家级海洋生态文明建设示范市。

2013 年日照市生产总值突破 1 500 亿元，比上年增长 10.6%，三次产业比例调整为 8∶53.7∶38.3。地方公共财政预算收入突破百亿大关，增长 15.5%。港口吞吐量突破 3 亿吨，相当于三年再造一个亿吨大港。进出口总值突破 300 亿美元，总量、增幅分列全省第 3 位和第 2 位。固定资产投资增长 20%、规模以上工业增加值增长 11.5%、社会消费品零售总额增长 13%，城市居民人均可支配收入 25 090 元，比上年增长 10%，扣除价格因素，实际增长 7.7%。农村居民人均纯收入 11 304 元，比上年增长 12.8%，扣除价格因素，实际增长 10.5%。

日照市的具体做法：

第一，大力发展生态经济，以产业的生态转型为主攻方向，促进日照相关经济的跨越式发展。日照作为发展起步较晚的新兴沿海开放城市，在加快工业化、城市化的进程中，面对经济发展与环境保护的“两难”选择，确立了“生态建市”的发展战略，不断加大环境保护的力度，大力发展循环经济，初步走出了一条新兴城市经济、社会与资源、环境协调发展的路子，被专家学者称为“日照模式”[12]。日照市从实际出发，以生态产业为基础，生态园区为载体，大力培育城市生态经济，在三个层面上开展循环经济的实践活动：一是“小循环”抓生态企业，把培育生态企业作为发展循环经济的基础工程来抓；二是“中循环”

抓生态工业园区，通过不同企业或工艺流程间的横向耦合及资源共享，实现企业间资源的循环利用和园区内废物的低排放；三是“大循环”抓城市生态经济。在抓好生态工业发展的同时，着力培育旅游、教育、体育、住宅、会展等环境友好型产业，构筑具有日照特色的生态产业体系[12][13][14]。

第二，抓好典型示范，带动面上工作的开展。日照市把带有全局性、战略性的可持续发展项目，列入“重点工程”，集中人力、物力、财力推进项目建设，取得了显著成效，这些项目涉及科技、扶贫、环保、教育、旅游、交通、通信、电力、医疗等各个方面，对促进全市的可持续发展发挥了重要作用。如1996年1号“重点工程”农村人畜饮用水困难工程，奋战一年，使174个村、13.91万人告别了饮水困难的历史。1999年城市绿化工程，新增城市绿地100万平方米。

自2008年9月被批准为首批国家可持续发展先进示范区以来，日照市已实施30项示范项目，确立30家示范企业和5家示范园区，同时，建立87家市级以上工程技术研究中心、重点实验室等技术创新平台，不断构建和拉长循环低碳生态产业链，推进全市可持续发展。通过组织“十二五”国家科技支撑计划“高炉炼铁二氧化碳减排与煤气高效利用关键技术开发”项目，高炉生产效率提高30%以上，CO_2减排25%左右，为全省钢铁行业节能减排提供技术支撑[15]。

第三，以生态文化建设为着力点，全面提高城市可持续发展能力。近年来，日照市认真贯彻落实科学发展观，大力实施“生态建市”发展战略，坚持以环境保护优化经济增长，坚持以人为本、环保优先，积极弘扬生态文明，加快建设环境文化，努力构建全社会广泛参与的生态文化体系，形成了人人关心环保、参与环保、践行环保的良好氛围。在生态文化建设过程中，日照市主要抓了以下几个方面的工作：一是构建生态文化社会教育体系。建成了日照市植物园、付疃河湿地保护区、国家森林公园等生态文化教育场所，生态文化教育设施建设逐步完善。以中小学校、城市社区、农村为重点，开展了生态乡镇、生态村、绿色学校、绿色社区、环境教育基地等绿色创建活动，加快了环境教育的社会化进程。截止到2014年9月，日照市共创建国家级生态乡镇20个，省级生态乡镇39个，国家级生态村1个，省级生态村31个，市级生态村1 001个。截至2011年年底，日照市已创建“绿色学校”103所，其中国家级“绿色学校”1所，省级“绿色学校”27所，市级“绿色学校”75所；“绿色社区”55家，其中国家级“绿色社区”1家，省级“绿色社区”15家，市级“绿色社区”39家；“环境教育基地”24家，其中省级“环境教育基地”1家，市级“环境教育基地”23家。二是构建生态文化舆论宣传体系。通过报纸、电视、广播、网络等宣传平台，大力宣传环境保护在加强生态建设、维护生态安全、促进经济发展中的重要地位和作用，普及生态文明理念。在各级媒体上刊登生态建设进展内容，主动加强和电视媒体的联络，充分运用互联网，全方位宣传报道环境保护工作。三是构建生态文化社会行动体系。联合日照市委宣传部、团市委、市妇联、市文明办、市教育局等部门和单位，组织各环保组织、企业和市民开展了一系列丰富多彩的生态文明公益宣传和知识普及活动，逐步提高了全市人民的生态文明素养。四是构建生态文化公众参与体系。建立完善了社会力量参与环境保护的工作机制，引导全社会以实际行动关心环境、珍惜环境、保护环境。成立了日照市青年环保志愿服务总队，积极鼓励、支持环保志愿者参与环境保护。五是构建生态文明行为规范体系。积极倡导绿色健康的生产、生活方式，在全社会形成了生态文明的行为规范。在党政机关，积极开展厉行节约和节能减排活动，推行绿色采购制度。在企事业单位，鼓励生产者提供绿色、放心、满意的日常生活用品和服务，营造生态宜居的生活环境。在日常生活中，通过城镇生活垃圾分类、义务植树造林、环保义务劳动等环保公益活动，倡导绿色消费、节能减排，引导公众选择节约环保、低碳排放的消费模式，初步形成了勤俭节约、爱护环境的生活方式和行为模式[16]。

第四，提高认识，加强领导。日照市的特点是建市晚，环境本底好，区位优势、港口优势和后发优势突出，可塑性强。但在城市发展过程中，也受到了科技落后、粗放经营、城市建设管理水平低、“三废”污染、生态环境退化、农村人口膨胀等问题的困扰。办好实验区，走可持续发展之路，已成为日照市发挥后发优势，少走弯路，降低发展成本，加快桥头堡建设，谋求经济、社会与资源、环境协调发展的客观要求和必然选择。基于这样的认识，本着对历史、对子孙后代高度负责的精神，确立了党政一把手直接抓可持续发展战略实施的领导体制，形成了决策者抓战略具体实施的实验区建设的领导体制和格局。为了更好地推行循环经济，日照市政府成立循环经济市建设领导小组，建立循环经济市建设联席会议制度，加强对循环经济市建设工作的统一领导和协调，各区、县也成立相应的组织机构，各级政府都将建设循环经济市的任务纳入目标责任制考核，形成政府引导、各部门分工协作、全社会共同参与的循环经济市建设和运行机制[17]。

（三）启示

通过分析清溪镇和日照市可持续发展方面的经验，可以得到如下启示：

第一，坚持可持续发展，大力发展生态经济。改革开放之初，我国的一些区域经济社会发展进入快车道，取得了显著的经济效益，并由此产生了严重的环境问题。清溪镇和日照市可持续发展实验区，在产业转型、构建环境友好型经济发展模式方面取得了显著成效，充分展示了如何在经济快速发展的同时，取得经济效益、社会效益和环境效益的同步发展。

第二，加大科技投入，以创新驱动发展。在科技创新方面，充分吸引国内外的科技力量，加大科技经费投入（清溪镇2015 年全社会 R&D 经费支出达5.4 亿元），针对经济社会发展中的问题，有针对性地开展科技攻关，大幅提高科技进步对经济的贡献率，实现经济社会全面协调可持续发展。

三、社会发展

经济发展是基础，改善民生是根本，社会建设是保障。关注社会发展、关注民生是实验区建设的重要主题。社会发展领域非常广泛，它包含医疗卫生、社会保障、公共安全、文化教育、就业、收入分配和社会公平等。实验区选择这类主题进行探索和实验，就是要试图解决在经济发展后出现的社会问题，探索解决社会领域和民生问题的道路。如杭州市上城区创造性实施现代居家系列公共服务体系，为居民群众提供多元化、人性化服务；北京市石景山区解决首钢涉钢产业搬迁后的社会发展问题等。

（一）浙江省杭州市上城区实验区

杭州市上城区，位于杭州城市中心偏南，面积 18.3 平方千米，常住人口 34.5 万，是杭州经济社会活动的中心。南宋时，建皇城于杭城南部，南边为上，区名由此而得，具有“南宋古都、经典上城”之美誉。这里历史文脉绵延不断，名胜古迹星罗棋布，杭州人文景观的精华与核心在此汇集，自古就是经商贸易、文化休闲的重要区域。上城区 2011 年 1 月被批准为省级可持续发展实验区，2013 年 4 月被批准为国家级可持续发展实验区。

上城是一个“老”城区和“小”城区，经过多年发展，辖区空间基本已经满铺，且受到景区、历史文化遗产保护影响，限高、限挖、限建制约众多，持续发展的难度进一步加大。

2012 年，全区实现国内生产总值670 亿元，同比增长 7.0%，约占六城区总量的22%，实现地方财政收入54.1 亿元。人均 GDP 超过3 万美元，经济密度达到36.6 亿元/平方千米，亩产税收达到 31.6 万元，均居全省区（县、市）首位。先后荣获了“全国科技进步示范区”“全国科普示范城区”“全国老龄工作先进区”“浙江省科技强区”“浙江省教育强区”等荣誉称号。

上城区的具体做法：

第一，标准化管理。通过对政府具体职能的标准化，弥补现行法律法规与实际执行中的“缝隙”，使政府工作具体事项有标准可循，可操作、可检查、可评价，保证各项职能统一、规范、明确履行。通过标准化建设，保证行政管理和服务的质量——公正、透明、高效、均等、优质。上城区在尝试设计构建标准化体系时，覆盖了全区所有政府管理与公共服务事项，包括300余个职能标准化项目、800余项法律法规及政策。上城区有意识地从民生问题入手，群众最关心、反映最强烈的社区服务、养老、教育、住房、卫生服务等问题，成为率先制定标准规范的突破口。2008年，上城区制定了《居家养老服务与管理规范》，2011年被推为浙江省地方标准；同年，该标准被列入国家标准制订计划。标准化管理的居家养老服务，共有生活照料、医疗服务、家政服务、司法维权、精神慰藉、紧急救助6大类50余个项目的“菜单式”养老服务内容，能够根据相应的服务标准和内容照顾到老年朋友的各种日常需要。《居家养老服务与管理规范》中，区、街、社区三级管理机构和养老服务实体的工作职责、服务内容、养老服务员业绩评定等都能找到详细规定，政府购买居家养老服务的标准明晰规范。除了居家养老标准外，上城区目前已有《危旧房屋维修、拼接、改善规范》《学校安全管理规范》等近40项标准作为省、市地方标准颁布实施，还有近70项区级地方标准规范完成制定。

第二，重视民生建设，民生事业持续进步。近年来，上城区委区政府把“谋民生之利、解民生之忧”作为工作的重中之重，围绕打造“东方品质体验区、幸福和谐示范区”，着力在民生保障和改善方面进行创新性探索，逐步建立起了信息共享、资源整合、协调有序、服务高效的“大服务”“大保障”体系，全面实现了“家家有就业、户户有厨卫、人人有保障”的“三有”目标，在解民忧、顺民意的过程中很好地凝聚了民心，走出了一条中心城区“在保护中求发展、在发展中改善民生”的路子，为推进城区城市建设和社会管理创新提供了有益的启示[18]。

创造性实施“零贫困家庭”和消除“零就业家庭”的“双零”工程、困难群体“安居”工程和居家养老“全覆盖”工程，首创为失业残疾人、困难失业人员提供社保补贴政策，基本实现低保困难家庭在区属医疗机构看病“零自负”。整合打造以居家就业、居家养老、居家安养（为残疾人定期提供家庭护理、卫生清洁、医疗保健等服务，让那些生活不能自理的残疾人足不出户就可以享受到便捷、专业的“居家”服务）、居家三优、居家教育、居家医疗、居家文化、居家办事等为内容的现代居家系列公共服务体系，为居民群众提供多元化、人性化服务。早在2005年，上城区就率先在浙江省推出居家养老服务，实施了以“养老在家里，我们来帮你”为主题的居家养老“惠民工程”；2011年，上城区又推出了居家养老服务全覆盖工程，并于2012年进入全面深化完善阶段，努力实现居家养老服务工作从“特惠型”向适度“普惠型”转变，满足老年人对居家养老差异化服务的需求，促进各类社会养老资源的有效配置。深入实施名校集团化战略，优质教育资源覆盖率超过95%，标准化学校建设位于全省前列。上城区创新建构并实施了“333+X社区大服务体系”，该模式被民政部确定为中国和谐社区建设“上城模式”。“333+X”社区服务架构包括：3个主体——政府、社区、社会；3种体系——公共服务、自助互助服务、便民利民服务；3类载体——社区公共服务站、居民议事中心、大管家服务社；X个项目——涉及吃、住、行、游、购、娱、健等与生活密切相关的39个服务项目。通过明确政府、社区、社会各自的责权和功能，建立起一个以政府为导向，由多元主体共同参与，以公共性服务、公益性服务和商业服务为载体所组成的分工明确、立体多元、相互补充、服务居民的大服务网络体系[19]。上城区连续七年被评为浙江省平安区，群众安全感及群众对政法工作满意率连续多年位居全市前列。

第三，改善环境品质，妥善保护历史建筑传统风貌。实施南宋皇城街巷综保工程、历史文化遗产保护三年行动计划，在近代典型居民保护区、旧城风貌保护区、名人遗址故居的修缮中，整理历史碎片，还原历史风貌，使历史文化资源在城市现代化建设中得到延续和利用，保护修缮工程两次获得“中国人居环境范例奖”。全面启动“美丽上城”打造，实施区生态文明建设三年行动计划，完成“三江两岸”（上城段）生态景观规划，在全省率先创建生态文明示范社区和示范基地。重视水环境保护，抓好钱塘江、贴沙河饮用水源安全保障，完成新开河、新塘河水质生态治理；控制废气排放，率先启动油烟净化装置，实现烟尘排放实时控制。

（二）北京市石景山区

石景山区位于北京西部，与海淀区、丰台区、门头沟区毗邻，区位优势得天独厚，交通方便快捷，基础设施完备。全区总面积84.38平方千米，常住人口63.4万人，下辖9个街道（社区），是北京市除东城、西城以外第三个无农业人口的城区。

石景山区是北京传统的工业基地、城市西部发展的重要区域，为首都的发展建设做出过巨大的贡献。随着北京市产业结构调整以及首钢搬迁，石景山区进入了新的历史转型期。《北京城市总体规划（2004~2020年）》确定了北京未来四个主要的目标定位——国家首都、世界城市、文化名城和宜居城市。其中，北京总规向石景山区提出了“结合首钢的搬迁改造，建设石景山综合服务中心，提升城市职能中心品质和辐射带动作用，大力发展以金融、信息、咨询、休闲娱乐、高端商业为主的现代服务业”的要求[20]。

为加快把石景山区打造成为发展强劲、创新活跃、生态宜居、人文和谐的现代化首都新城区，按照区委、区政府的部署，石景山区于2009年9月正式启动

“国家可持续发展实验区”创建工作，2010 年 3 月被科技部批准为“国家可持续发展实验区”，成为北京市第三个国家可持续发展实验区。石景山区国家可持续发展实验区的实验主题是：探索国际化大都市传统工业区向现代化新城区转型的可持续发展模式和路径，为全国其他地区实施可持续发展战略提供借鉴和示范。

石景山区在实验区建设中积极探索符合本地实际的可持续发展转型模式，形成了“以科技创新驱动经济发展，以重点功能区建设带动协调发展，以优化生态环境促进和谐发展，以创新社会管理提高民生福祉，以增强科学发展能力保障区域可持续发展”的实验区建设特色，取得了明显成效。

石景山区具体做法：

第一，坚持以创新社会管理为突破，提高民生幸福水平。

大力实施“济困工程”，扎实做好就业再就业工作，“零就业家庭”保持动态为零，妥善做好首钢富余人员分流安置工作，新接收人员再就业率达到 81.3%。全面落实各项社会保险制度，加大保障性住房建设，实施老旧小区综合改造，社会保障体系更加健全。深入实施文化惠民工程，在全国率先推出“健身储蓄”和“健身积分”计划。全面做好人口和计划生育工作，建立北京市首个全员人口信息库，深入推进绿色教育综合改革实践，加大公共卫生服务体系建设，社会各项事业全面发展。坚持实施“便民工程”，社区社情恳谈会、公益反哺家园等经验在全市推广，新居民互助服务站工作获得中央、市委市政府的充分肯定。推广“千百十”便捷家园服务模式，48 个“一刻钟社区服务圈”被评为市级示范点，社会建设管理全面加强。

第二，坚持提升城市环境综合品质，加强生态文明建设。

深入推进精细管理美化市容工作，每年完成环保十件实事，深入推进节能减排，启动“无煤区”建设，在全市率先使用餐饮油烟在线监测技术。城市绿化覆盖率达到 50.41%，居城六区首位，成为坐拥“一半山水一半城”的生态城区，是“全国绿化模范城市”。

第三，坚持以科技文化融合为特色，推动经济健康发展。

石景山区在可持续发展方面有鲜明的石景山特色：一是“打造北京 CRD”（Culture & Recreation District，首都文化娱乐休闲区）的区域发展定位，勾画石景山区未来可持续发展的战略蓝图，明确提出要以建设现代化首都新城区为目标，以发展现代服务业、高新技术产业为先导，努力打造集文化创意、休闲娱乐、商务金融、高新技术、旅游会展等功能为一体的首都文化娱乐休闲区；二是首钢搬迁有利于石景山区探索一条实现传统工业区向文化娱乐休闲区转型的可持续发展新路，为全国同类型城区转型发展提供经验借鉴[21]。中关村石景山园作为石景山区经济发展的引擎，产业特色鲜明，园区企业主体为高新技术企业，超过1/3是文化创意企业，成为中关村“一区十园”中的文化创意特色园，初步形成了充满创新活力的“中关村国家自主创新示范区”特色园区[22]。以文化创意和高新技术高端融合发展的文化创意产业已成为石景山区的特色品牌，引领和带动其他绿色产业蓬勃发展。石景山区被中宣部、科技部等五部委认定为“国家级文化和科技融合示范基地”，被国家发改委确定为北京市唯一的全国服务业综合试点区。

（三）启示

通过分析杭州市上城区和北京市石景山区的经验，可以得到如下启示：

第一，可持续发展没有普适的模式，每个地区都应该根据各自的情况，以改善民生为根本目的，积极探索适宜的发展模式。

第二，社会发展事业，政府的作用不可替代，同时也需要民间社会、私营部门、工商界等主要群体的广泛参与，只有在全社会的认同、支持和参与下，才能得到有效的发展。人民群众是社会发展的主体，一方面，充分发挥人民群众主人翁责任感，调动各方面的力量，做到社会事业社会办；另一方面，在发展项目的选择上应充分考虑群众的迫切需要，为群众着想，超前性与实用性相结合。

第三，在经济迅速增长的形势下，各地区工业化、城市化进程日益加快，环境保护与资源开发利用方面的问题日益突出。实验区应积极运用科技成果，重视规划和管理工作，调整产业结构，发展循环经济，提高资源开发利用的综合效益，提升环境质量。

四、循环经济

循环经济是以资源的高效利用和循环利用为目标，以“减量化、再利用、资源化、无害化”为原则，按照自然生态系统物质循环和能量流动方式运行的经济模式。中国的循环经济主要是以“3R”原则，即reduce（减量化）、reuse（再利用）、recycle（资源化）、以提高生态效率或资源生产率为目标的生命周期经济，它不但要求从物质流动的全过程减少资源消耗和污染产生，而且特别强调“3R”过程中前两个过程的重要性[23]。循环经济没有固定的模式，实验区选择循环经济作为主题，就是要各地因地制宜地设计符合本区域特点的循环经济模式，建设资源节约型和环境友好型社会，实现区域可持续发展。如河北平泉实验区培育形成的食用菌循环经济产业链、山杏循环经济产业链、玉米循环经济产业链、秸秆和沼气循环经济产业链、工业废弃物资源化的工业生态链条（如华晟公司回收铜冶炼废气生产硫酸，供长城化工生产氢氟酸，再将氟石膏供给立华集团作为水泥原料）；广西恭城实验区的“养殖 + 沼气 + 种植 + 加工 + 旅游”五位一体的循环经济模式等。

（一）河北平泉实验区

平泉县地处河北省东北部，冀辽蒙三省（区）交界处，是辽宁、内蒙古与京、津华北内陆交通必经之地。处于辽河、滦河两大水系 5 条河流的发源地，自身生态环境相对比较脆弱，且承担着为京津冀阻风沙、涵水源和为承德保生态、添光彩的任务。探索冀东北经济欠发达山区和生态环境敏感地区可持续发展之路，已成为平泉县科学发展的首要任务。

2004 年平泉县被国家环保总局确定为“国家级循环经济示范区”。2010 年 3 月，科技部下文批准平泉县建设国家可持续发展实验区。围绕“生态产业化，产业生态化”的建设目标，平泉县加强思想观念转变和机制体制创新，树立和实践科学的资源观，努力走出一条“循环经济、生态平泉、绿色平泉”的科学发展之路，成为冀东北生态建设与产业发展相互融合、循环经济深入发展的先行样板以及冀辽蒙三省区结合部可持续发展的示范窗口。平泉县是国家优秀生态示范区、中国绿色名县、全国绿化模范县、全国生态文明建设先进县、全国森林资源可持续经营管理试点县、中国绿色食用菌十强县、省文化产业十强县、省级经济开发区、省级循环经济示范县。

平泉县发展循环经济的主要做法：

第一，突出规划部署先行。按照“高起点、高站位、可操作”的要求，与北京师范大学共同论证编制了《平泉县国家可持续发展实验区总体规划》，将规划确立的 38 个总体发展指标、6 个重点工作领域和 62 个优先发展示范项目分解落实到具体责任单位、责任人，紧紧围绕实验区建设主题，在壮大循环经济产业链等六个方面进行探索，实施高新技术产业化等十大工程。制定了《实验区建设方案及考核细则》，把实验区涉及的各项考核指标列入相关部门的职能目标。建立督导机制，协同县督考办按月对各部门进行动态考核，确保实验区建设各项任务按期推进。

第二，大力发展园区经济，培育壮大主导产业，着力促进产业要素和技术要素向园区聚集、向主导产业聚集。集泽州工业园、会州综合加工产业园、长城化工产业园、兴平绿色食品加工园、燕山活性炭产业园和华北物流园 6 个功能园于一体的红山循环经济产业聚集区建设全面推进，产业聚集效益快速显现。

第三，平泉县按照“土地集约化经营，产业链条式延伸，企业集群式组合，资源循环式利用”的要求，始终坚持“减量化、再利用、资源化、无害化”的原则，以循环经济理念和思路引导产业发展，形成资源共享和副产品互换的产业共生组合。

①逐步完善循环经济产业链。培育形成了以食用菌、山杏、玉米、秸秆、工业废弃物利用为主的五条循环经济产业链条：“原料（速生林、秸秆）—食用菌—食用菌废弃培养基—有机肥—还林（田）—原料”的食用菌循环经济产业链，这一产业链有效牵动了全县及周边地区的造林绿化工作，在有计划轮伐，满足原料需求的同时，极大改善了全县及周边的生态环境；“山杏—杏核—杏仁、杏皮—杏仁露、活性炭”的山杏循环经济产业链，目前，全县建成活性炭、杏仁饮品等山杏企业53家，产业链年创产值8.98亿元，带动全县19个乡镇2万多户、7.5万人就业，平泉成为全国最大的杏仁交易市场，全国最大的果核炭生产基地[24]；“玉米—酒精（白酒、玉米油、蛋白饮料）—酒糟—蛋白饲料”的玉米循环经济产业链，不但使本县所产玉米全部实现就地消化，还有效拉动了承德各县区及内蒙古、辽宁等地玉米产业的快速发展；“秸秆—饲料（青贮、微贮、氨化）—养殖—沼气池—沼渣、沼液—蔬菜、果品”为主要循环模式的秸秆和沼气循环经济产业链；工业废弃物资源化（如华晟公司回收铜冶炼废气生产硫酸，供长城化工生产氢氟酸，再将氟石膏供给立华集团作为水泥原料）的工业生态链条。

②工农生产紧密化。通过建立农产品加工龙头企业，把食用菌园区、山杏林、玉米大田和速生林（刺槐、杨树等）改造成了企业生产的第一车间；食用菌、玉米、山杏、农作物秸秆和速生林等循环经济链的运行，又把全县一、二产紧密地结合在一起，形成相得益彰的良好格局。

③企业生产清洁化。2012年以来，平泉县依法关闭高耗能、高污染“双高”企业20家，拆除高污染设施80余台套。狠抓企业技改，按照节能减排新要求，对已建在建项目进行再论证、再评估，对于达不到排放标准的，强行要求进行改造[25]。通过资源深度开发，大大提高了余热余压、废水废气和固废利用水平，单位产品的物耗、能耗、水耗和污染物排放水平明显降低。2008年，平泉县被确定为全省发展循环经济试点县和全省生态工业示范县。

（二）青海海西蒙古族藏族自治州

海西蒙古族藏族自治州国家可持续发展实验区地处青藏高原北部，北邻甘肃省酒泉地区，西接新疆巴音郭勒蒙古族自治州，南与玉树、果洛藏族自治州相连，东与海北、海南藏族自治州毗邻，总面积30.09万平方千米，占青海省总面积的42.85%，总人口约56万。2012年，海西州地区生产总值突破570.3亿元、全地区财政一般预算收入139.45亿元（地方一般预算收入44.91亿元），均居全省六州一市第二位。2012年，全市城镇居民人均可支配收入21 252元，农民人均纯收入 7 916 元。海西州自然条件独特，一方面具有丰富的资源，另一方面地处青藏高原，生态环境十分脆弱。州域主体为中国四大盆地之一的柴达木盆地。柴达木盆地是青藏高原最具现实开发价值的资源富集区，也是青海省经济发展最为活跃的地区，国家已将柴达木盆地列为循环经济实验区[26]。柴达木循环经济试验区的最大优势是资源，截至 2004 年底，已累计发现各类矿产 86 种，矿产地 281 处，保有资源储量潜在价值达 16.27 万亿元，占青海省资源总价值的 95%，占全国的 13%[27]。2009 年 4 月，科技部下文批准海西州国家可持续发展实验区。根据《海西州国家可持续发展实验区总体规划》，海西州将以大力发展循环经济、构建优势产业基地、保护和改善生态环境为重点开展实验区建设。海西州可持续发展实验区的建设，对于资源赋存丰富、生态环境脆弱地区走出一条通过发展循环经济，实现科学发展的可持续发展的路子，具有重要示范意义。

海西州发展循环经济的主要做法：

第一，高标准、高起点做好循环经济发展规划。针对海西州资源丰富，生态系统脆弱的特点，海西州围绕“综合开发、有效配置、循环利用、永续发展”的主线，先后编制完成了《柴达木循环经济试验区总体规划》、《柴达木循环经济特色优势产业发展规划》、《海西州国家可持续发展实验区规划》、《柴达木循环经济试验区科技创新体系建设规划》、《青海省海西州风电场规划》、《柴达木新能源发展规划》，以及格尔木、德令哈、乌兰、大柴旦工业园区产业发展规划等重大规划、开发方案，为走出一条生态脆弱地区经济健康发展之路奠定了基础。

第二，全力推进柴达木循环经济试验区建设，大力发展循环经济。2005 年柴达木循环经济试验区被国家发展改革委等六部委批准为国家首批 13 个循环经济产业试点园区之一，试验区全部位于海西州境内，面积 25.6 平方千米，占海西州面积的 85%，主体为举世闻名的柴达木盆地，是一个典型的资源富集地区。根据 2010 年 3 月国务院批复的《青海省柴达木循环经济试验区总体规划》，柴达木循环经济区重点规划建设格尔木工业园、德令哈工业园、乌兰工业园、大柴旦工业园等 4 个循环经济工业园，构建以盐湖化工为核心的六大循环经济主导产业体系（以钾资源开发为龙头的盐湖化工循环型产业、以盐湖资源综合利用为基础的金属产业、以配套盐湖资源开发为主导的油气化工循环型产业、以配套盐湖资源开发为前提的煤炭综合利用产业、高原特色生物产业、可再生能源产业），形成资源、产业和产品多层面联动发展的循环型产业格局，努力做到“吃干榨尽”，争取在经济发展的同时，整个区域实现废水、废气、废渣等“零”排放或最少排放。

第三，严格水资源管理，保障循环经济区可持续发展。海西州属典型的高寒干旱大陆性气候，降水量少、水资源短缺，柴达木盆地年降水量只有65～200mm，蒸发量却高达1 000～3 600mm，水资源是制约该地区经济社会发展的主要因素。海西州积极推进严格的水资源管理制度：一是开展德令哈市巴音河流域和格尔木市格尔木河流域初始水权分配试点工作，并逐步在全州范围内推广；二是稳步推进格尔木国家级节水型社会建设试点，在实践中探索节水型社会建设经验，努力把格尔木市建成全州节水型社会建设的示范区，2013年11月，格尔木市通过了国家水利部组织的国家级节水型社会建设试点终期验收；三是深化企业节水考核，对10家重点企业开展用水实时监控，促进节水减排和高效用水。通过上述措施不断提高水资源的科学配置水平，优化供用水结构，以水资源的可持续利用支撑经济社会的可持续发展。

（三）启示

第一，以市场为导向，以生态环境和资源为依托，以科技进步为先导，以绿色产业和绿色产品为主导，按物质循环和能量流动规律，科学运作生态资本，大力发展循环经济，实现资源综合利用，能源梯次利用，物质良性循环，环境最佳保护，经济跨越式发展。

第二，按循环经济的总体要求，对本地的具体情况进行重新审视和认真分析，找准自身在地理位置、自然资源、经济基础、人才、科技等方面的优势和不足，统筹区域发展，合理构建区域循环经济体系。

第三，要把建设生态工业作为发展循环经济的基础工程来抓，引导现有企业加快技术改造步伐，积极推行清洁生产，加强环境管理，使污染防治逐步由末端治理为主向全过程控制转变。

第四，发展循环经济是一项宏大的系统工程，要科学规划，明确近期、中期、远期目标，采用点、线、面结合的模式，分层次推进。优先抓好重点区域、重点行业和重点企业循环经济示范建设，选准重点建设项目，建立循环经济发展模式，发挥示范带动作用，并辐射至各个行业。

五、城乡一体化

党的十八大报告中明确指出，解决好农业、农村、农民问题是全党工作重中之重，城乡发展一体化是解决“三农”问题的根本途径。要求，加快完善城乡发展一体化体制机制，着力在城乡规划、基础设施、公共服务等方面推进一体化，促进城乡要素平等交换和公共资源均衡配置，形成以工促农、以城带乡、工农互惠、城乡一体的新型工农、城乡关系。城乡一体化并不是将乡村都变为城市，更不是城市乡村化，它将在保留城乡特点的基础上，创造平等统一的新型城乡关系，营造城乡经济社会协调发展的氛围和城乡生态相互适应的环境[28]。

城乡一体化是我国现代化和城市化发展的一个新阶段，城乡一体化就是把工业与农业、城市与乡村、城镇居民与农村居民作为一个整体，统筹谋划、综合研究，通过体制改革和政策调整，促进城乡在规划建设、产业发展、市场信息、政策措施、生态环境保护、社会事业发展的一体化，改变长期形成的城乡二元经济结构，实现城乡在政策上的平等、产业发展上的互补，让农民享受到与城镇居民同样的文明和实惠，使整个城乡经济社会全面、协调、可持续发展。将城乡一体化作为可持续发展实验区的主题，就是要从机制、体制上探讨如何改变城乡二元结构，实现城乡一体化发展。在这方面，江苏省苏州市和四川省金牛区等均开展了很多实践，取得了很多成功的经验。

（一）江苏省苏州市

苏州东临上海、南接浙江、西抱太湖、北依长江，是一座具有 2 500 多年悠久历史的文化名城，是长三角地区重要的中心城市之一。改革开放以来，苏州紧紧抓住农村改革、浦东开发开放和全面建设小康社会等重大历史机遇，积极推进体制、机制创新，经济持续健康发展，综合实力显著增强，城乡面貌焕然一新，各项社会事业取得了全面进步。

2008 年 9 月，江苏省委省政府把苏州确定为全省唯一的城乡一体化发展综合配套改革实验区，苏州市委市政府相应出台了深化农村改革、促进城乡一体化发展的一系列政策措施，在城乡规划、产业布局、基础设施、资源配置、公共服务、就业社保、生态建设、社会管理等城乡一体化方面取得了重要进展。

2009 年 4 月，科技部下文批准苏州建设国家可持续发展实验区。实验区把可持续发展理念作为重要的指导思想，坚持“政府组织，专家指导，公众参与，社会兴办”的工作思路，以“四大行动计划”的实施为抓手，积极推进实验区“十大重点工程”和“百项民生科技支撑项目”。苏州市倾力打造“和谐新社会，人间新天堂”，努力建设成为“高新基地、宜居城市、文化名城、江南水乡”的国家可持续发展实验区。

2010 年 8 月国家发展改革委将苏州市列为城乡一体化发展综合配套改革联系点。苏州市要率先形成城乡一体的规划体系、城乡平等的要素交换关系、农业现代化建设的体制机制、城乡基本公共服务均等化的体制机制、城乡一体的社会管理体制机制。

苏州市坚持先行先试，努力消除体制性障碍，制定出台农村土地使用、生态补偿、城乡教育一体化和鼓励农民进城进镇落户等一系列政策，城乡一体化改革发展迈出实质性步伐。其主要做法为：

第一，以推行“三集中、三置换”为抓手，建立健全节约集约利用土地资源新机制。

随着工业化不断推进，苏州市深刻认识到节约集约利用城乡土地资源对城乡经济社会一体化发展的重要性和紧迫性，提出了“把空间让给城市，把利益留给农民”的优化土地利用思路，即以土地利用总体规划、城镇村规划为依据，以确保耕地面积不减少为前提，统筹安排城乡土地资源，实行城乡建设用地增减挂钩政策，积极稳妥地推行“三集中、三置换”工作，以促进城乡一体化发展。所谓“三集中”：一是引导农村工业企业向规划区集中；二是引导农民居住向新型社区集中、实行分类指导；三是引导农业用地向适度规模经营集中。所谓“三置换”：就是在尊重农民意愿和维护农民合法权益的基础上，一是以农业用地区内的农户宅基地面积及住宅面积置换城镇商品房；二是以农村土地承包经营权流转置换土地股份合作社股权和城镇社会保障，据统计，到 2012 年，苏州市共有各类农村合作组织 3 928 家，持股农户占农户总数的比重达到 96%；三是以分散经营置换规模化经营，到 2012 年，苏州市已经有 88% 的承包耕地实现了规模经营[29]。

第二，大力发展新型农村集体经济，建立富民强村新机制。

“苏南模式”的成功有其特定历史条件，而以“集体经济为主”发展乡村工业，使其经济发展突破“一大二公”的计划经济模式，并快速向经济主体多元化转变，逐步实现区域内共同富裕，真正让农民群众满意，是其中的一条重要经验。推进城乡一体化发展，建设社会主义新农村，必须高度重视和大力发展新型村级集体经济，充分发挥村级组织作为农村集体土地所有者和管理者、社区公共物品提供者，以及国家基层政权管理的延伸和补充作用。

第三，充分发挥公共财政支撑引导作用，建立健全政府支持“三农”发展新机制。

在推进城乡一体化进程中，苏州市各级财政部门按照市场经济体制和公共财政的原则要求，积极调整财政支出结构，加大“三农”投入，建立健全财政对“三农”的稳定投入机制，为促进城乡一体发展发挥了重要支持保障作用。一是加大对农村基础设施、社会事业、现代农业等公共服务和社会保障投入力度，改善农民生产生活条件；二是建设支农金融平台，完善政策性农业保险制度；三是加强财政支农管理制度创新，注重发挥财政资金公共效益；四是大力扶持农村“三大合作”组织发展，积极支持农业土地适度规模经营和合作组织分工，增强农民收入增长合理预期；五是积极鼓励引导“三资”（民间资本、工商资本、外商资本）投资“三农”。

第四，坚持转变农业发展方式，建立现代农业发展新机制。

在现代农业发展模式下，超小型农业经营方式不可能带来农业的高产稳产，也不可能保障农民持续稳定增收，更不可能实现农业产业化、现代化。为此，一方面，适应农业产业化经营、建设现代农业的需要，苏州市从实际出发，通过出台财政扶持政策、规范承包管理、建立中介组织、促进农民稳定就业、完善农村社保体系等措施，积极引导土地向种养能手有序流转，鼓励和引导种养大户和农业企业参与土地流转。另一方面，用建设工业园区的工作力度狠抓现代农业示范区建设，用现代装备武装农业，着力提高设施农业水平。

第五，以保障和改善民生为重点，建立城乡就业和社会保障统筹发展新机制。

共同富裕是“苏南模式”的重要内涵，苏州市坚持以人为本，更加关注农民就业、创业，关注农民增收，关注农村社会保障体系的建设。一是夯实城乡统一就业市场建设，建立了城乡统一的社会就业失业登记制度、失业保险制度，出台了一系列促进创业带动就业政策和就业扶持政策，基本实现城乡劳动者就业政策统一、就业服务共享、就业机会公平和就业条件平等。二是建立新型农村基本养老保险制度。根据农村劳动力就业渠道不同，实行一个社会保险体系、两种社会养老办法。三是率先建立农村居民医疗保险制度，建立健全工伤保险制度[30]。

（二）四川省成都市金牛区

金牛区位于成都市中心城区西北部，全区面积108平方千米，2014年末，全区常住人口为120.29万人，户籍人口75.38万人，辖15个街道办事处和1个高科技产业园区。1994年，被批准为国家社会发展综合实验区；1999年，更名为国家可持续发展实验区；2002年，顺利通过了国家可持续发展实验区验收；2006年，被科技部授予“国家可持续发展实验区工作先进集体”称号；2008年被科技部批准为全国首批13家之一的国家可持续发展先进示范区，是目前四川省唯一的国家可持续发展先进示范区。2014年，金牛区累计实现地区生产总值815.49亿元，同比增长5.5%，规模以上工业增加值同比下降9.5%；实现社会消费品零售总额606.86亿元，同比增长12.0%；全社会固定资产投资337.17亿元，同比增长0.2%。全区城镇居民人均可支配收入32 181元，较上年增长8.6%，高于全国人均28 844元的平均水平，全区地区生产总值和综合目标考核连年位居全市首位。金牛区先后荣获了“全国社区群众文化艺术活动示范基地”“全国文化先进区”“国家可持续发展先进示范区”“全国城市社区建设先进城区”“全国和谐社区建设示范城区”等称号。

实验区自建设以来，坚持不懈地走可持续发展道路，以统筹城乡发展为主题，以改善民生为核心，以体制机制创新为动力，以规范化服务型政府建设和基层民主政治建设为保障，围绕统筹城乡发展的能力、动力、水平和环境四大方面，针对涉农区域社会事业发展和建设明显滞后于城市区域的情况，重点在教育、充分就业和扩大社会保障、收入分配合理有序、公务卫生服务、社会管理五个方面加快促进涉农区域和城市区域的均衡发展，进一步提高社会和谐程度，促进社会事业均衡发展，努力开创科学发展、社会和谐的新局面。

按照成都市委统筹城乡经济社会发展“六句话”和“三个集中”的要求，金牛区明确提出了“三个全面接轨”的总体思路，即农民生产生活方式与中心城市全面接轨，农村建设管理与中心城市全面接轨，农民组织管理和社会保障与中心城市全面接轨。围绕“三个全面接轨”这一总体思路，为最终实现城乡发展相融、文明共享的目标，金牛区在推进城乡一体化的进程中，主要做法可以概括为三个“三大”，即：突出“三大建设”，构建“三大体系”，强化“三大保障”。

第一，突出“三大建设”，促进农民生产生活方式与中心城市全面接轨。

（1）突出推进农民合作经济组织建设。根据近郊传统农业不断萎缩、第三产业发展潜力巨大的特点和城市化进程不断加快的趋势，金牛区积极引导农民脱离传统农业生产，大力发展“股份制”（即把村集体资产以股份的形式量化给村民，并吸收村民的自有资金参股，组建合作社和农民股份公司）和“股田制”（即以农民土地使用权入股的方式组建农民合作社）为主要形式的农民合作经济组织，重点发展生态休闲等现代都市第三产业，着力提高农民在市场经济中的组织化程度，为农民融入城市提供新的就业渠道和持续增收途径。

（2）突出推进农村劳动力就业体系建设。大力推进农村劳动力向非农产业转移，努力实现非农就业。一是，努力发展二、三产业，为农民非农就业创造大量就业岗位；二是，全面开展农村劳动力职业技能培训和就业指导服务，出台了一系列促进农村劳动力就业的政策措施。如区财政每年安排近千万元培训资金，人均培训费用达到近千元；三是，对吸纳本区农村劳动力就业的企业给予补贴；四是，鼓励农村劳动力自主创业，对兴办工商企业和从事个体经营者，免收工商、税务登记和组织机构代码、卫生许可证办理等行政事业性收费。

（3）突出推进农民集中居住区建设（以下简称“新居工程”）。改变近郊农民分散居住方式，推行集中居住，有效提高土地利用率。根据市、区土地利用总体规划和城市建设总体规划，金牛区规划了13处“新居工程”，总占地面积4 900亩，预计安置农民9万余人，基本满足全部农民集中居住的需要。“新居工程”由市、区政府联合组建投资公司，按城市小区的规划条件和经济适用房的建设标准，以统一规划、统一供地、统一标准、统一配套、统一建设、统一管理的“六统一”方式进行规划建设，基础设施、公共服务设施、物业管理等全部配套到位。

第二，构建“三大体系”，促进农村建设管理与中心城市全面接轨。

（1）构建城乡建设规划体系。金牛区坚持把科学规划作为城乡一体化工作的龙头，把全区108平方千米的区域作为一个整体进行统一规划，提出并实施了“一园”“两区”“三带”的总体规划，高水平建设一个工业集中发展区即金牛高科技产业园，高标准建设两个新城区即金泉新区和天回新区，高品位打造三条产业发展带即羊西线—黄忠大道餐饮娱乐带、金府路—商贸大道—川陕路商贸物流带和沙西线生态休闲带，努力形成城乡建设管理一体、经济社会发展相融的格局。

（2）构建生态环境体系。金牛区积极推进生态项目建设，构建成都市西北部生态屏障，并把打好生态建设这张牌作为构建发展比较优势的重要举措。在摸底河、清水河、锦江上游等重要流域规划建设集生态休闲、旅游观光为一体的“两河森林公园”“沙西线生态示范园区”“天府华侨城主题公园”等项目，规划面积达1.5万亩。同时，加快三个旧场镇改造和农村道路、水、电、气、通信等基础设施、文化体育设施、市政设施建设，加大农村、城乡结合部、小流域整治，坚决关闭养殖场，全面改善农村环境卫生，形成良好的生态环境。金牛区早在2004年就通过了ISO14001环境管理体系认证，体系的运行有效地促进了全区环境质量的改善。

（3）构建产业支撑体系。一是巩固三产优势，促进提档升级。继续实施品牌发展战略，大力发展大市场、餐饮休闲、锦西名宅等传统产业品牌，努力培育汽车销售、生态休闲、现代物流等新兴产业，着力打造有品位的特色街区。二是狠抓产业化项目，壮大工业实力。以打造“工业成长第一区”作为发展战略，集中打造成都西部科技商务中心和工业总部基地，以产业园区为主要载体，大力发展电子信息、生物医药和轨道交通等产业，引导产业集群发展，提升产业集聚水平，带动地区经济发展[31]。2014年，三次产业比重为0.01∶23.73∶76.26。

第三，强化“三大保障”，促进农民组织管理和社会保障与中心城市全面接轨。

（1）强化管理体制保障。改革农村行政管理体制，撤销乡建制建立了街道办事处，撤销村建制建立了社区居民委员会，撤销农业局组建了城乡一体化工作局。对撤村建居后的新社区干部工资福利等待遇，全部按照城市社区的标准纳入财政支付，其综治、环卫等公益性事业支出，按每人每年100元的标准给予补贴。

（2）强化基层民主保障。一是加强农村基层组织建设。在撤村建居过程中，通过“两推一选”和“公推直选”，民主选举产生了新社区基层党组织。二是加强城乡基层组织共建。在全区范围内开展城乡社区党组织结对共建活动。派机关、街道干部深入农村，帮助和配合村级组织工作，同时持续进行城乡一体化宣传和调查研究，充分听取农民群众的意见，尊重农民的民主权利。

（3）强化社会保障。在全区农村推行基本养老保险和基本医疗保险，区财政每年安排400万元专项资金作为全区农民的社会保险补贴，解决农民的后顾之忧。一是建立农民基本养老保险制度，确保农民老有所养。对参加基本养老保险的农民，政府给予20%的补贴。村集体经济组织可根据本村经济实力，也给予农民一定补贴。二是建立农民基本医疗保障制度，确保农民病有所医。对选择基本医疗保险和单独选择住院医疗保险的农民，政府分别给予20%和50%的补贴。区财政每年还拨出专项资金，建立医疗救助基金，用于解决特别困难农村群众的就医问题。三是着力提高农民最低生活保障水平，确保农民贫有所助。实现了与城市居民最低生活保障的接轨。同时，进一步完善农村优抚、五保供养机制，筑牢农民最低生活保障线[32]。

（三）启示

第一，城乡一体化是复杂的系统工程，不仅涉及农村生产发展，而且涉及农村生产关系和上层建筑的调整完善，需要冲破原有的城乡二元体制的束缚，调整不适应一体化发展的政策制度[31]。

第二，由于资源禀赋、发展阶段及文化的差异，各地应不断探索创新适宜本地区的城乡一体化路径，编制多规合一的城乡一体化规划，统筹城乡发展、土地利用、生态保护等。

第三，加大资金投入，改善农村基础设施，逐步实现城乡基本公共服务均等化。

六、小城镇建设

小城镇是指区别于大中城市和农村村庄的具有一定规模、主要从事非农业生产活动的人口所居住的社区，包括国家已批准的建制镇和尚未设镇建制的相对发达的农村集镇[33]。在我国，按照城市的定义，小城镇当属于空间规模最小的非农业人口的居民点，它是我国城镇体系之尾，乡村发展之头，是农村和城市的边缘地带；是土地集中利用、社会经济和人口集聚发展等城市特征形成的过渡地带，因此，小城镇是连接城乡的基地和桥梁，是城乡统筹发展的关节点[34]。随着改革开放的不断深入和城乡二元结构的凸显，作为破除城乡二元结构重要依托的新型城镇化发展引起了各级政府和学者的广泛重视。《国家新型城镇化规划

（2014～2020年）》要求有重点地发展小城镇，明确提出：“按照控制数量、提高质量，节约用地、体现特色的要求，推动小城镇发展与疏解大城市中心城区功能相结合、与特色产业发展相结合、与服务‘三农’相结合。大城市周边的重点镇，要加强与城市发展的统筹规划与功能配套，逐步发展成为卫星城。具有特色资源、区位优势的小城镇，要通过规划引导、市场运作，培育成为文化旅游、商贸物流、资源加工、交通枢纽等专业特色镇。远离中心城市的小城镇和林场、农场等，要完善基础设施和公共服务，发展成为服务农村、带动周边的综合性小城镇。对吸纳人口多、经济实力强的镇，可赋予同人口和经济规模相适应的管理权”。

实验区选择小城镇建设作为实验示范主题，就是要探索具有不同资源禀赋和区位条件的小城镇发展模式。黑龙江省肇东市和河南竹林实验区等在小城镇建设方面进行了有益的探索，取得了值得推广和借鉴的经验。

（一）黑龙江省肇东市

肇东市位于黑龙江省西南部，松嫩平原中部，松花江北岸，南距“冰城”哈尔滨53千米，北距“油城”大庆74千米，是哈尔滨—大庆—齐齐哈尔经济带上的一个重要节点城市，处于哈大齐工业走廊的中轴位置，扩展延伸可覆盖东北三省、俄罗斯及东北亚地区。土地面积3 905平方千米，耕地305万亩，草原150万亩，林地70万亩，水面20万亩。肇东市具有农、牧资源的先天优势，素有“半林半水六分田，三分大草原”之称。肇东市土地肥沃，气候温和，雨量充沛，是国家商品粮和畜牧业生产的重要基地；已探明石油储量达1.2亿吨，天然气储量4亿立方米。肇东开发较早，1735年（清雍正十三年）设交通驿站，1914年晋升为肇东县，1986年撤县建市。全市现辖22个乡（镇），186个村，1 228个自然屯，人口91万，其中农业人口68万。“十二五”期间，肇东市积极适应经济发展新常态，转方式、调结构、促发展，发展层次和水平得到全面提升，经济综合实力显著增强。“十二五”期末，地区生产总值实现395亿元，与“十一五”期末相比，年均增长10.2%；固定资产投资完成163亿元，年均增长20.1%；规模以上工业增加值实现72.8亿元，年均增长18%；地方一般预算收入实现12.6亿元，年均增长9.1%；社会消费品零售总额实现128.1亿元，年均增长13.5%；三产比例调整为20.9∶44.6∶34.5，更加趋于合理。依托资源优势，形成了具有肇东特色的玉米、畜禽、果蔬、饲料、乳品饮品、现代物流、旅游休闲“七大产业链条”，确立了强市富民的园区“五大发展格局”。

肇东市1993年7月被正式批准为国家社会发展综合实验区，1997年12月更名为国家可持续发展实验区。2008年被评为首批国家可持续发展先进示范区。

肇东市的具体做法：

（1）大力发展低碳工业园区。

早在20世纪末期，肇东市便在市区以西的盐碱地规划建设了工业开发区，总占地132.5平方千米，专门用来发展低碳工业企业。2004年升格为省级经济技术开发区，2007年被列入“哈大齐”工业走廊项目区，享受国家出台的优惠扶持政策。创办之初，肇东市就明确规定，工业园区严格禁止入驻高污染、高碳排企业，即使财税贡献率再高，也绝不降低禁入门槛。入驻企业必须先由环保部门把关，不达标准绝不允许开工，没有排污装置绝不允许生产[35]。

（2）依托农业资源优势，重点发展以玉米为原料的农业经济循环模式和畜牧养殖及食品深加工循环模式，为东北地区传统农业区域可持续发展探索出新的发展模式。

肇东市充分发挥玉米原产地资源优势，进一步发展玉米种植和精深加工，促进以玉米为主的粮食产业链规模扩张、产业升级、循环利用，形成完整的农业—工业就地循环示范模式，其产业链包括玉米—酒精循环、玉米—味精等系列产品循环、玉米—饲料与酶制剂循环、玉米深加工“三废”循环、玉米秸秆—能源循环[36]。

（3）抓建设、强管理，加快城乡一体化发展。

“十二五”期间是肇东市城乡一体化建设最快的时期。全市城区年均开发商品房和改造棚户区超过50万平方米，年均建设城市道路超过10千米，年均铺装排水管线超过10千米，年均植树超过百万株。到“十二五”期末城市排水管线已发展到190千米，城市绿化覆盖率达到42.19%，楼房面积达到1 010万平方米。全市农民住房砖瓦化率达到91%，五年提升了6%；人畜安全饮水覆盖率达到97%，五年提升了9%；全市硬化国、省、县、乡道路2 114千米，村村通道路达到100%，屯屯通达到65%，五年分别提升了33%和24%。肇东市先后获得全国文明城市提名、全国中小城市生态环境建设实验区、全国首批智慧城市试点县、全国宜居宜业典范市和省级园林城市等荣誉称号[37]。

（4）抓热点、谋福祉、促民利，始终把改善民生作为加快肇东发展的共享成果。

“十二五”期间，全市城镇居民可支配收入和农民人均纯收入分别达到23 227元和12 890元，年均分别增长8.9%和10.3%；人均储蓄余额达到16 243元，人均住宅面积达到35平方米，全市私家车保有量达到18.5万台。教育事业蓬勃发展。全市适龄儿童入学率达到100%，初中生入学率达到100%，残疾儿童入学率达到70.3%。社会保障日臻完善。“十二五”期间，城镇居民医疗保险参保率达到85%，“新农合”参合率达到99.91%，城乡低保人数扩大到

5.85 万人，实现新增就业 4.3 万人，城镇登记失业率控制在 4% 以内，救助城乡困难群众 7.8 万人（次），基本实现了“社保应保尽保、低保扩面提标、五保集中供养”。社会事业全面进步。“十二五”期间，共新建 28 所城乡中小学校、2 家城市医院、16 家乡镇卫生院、68 个村级卫生所、24 个城市新型社区、286 个文化活动场所、78 处健身路径工程，环保、计生、科技、电力、广电、信息、通讯等各项事业均取得长足进步。社会管理更加规范。完善了食品安全监督管理机制，开展了生产、交通、消防等安全专项整治，强化了信访问题解决，构建了人防、技防相结合的“天网地格”社会治安防控体系，社会局面持续和谐稳定[37]。

（二）河南竹林镇

竹林镇国家可持续发展实验区位于河南省巩义市东部，处在省会郑州与古都洛阳之间。全镇总面积 30 平方千米，城镇建成区面积 5.2 平方千米，下辖 7 个居委会，近 2 万人。1994 年 11 月，经河南省政府批准，原竹林村与周边三个村整合，设立竹林镇。1995 年 12 月，竹林镇被确定为全国镇级社会发展综合实验区，1997 年更名为国家可持续发展实验区。竹林镇在实验过程中，加强思想观念转变和机制体制创新，树立和实践科学发展观，高度重视生态环境的保护开发工作，相继承担了科技部和 21 世纪议程中心“最小排放社区的研究与示范”、“雨水综合利用模式示范”、“社会治安预警系统示范与应用”、“生态旅游实验示范”、“城镇低碳发展关键技术集成研究与示范”等示范项目，完成了由农村转向新型城镇化建设的历史性跨越，对于加快中原经济区和新型小城镇的发展建设具有重要的借鉴和示范作用。

竹林镇先后被授予全国环境优美镇、中国小康建设十佳红旗镇、中国新农村建设明星镇、国家级生态文明示范镇、中国特色旅游景观名镇等称号，并进入国家可持续发展实验区、全国发展改革试点城镇、联合国可持续发展中国小城镇改革试点行列，荣获中国人居环境范例奖、联合国改善人居环境最佳范例[38]。

竹林镇作为国家可持续发展实验区，在积极推进可持续发展方面进行了多方面的尝试，做了一些有益的工作，推进了竹林镇的可持续发展，基本实现了实验区规划的目标，取得了明显的成效，达到了预期目的。小城镇综合功能逐步得到完善。

（1）科学规划，逐步完善基础设施建设。

一是提出建设竹林园林城镇的理念。按照前瞻性、科学性、整体性、协调性的原则，竹林镇先后聘请了国家级、省级专家，结合竹林镇实际，因地制宜，高标准、高起点、严要求编制了《竹林镇总体规划》《竹林镇建设体系规划》《竹林镇生态环境保护规划》；二是解决群众的吃水问题。为彻底解决竹林的用水问题，竹林镇实施了镇区供水工程，从32千米外经四级提灌，引黄入竹，建设万吨水厂，彻底解决了竹林千百年来严重的缺水问题；三是解决了居民出行难的问题。该镇先后投入资金6亿元，新修道路23条，拓宽改造道路15条，完善了小城镇道路网络，实现了户户通硬化路；四是解决了居民的用电通信难题。针对关系群众切身利益的“五通”“三有”建设，不断完善电网工程建设，建成变电站、邮政电讯大楼；五是解决居民正常生活需求和娱乐休闲需要，在全镇建成了工业、居住、文化、行政、商业和旅游6个园区，成为集教育、医疗、休闲、娱乐、养老等公益服务设施齐全、功能完善的新镇区，建成了北山公园、南山游园、凤鸣苑，在居民居住区建设小游园6个，全民健身园8个，为居民休闲纳凉提供了良好场所[38]。

(2) 改革户籍制度，打破了影响农村城市化的二元户籍结构。

为打破农村现行的人口体制，竹林镇于1996年进行了户籍制度改革，彻底降低门槛，将本镇5 000多人和外籍2 000多名落户人员，全部转为非农业户口，并规定，凡来竹林工作、经商、办企业、打工的人员，只要申请愿意在该镇落户，一律转为城镇户口，一切入户手续全免，凡在该镇落户的人员在入学、就业、参军、社会保障等方面，与镇原有居民享有同等待遇。小城镇户籍的改革，打破了影响农村城市化的二元户籍结构[39]。2010年12月8日，随着巩义市竹林镇长寿山景区社区管委会挂牌成立，竹林镇最后一批农民正式成为居民，至此，竹林镇全镇近2万人口全部为居民户口，成为河南省首个“全居民镇”[40]。

(3) 整合土地资源，优化空间布局。

有限的土地资源迫使竹林必须走土地集约利用型的工业化和城镇化发展道路。在城镇空间布局方面，竹林早在建镇初期就进行了产业园区集聚规划。近年来，随着面积的扩大和人口的增加，竹林又对镇域规划进行了调整。为了进一步集约利用土地，鼓励人口集中居住，竹林还积极引导居民到镇区居住，腾出更多的土地资源。通过实施“两高一带”战略（企业高度集中、居住高度集中、带动第三产业发展)，统筹规划建设新型工业区、居住商贸区、旅游休闲区、高效农业区，繁荣发展第三产业，培育新兴工业，在优化城镇布局的同时，做到了工、农、交、商、旅及各项社会事业的协调发展[41]。

(4) 以工业化带动城镇化，以城镇化带动城乡一体化。

竹林镇在20世纪80年代初还是一个远近闻名的穷山村，种地靠天收，吃水贵如油，恶劣的自然条件使竹林人长期处在贫困之中。1983年，竹林镇开始起步，随后创立了竹林众生集团，在河南医药行业中第一个实现了股票上市。在竹林众生集团的带动下，竹林镇的工业由小到大、由弱到强，以工业化带动城镇化，已经实现了由粗放经营到科学管理、由片面追求 GDP 到实现全面发展的转变[42]。30 年来，竹林坚持科学发展不动摇，以经济建设为中心，依靠科技带动企业快速发展，逐步形成了以第二产业为主，推动一、三产业协调发展的新格局。全镇现有工商企业 82 家，涌现产值超亿元的骨干企业 10 余家，多家企业与 500 强建立战略合作伙伴关系。太龙药业是河南省医药行业首家上市公司。竹林景区被定为国家 AAA 级旅游景区、全国农业旅游示范点、森林公园，年接待游客达 20 万人次以上。2013 年，完成社会总产值 50 亿元，税收完成 2.3 亿元，财政收入 6 900 万元，分别比 1983 年增长上千倍，人均收入 26 000 元，增长 320 多倍。

（三）启示

第一，突出小城镇特色，科学规划，优化空间布局。

我国小城镇约有 2 万个，按形成的内、外因可分为交通集散型工贸镇、旅游镇、资源型工矿镇、窗口型边境镇和卫星镇等，不同类别城镇的服务对象、镇区发展方向、产业分布和功能各不相同[43]。小城镇规划必须突出小城镇特色，综合分析小城镇的资源优势、区位条件、经济社会发展现状与趋势，科学分区，优化空间布局。

第二，完善市政和公共基础设施配置。

小城镇的可持续发展和生活质量的提高依赖于完善的市政和公共基础设施配套。基础设施是城镇经济发展不可缺少的一个组成部分，是城镇赖以生存和发展的重要基础条件，同时也是提高核心竞争力的基础平台[44]。

第三，以工业化带动城镇化，完善城乡发展一体化的体制机制。

肇东市和竹林镇都非常注重工业发展，并在工业发展的基础上，不断改善民生，完善城乡发展一体化的机制体制。

本章参考文献

[1] 刘剑平. 我国资源型城市转型与可持续发展研究 [D]. 中南大学，2007.

[2] 李军. 油气资源城市产业结构优化模式与战略研究 [D]. 大庆石油学院，2010.

[3] 大庆市社会科学界联合会课题组，宋洪德，赵天石. 关于推进大庆石油资源型城市经济转型的研究报告 [J]. 大庆社会科学，2007，1：10－18.

[4] 李宏达. 泽州县煤炭经济实现可持续发展的总体构思 [J]. 煤，2003，

1：42－43.

［5］刘予强，崔守安．一矿兴一业　全民创新业——走有泽州特色的资源型经济转型发展之路［N］．中国县域经济报，2009－8－31（004）．

［6］李建辉．资源型城市可持续发展中的政府行为研究［D］．大庆石油学院，2006.

［7］梁绍光．2016 政府工作报告［EB/OL］．http：//www.qingxi.gov.cn/index.php?s＝news&id＝5444.

［8］潘建春，陈峥，李銮熙．东莞市农村可持续发展理论探讨——以东莞市清溪镇为例探索可持续发展新思路［J］．科技致富向导，2012，14：21－22.

［9］肖智星．论东莞市清溪镇国家可持续发展实验区的建设经验［J］．科技与管理，2003（5）：25－27.

［10］倾力打造产学研合作创新示范基地续写清溪转型跨越发展新篇章——广东省东莞市清溪镇［J］．中国科技产业，2015（12）：40－45.

［11］赵文．山东可持续发展试验带的经济学分析［J］．中国人口·资源与环境，2007，17（3）：140－142.

［12］高学栋，董建文，崔旺盛，王继国．着力实现发展经济与保护环境的“双赢”——日照市生态建市的案例研究［J］．华东经济管理，2008，22（12）：129－133.

［13］李兆前．树立循环经济模式　落实科学发展观［J］．环境保护，2004（7）：45－47.

［14］陈晓翠，尹建中．新兴沿海城市循环经济发展研究——以日照市为例［J］．科技经济市场，2011（12）：26－30.

［15］山东省科技厅．可持续发展实验区为山东区域可持续发展提供示范［EB/OL］．http：//www.most.gov.cn/dfkj/sd/zxdt/201412/t20141229_117134.htm.

［16］董岩，程蕾．着力构建生态文化体系　夯实生态日照建设的社会基础［J］．环境保护，2012，39（7）：67－68.

［17］安子豪，游达明．从“点、线、面”整体推进，促生态建设持续发展——山东省日照市推进循环经济的发展模式与启示［J］．生态经济，2010，5（2）：107－109.

［18］陈红英．在保护中发展在发展中改善民生——上城区“三有”民生改善实践的经验及启示［J］．现代城市，2013，8（2）：1－4.

［19］李璐．社区组织结构优化：城市社会管理体制创新的应然选择——以杭州“上城模式”为例［J］．理论导刊，2013（6）：30－32，38.

［20］王凯，彭实铖．打造北京 CRD——实现石景山区功能的重大转变［J］.

北京规划建设，2007，21（2）：139－141.

［21］陈治光．石景山：迈向首都绿色转型示范区［J］．科技潮，2011（2）：20－23.

［22］李艳．加快建设“三区”推进石景山经济社会全面转型［J］．投资北京，2011，23（9）：78－79.

［23］黄和平．基于生态效率的江西省循环经济发展模式研究［J］．生态学报，2015，35（9）：1－11.

［24］杨金文，咸力东，陈彦华．平泉建立五大循环经济产业链［N］．河北经济日报，2015－4－30（5）.

［25］李洁，付国峰．生态理念为平泉经济“加力”［N］．河北经济日报，2013－4－22（1）.

［26］冀康平．柴达木试验区发展循环经济解读［J］．青海社会科学，2006（4）：56－59，104.

［27］葛建华，葛劲松．基于物质流分析法的柴达木循环经济试验区环境绩效评价研究［J］．青海社会科学，2013（2）：103－107.

［28］何艳玲，宗成峰．城乡发展一体化是解决“三农”问题的根本途径［J］．长春理工大学学报（社会科学版），2014，27（2）：20－22，31.

［29］夏永祥．“苏南模式”中集体经济的改革与嬗变：以苏州市为例［J］．苏州大学学报，2014（1）：101－106.

［30］王卫星．对城乡一体化发展模式的思考——苏州市城乡一体化发展调研报告［J］．中国软科学，2009（12）：24－31.

［31］于翔，胡培，周沁影．基于CES模型的成都市金牛区产业集聚效应研究［J］．软科学，2013，27（12）：100－103.

［32］中共成都市金牛区委宣传部．大力推进社区转型　努力构建和谐社区——金牛区在推进城乡一体化中建设和谐社区的探索与实践［J］．中共四川省委党校学报，2005（4）：88－90.

［33］纪泽民．新农村建设背景下的小城镇发展战略分析［J］．农村经济，2007（2）：84－88.

［34］孔凡文，徐玉梅．论中国小城镇发展速度与质量［J］．农业经济，2007（10）：11－12.

［35］王权，姜德清，杨立国等．肇东市发展低碳经济的对策思考［J］．中国人口·资源与环境，2010，20（专刊）：167－170.

［36］赵希勇，翟绪军．肇东市国家可持续发展实验区农业循环经济模式实践探索［J］．经济研究导刊，2010（35）：48－49.

[37] 李元学. 坚定信心 迎难而上 全力推动肇东经济社会科学健康发展——在市委七届八次全委（扩大）会议上的报告 [EB/OL]. http://www.hljzhaodong.gov.cn/html/index/content/2014/02/11392450947637.html，2016-01-22.

[38] 张敬燕. 以新型城镇化为引领 走“三化”协调发展之路——以巩义市竹林镇为例 [J]. 中共郑州市委党校学报，2012 (1)：107-110.

[39] 郜泉州，郜晓霞. 巩义市竹林镇建设小城镇 推动城镇化 [J]. 城乡建设，2007 (5)：45.

[40] 徐建勋，谭勇. 我省诞生首个“全居民镇”——竹林镇全镇近2万人“农民”变“居民” [N]. 河南日报，2010-12-9 (7).

[41] 马祖琦. 承载力视野下的我国城市运行与治理结构优化——以河南省巩义市竹林镇的“行政区经济”为例 [J]. 上海城市管理，2015，18 (4)：21-25.

[42] 王海圣. 它们为什么是乡镇“10强” [N]. 经济视点报/2006-11-16 (6).

[43] 刘璇. 浅谈小城镇规划中应注意的问题 [J]. 科技进步与对策，2003 (增刊)：21-22.

[44] 笪可宁，赵希易. 论小城镇核心竞争力的构建和提升 [J]. 中国人口·资源与环境，2010，20 (2)：172-174.

第三章

广西可持续发展实验区发展现状

广西可持续发展实验区建设起步较晚，还处于探索阶段。截至2015年，广西有7个可持续发展实验区，分别为桂林市恭城瑶族自治县、河池市宜州市、防城港市东兴市、玉林市北流市、柳州市柳北区、来宾市兴宾区、梧州市进口再生资源加工园区。其中，桂林市恭城瑶族自治县可持续发展实验区是目前广西唯一的国家级可持续发展实验区，其余为省级可持续发展实验区。从实验区的类型上看，广西可持续发展实验区主要分为三大类型：县域型实验区、城区型实验区、产业园区型实验区，恭城瑶族自治县、宜州市、东兴市、北流市属于县域型实验区，柳北区、兴宾区属于城区型实验区，梧州市进口再生资源加工园区属于产业园区型实验区。从分布上看，广西可持续发展实验区分布在东部、东北部和中部地区，涉及7个市。

一、桂林市恭城瑶族自治县可持续发展实验区

（一）恭城瑶族自治县可持续发展实验区发展概况

恭城瑶族自治县位于广西东北部，桂林市东南部，县城距桂林市108千米，东与富川瑶族自治县及湖南江永县交界，南与钟山县、平乐县毗邻，西接阳朔县、灵川县，北临灌阳县，总面积2 149平方千米。2013年辖3个镇、6个乡和1个管委会，117个行政村、8个居委会，县政府驻恭城镇。恭城瑶族自治县是全国10个瑶族自治县之一，居住有瑶、壮、苗、侗、回等多个少数民族，2013年末总人口29.92万人（户籍人口统计数据），少数民族人口18.61万人，占61.5%[1]。

恭城县内资源丰富。2013年耕地面积1.88万公顷，农田有效灌溉面积1.22万公顷，粮食播种面积1.9万公顷，经济作物种植面积2.2万公顷。林地面积

17.07 万公顷[2]。主要旅游景区（点）有全国重点文物保护单位文庙、武庙、周渭祠、湖南会馆，中国十佳魅力乡村红岩村，以及社山、大岭山、横山等农村生态旅游景区，其中三庙一馆景区（文庙、武庙、周渭祠、湖南会馆）、红岩景区为国家 3A 级旅游景区。恭城境内水资源丰富，地表水力资源蕴藏量为 10.68 万千瓦，地下水静储量约 11.3 亿立方米。重要矿产资源有锡、钨、锌、钽、铌、花岗岩、大理石等，锡、钨主要分布于栗木矿区，已探明储量 8.82 万吨，钽、铌与锡钨矿共生，储藏量在中国占重要地位，铅、锌经勘探有工业加远景矿石量 234.9 万吨，钨、锡、铅、锌和高岭土储量居广西前列；花岗岩储藏量 913 万立方米，大理石储藏量 10 万立方米[3]。名特优农产品有恭城月柿、沙田柚、椪柑、槟榔芋和红瓜子等，地方特产有甜酒、月柿果酒、黄笋干等。是中国月柿之乡、中国椪柑之乡、全国生态农业示范县、国家级生态示范区、国家级可持续发展实验区、全国无公害水果生产示范基地县、全国园艺产品（水果）出口示范区、全国生态家园富民计划示范县、全国生态农业建设先进县、全国农业旅游示范点、全国绿化模范县、全国休闲农业乡村旅游示范县，获得中国人居环境范例奖。

恭城县自 2001 年获批为国家可持续发展实验区后，始终坚持把可持续发展战略与本县具体情况相结合，按照“突出重点、营造特色、强化示范、全面带动”的基本思路推进实验区建设，认真实施实验区各项规划，探索出一条具有恭城地方特色的可持续发展路子。十几年来，在县委、县政府正确领导和精心组织下，在全县广大干部群众的共同努力下，通过坚定不移地实施可持续发展战略，恭城瑶族自治县可持续发展实验区建设工作扎扎实实向前推进，各项规划任务得到了很好的贯彻实施，取得了实实在在的成效，有力地促进了经济持续健康发展和各项社会事业的全面进步。

可持续发展的核心是发展，经济发展是可持续发展的基础，也是实验区建设的基础。恭城县建设可持续发展实验区以来，坚持把经济工作的着力点放在优化经济结构、促进经济发展方式转变上，通过实施科技兴农、科技兴企、信息化带动工业化等一系列重要举措，促进全县经济保持快速健康发展，经济实力不断提升，经济结构不断优化，为可持续发展实验区建设打下了坚实的基础。（1）经济发展速度始终保持在两位数。2013 年全县完成生产总值 66.98 亿元，比 2001 年增长 4.78 倍，年均增长率为 15.19%。人均国内生产总值达到 2.64 万元，年均增长率为 16.37%。财政收入完成 3.00 亿元，年均增长率为 18.41%。社会消费品零售额为 20.03 亿元，比 2001 年增长 2.75 倍，年均增长率为 12%。固定资产投资额达到 58.09 亿元，比 2001 年增长 20.84 倍，年均增长率为 33.79%。（2）经济发展质量不断优化。2001 年万元产值能耗为 1.65 吨标煤，2013 年为

0.92 吨标煤，下降44.24%。2001 年城镇居民人均可支配收入为5 198 元，2013 年为21 972 元，是2001 年的4.23 倍。2001 年农村居民人均纯收入为1 661 元，2013 年为7 250 元，是2001 年的4.36 倍。（3）经济发展结构日趋合理。通过培育特色农业、资源加工企业、生态旅游业等产业，优化了产业结构，三次产业比重由2001 年的53.57∶18.57∶27.86 调整为31.3∶44.3∶24.4，见表3－1。

表3－1　　恭城县经济发展指标情况表

指标	2001 年	2013 年	增长值	年均增长率（%）
地区生产总值（亿元）	14.02	66.98	52.96	15.19
人均生产总值（万元）	0.5	2.64	2.14	16.37
财政收入（亿元）	0.75	3.00	2.25	18.41
固定资产投资额（亿元）	2.66	58.09	55.43	33.79
社会消费品零售额（亿元）	5.34	20.03	14.69	12.00
城镇居民人均可支配收入（元）	5 198	21 972	16 774	12.94
农村居民人均纯收入（元）	1 661	7 250	5 589	13.14
产值能耗（吨标煤/万元）	1.65	0.92	－0.73	－44.24

资料来源：2002～2014 年《广西统计年鉴》。

恭城县是农业大县，为实现生态农业的新发展，提出了“跳出农业抓农业，加快产业结构调整，加速农业产业化进程”，不断提升生态农业质量。2013 年农林牧渔业总产值318 435 万元，与2001 年相比增长171.21%，其中农业产值231 722 万元，增长160.95%，林业发展迅速，林业产值增加440.84%，见表3－2。

表3－2　　恭城县农业发展情况

指标	2001 年	2013 年	增长率（%）
农林牧渔业总产值（当年价）（亿元）	11.74	31.84	171.21
农业（万元）	88 800	231 722	160.95
林业（万元）	2 451	13 256	440.84
牧业（万元）	21 518	59 140	174.84
渔业（万元）	4 643	6 583	41.78
水果产量（吨）	300 155	808 194	169.26
肉类产量（吨）	23 342	23 581	1.02
牛肉产量（吨）	969	1 507	55.52
水产品产量（吨）	5 178	6 927	33.78

资料来源：2002～2014 年《恭城年鉴》。

通过国家可持续发展实验区建设，恭城已由一个少数民族山区贫困县，发展成为全国生态农业示范县。目前，恭城生态环境良好，经济社会全面进步，生态经济欣欣向荣，人民生活水平不断提高，可持续发展能力显著增强。

（二）恭城瑶族自治县可持续发展探索与实践

通过国家可持续发展实验区的建设，恭城区域可持续发展内在动力显著增强，生态农业已经成为广大群众的自觉行动和有效致富手段。在尊重群众创造，吸取群众智慧的基础上，恭城开展了生态产业和“富裕生态家园”建设等一系列可持续发展实践，得到了群众的广泛支持，也取得了巨大成就。

1. 以生态农业为基础，不断延长生态产业链，优化产业结构，提升可持续发展能力

实验区发展贵在创新、重在特色，其建设过程本身就是一个不断创新的过程，创新对于实验区的发展具有重要的现实意义。恭城县生态农业建设自1983年起步，至1995年形成了以养殖为基础、沼气为纽带、水果种植为重点的“养殖—沼气—种植”三位一体的生态农业产业链，“恭城模式”生态农业也闻名全国。自2001年进行国家可持续发展实验区建设以来，恭城县不断进行创新探索和实践，在加强生态农业发展的同时，不断延伸产业链，将“养殖—沼气—种植”三位一体的生态农业产业链发展成为“养殖—沼气—种植—加工—旅游”五位一体的生态产业模式，在生态农业的发展和推动下，以农产品深加工为龙头的生态工业体系不断发展，以生态旅游业为龙头的现代服务业逐步壮大，产业结构优化，经济增长质量明显提高。通过在这一领域创新能力的有效提升，提高了恭城县实验区的可持续发展能力，以创新实践推动实验区健康发展。

养殖业发展实现了结构调整、规模化养殖的新突破。养殖业改变了单一的生猪养殖结构，大力种草改草，发展牛、兔、鹅等草食动物，并向立体养殖发展。促进无公害渔牧业产品生产规模化、标准化、生态化，优先发展竹鼠、娃娃鱼等特色养殖业。竹鼠养殖保持较强发展势头，“恭城竹鼠”通过农业部农产品地理标志评审，亿富升竹鼠加工产品获QS认证，成为广西最大的竹鼠养殖基地；创新营销方式，成功举办恭城竹鼠烹饪大赛。引进的河北裕丰斯格原种猪场规模养殖保持在1 200头以上，成为自治区最大的原种猪养殖场之一；水产畜牧业成为农村经济发展和农民增收的新的经济增长点。养殖业逐步由传统养殖向规模养殖和养殖小区、专业养殖村发展，专业合作社管理逐步规范。新增农民专业合作社19个，28个出境水果果园注册登记专业合作社通过区级验收，蕴丰源竹鼠养殖、杨溪水果等7个专业合作社被评为“2013年广西农民合作社示范社”，黄竹岗果蔬协会被评为“全国科普惠农兴村计划先进集体”[3]。截至2013年年底，生猪存栏 18.33 万头，出栏 20.26 万头；牛存栏 7.01 万头，出栏 1.57 万头；家禽存栏 206.58 万羽，出栏 398.16 万羽；竹鼠出栏 32 万只[2]。全年肉类总产量 23 581 吨，水产品产量 6 927 吨。

沼气能源建设稳步推进。恭城县沼气能源建设工作处于国内先进水平，黄岭村是广西第一个普及沼气能源示范村，建有广西农村第一家沼气科技展览馆，被称为“中国沼气第一村”。2013 年在栗木兰家屯开展沼气“全托管”试点工作，即农村户用沼气池的进料、出料、输配气系统维护全部委托给村级沼气服务网点管理，农户按实际用气量交纳服务费，试点工作取得了成功，沼气池的管理建立了新的恭城模式。截至 2013 年，全县累计建设有沼气池 6.87 万座，农村沼气入户率达到 89% 以上，连续 12 年保持县级农村沼气池入户率全国第一[3]。其中，在养殖小区新建连户供气沼气池 5 座供气 100 户，历年累计实有联户沼气池 10 座供气 160 户[3]。恭城实验区 117 个行政村村村都建立了村级沼气服务网点，每个服务网点配备有 3 名以上技术人员，可随时为广大农户提供沼气池清渣和输配气系统维修服务，农村沼气能源建设工作开始由“建设型”向“服务型”迈进。

以水果为发展重点的种植业逐步走上高质、高效、安全性标准化生产。恭城建设实验区以来，因地制宜，在全面规划的基础上，调整种植结构，形成了“南柿、北柚、中柑、西桃”的水果种植结构。2013 年全县水果种植面积达 31 950 公顷，比 2001 年的 20 993 公顷增长 52.19%；年总产量达 80.82 万吨，比 2001 年增长 169.26%[4]；柿子（按鲜柿计算）产量 241 252 吨，柑橘产量 231 785 吨，橙产量 157 197 吨，柚子产量 132 817 吨，桃 32 816 吨；水果总产值 148 617 万元[3]。农民人均有果面积 1.91 亩、人均产量 3.22 吨、人均水果收入 5 923 元，农民人均水果面积、人均产量、人均水果收入三项指标连续多年列广西首位，水果已经成为恭城县可持续发展实验区的支柱产业和农民收入的主要来源。2013 年建立标准化生产示范点 108 个，示范总面积达 2 160 公顷，全国绿色食品原料（柑橘、月柿）标准化生产基地续报通过农业部评审[2]。2013 年“恭城月柿”“恭城椪柑”入选农业部“最具影响力中国农产品区域公用品牌”。

农产品深加工突飞猛进。按照“保护生态环境、增加农民收入”的原则，恭城县依托丰富的农产品资源，重点打造以水果加工为主的农产品加工业，大力培育农产品深加工产业集群。汇源果汁、清泉酒业、联发、丰华园月柿加工、金银花深加工农商冷链物流等一系列农产品加工项目的投产，使农产品加工业规模不断壮大、从低端加工向高端发展有新突破。积极扶持中小企业发展，推荐申报裴氏农品有限公司、丰华园食品有限公司等 9 家企业为全市首批“千家中小企业成长工程”企业，食品加工已发展成为恭城县工业三大主导产业之一。

随着生态农业的发展，以农村生态旅游为重点的旅游业不断发展壮大，恭城县生态旅游被列为广西文化致富工程的五大模式之一。抢抓桂林国际旅游胜地建设机遇，恭城县精心编制旅游规划，依托“三庙一馆”和红岩、横山、社山、大岭山、潮水岩等“富裕生态家园”示范点，以节庆为载体，把生态田园风光与文化、民族风情结合起来，大力发展独具特色的生态文化旅游，被评为“全区首批特色文化产业项目示范县”。至2013年成功举办了10届桃花节、月柿节、恭城油茶文化节，以及民间举办的关帝庙会、盘王节、河灯节、花炮节、婆王节等民俗活动，桃花节暨恭城油茶文化节成为桂林唯一入选的“广西十大节庆旅游品牌”。在桂林市率先举办“千年古镇　魅力瑶乡”全国摄影大展，征集摄影作品3万多幅，取得良好的旅游宣传效果。依托生态品牌建设起来的新农村成了恭城县旅游业的重要组织部分，红岩和“三庙一馆”被评为国家AAA级景区，莲花镇的红岩村成为唯一一个由农民自己经营的“全国农业旅游示范点”，并被中央电视台评为2006年度“全国十大魅力乡村”，获“全国绿色家园奖”。红岩—邓扒—文庙、武庙—大岭山—燕子山旅游线路列入“2012年中国休闲农业与乡村旅游十大精品线路”，休闲农业与乡村旅游走在全市前列。文庙、武庙、周渭祠名声远扬，深得游客的喜爱，西岭乡大岭山桃花园、红岩新村更是享誉国内外，游客络绎不绝。旅游产业带动作用越来越突出，旅游业成为新的经济增长点。2013年接待游客129.9万人（次），比2001年6.97万人次增长17.64倍；实现社会旅游收入80 110.72万元，是2001年456万元的175.68倍，有力地促进了运输、商贸、餐饮、通信等服务业的快速发展。商贸服务业持续平稳增长。城乡消费市场繁荣、秩序良好，物价总体水平稳定，2013年第三产业实现增加值16.32亿元，是2001年的3.09倍。

2. 以创建“富裕生态家园”为载体推进农村可持续发展

恭城县充分考虑农村自然资源优势，在“富裕生态家园”社会主义新农村建设上大胆探索，把创建“富裕生态家园”示范村建设作为深化农村经济发展的新突破口和推进农村小城镇化建设可持续发展的原动力。自2001年起，在全县实施“富裕生态家园”建设，在新农村建设布局上，恭城县在每个乡镇挑选出一个或几个建设得较好的、具有代表性的村屯，将其建设成示范样板村，然后作为示范并辐射全乡镇范围，带动周边村屯的新农村建设。恭城县精心规划和设计，引导农民建设新农村。按照“五改十化”的标准进行建设，即改水、改路、改房、改厨、改厕“五改”，“十化”即户间的道路要硬化、村民住宅要楼房化、村村交通要便利化、村屯环境要绿化和美化、居民饮用水要无公害化、村民的厨房要标准化、生活用能要沼气化、居民厕所和公厕要卫生化、科学养殖要良种化、种植作物要高效化。自2001年起，恭城大力实施“富裕生态家园”的社会主义新农村建设，对全县881个村屯中的702个进行了统一规划，实施规划建设80多个，已建成红岩、横山、大岭山等17个高质量、高档次、富有现代生活气息的“富裕生态家园”示范村，覆盖全县9个乡镇，城乡差距进一步缩小。连续三年被列为“广西农村环境连片整治示范县”，打造了西岭杨溪、栗木兰家屯等一批“三清洁”示范村屯，红岩村被确定为全国“美丽乡村”创建试点村，荣获“全国十佳魅力乡村绿色家园奖”和“全国农业旅游示范点”的荣誉称号。恭城镇、莲花镇获得“国家级生态乡镇”称号，莲花镇门等、恭城镇化育、平安乡巨塘等14个村获得“自治区级生态村”。

建立了弱势群体长效帮扶机制，贫困居民全部纳入低保范围，实现应保尽保。积极推行农村社会养老保险，加快普及新型农村合作医疗，目前，以村为基数合作医疗覆盖率已达100%，农民参与农村合作医疗的比例（即参合率）达89%。通过实施四大战略（“三通”工程、发展特色经济及优势产业、人畜饮水工程、自身可持续发展能力建设），不断创新少数民族区域经济发展环境。“整村推进”扶贫开发工作，采取“联、帮、培”的办法，走“短、中、长”相结合的路子实现了瑶族集中居住的山区贫困村脱贫致富，达到村村通公路、电话、电视的目标，实现民族团结，社会和谐进步。

恭城县还将“富裕生态家园”工程和生态旅游结合在一起，依托“富裕生态家园”示范点，农家乐生态旅游加快开发，在发展生态农业的基础上，吸纳专家意见，结合本地地理位置和民族特色，引导农民发展农家乐和生态旅游产业，形成特色旅游产业。通过实施“富裕生态家园”项目，恭城县可持续发展取得了非凡成绩，开创出了一条切合山区实际、具有鲜明特色的社会主义新农村建设路子，使社会主义新农村建设走在全区乃至全国的前列。

3. 坚持生态环境建设，实现资源可持续发展

恭城县在加快经济发展的同时，始终重视对森林资源和生态环境的保护，大力实施以“绿满八桂”为主的造林绿化工程，在全县范围内实行禁伐阔叶林、禁止开垦25度以上坡地林地、禁放山羊的森林“三禁”政策，开展退耕还林、珠防林、生态补偿等林业工程建设，实施毛竹基地建设，使全县森林覆盖率大大提高，生态环境得到极大改善。以种植桃树治理石漠化取得显著成效，带来了巨大的生态效益和经济效益，成为广西石山地区成功治理石漠化的典范。全县累计实施退耕还林8.5万亩，生态公益林补偿99.97万亩。全面完成27.65千米通道绿化和7个村屯绿化任务；义务植树95万株，开展“千万珍贵树种送农家”活动，种植珍贵树种5 000亩41万株；开展石漠化荒山治理，封山育林1 693.3公顷，荒山荒地造林800公顷，巩固退耕还林1万公顷[2]。全县森林覆盖率达80.72%[2]，曾荣获“全国绿化先进集体”“广西绿化模范县”等荣誉称号。造林绿化和森林资源管护取得切实成效，生态环境进一步优化，推进了生态文明建设，实现森林资源的可持续发展和永续利用、人与自然的和谐发展。

恭城的区域可持续发展内在动力之所以强劲，就在于发展生态农业、建设“富裕生态家园”、建设生态环境等可持续发展实践与发挥农村自然资源优势、调整产业结构、发展生态旅游、实现农民脱贫致富等方面很好地结合起来，做到生态农业推广、农民收入增加、居住条件改善、生态旅游等第三产业兴起、生态工业兴办等方面相互促进、共同发展，为区域可持续发展提供无穷的内在动力。

二、河池市宜州市可持续发展实验区

（一）宜州市可持续发展实验区发展概况

宜州市是著名壮族歌仙刘三姐的故乡，是一座拥有2100年历史的文化古城。宜州市位于广西西北部，北部与柳城县、柳江县、罗城县连境，南部及西南部与忻城县、都安县毗邻，西与金城江区接壤，北与环江县交界。黔桂铁路、汕昆高速、323国道、龙江（河）过境。辖7个镇和9个乡，行政区域面积3 869平方千米。居住着壮、汉、瑶、苗、仫佬、水、毛南、黎、回、布依、满、侗、彝、京、蒙古、哈尼、白、羌、土家、畲、傣、高山、朝鲜、藏、仡佬、维吾尔、佤、东乡、锡伯、达斡尔等30个民族，其中少数民族中主要有壮、瑶、苗、仫佬、毛南、黎、水等，壮族是宜州人口最多的少数民族。2013年末人口64.62万人，其中壮、瑶等少数民族55.05万人，人口自然增长率7.58‰[5]。宜州市属亚热带季风气候区，气候宜人、光照充足，平均气温在19.6～22℃，平均降雨量1 300～1 325毫米，年无霜期323天，有利农业生产。

宜州市农业主导产业有粮食、桑蚕、糖料蔗等，工业主导产业有茧丝绸加工及桑杆和蚕沙的资源化利用、有色金属冶炼、水力发电等。其中桑蚕茧丝绸产业和制糖业已成为宜州的两大支柱产业。宜州市是国家东桑西移政策覆盖地区，是承接广东、江苏省等东部劳动力密集型产业转移地区之一。宜州蚕茧产量在全国县（市）中稳居第一位，其价格走势影响全国乃至世界。其缫丝加工能力位居广西第一，白厂丝质量位居广西前列，是全国重要的蚕茧原料、白厂丝原料基地县（市）。宜州桑蚕产业的发展对广西，乃至全国都有非常大的示范作用。2009年，广西区党委、区人民政府确定宜州为“广西桑蚕茧丝绸产业循环经济（宜州）示范基地”。在打造“丝绸城”的过程中，茧丝绸加工、桑蚕业废物资源化利用的企业集群快速发展起来，使宜州市的经济建设与资源、环境和社会相协调发展，逐步实现区域可持续发展，于2011年被认定为省级可持续发展实验区。

宜州市成为可持续发展实验区后，围绕“建设循环经济强市，打造宜居旅游名城”“建设桂西北新型中等城市”的宏伟目标，立足市情，真抓实干，全市经济社会进入快速发展阶段，各项事业取得不俗的成就。

努力转变经济发展方式，经济稳步发展。2013 年地区生产总值达 94.28 亿元，比 2010 年增长 22.2%，其中第一产业增加值 35.49 亿元，第二产业增加值 26.08 亿元（其中工业增加值 16.08 亿元），第三产业增加值 32.71 亿元。人均地区生产总值 16 564 元，财政收入 7.5 亿元，全社会固定资产投资完成额 54.51 万元，社会消费品零售总额 36.47 亿元。居民收入逐年增加，城镇居民人均可支配收入由 2010 年的 1.66 万元增加到 2013 年的 2.09 万元，农村居民人均收入由 2010 年的 4 941 元增加到 2013 年的 7 006 元。2013 年城镇居民人均消费性支出 13 399 元，农村居民人均生活消费支出 6 548 元，城乡居民年末储蓄存款余额 109.9 亿元[5]，见表 3－3。

表 3－3　　　　宜州市经济发展指标情况表

经济指标	2013 年	2012 年	2011 年	2010 年	平均增速（%）
地区生产总值（亿元）	94.28	87.79	88.66	77.04	7.16
人均生产总值（元）	16 564	15 808	15 529	13 171	8.16
财政收入（亿元）	7.5	7.00	7.22	6.01	8.08
农村居民人均纯收入（元）	7 006	6 300	5 607	4 941	12.35
城镇居民人均可支配收入（元）	20 946	19 341	18 327	16 602	8.07

资料来源：2011～2014 年《广西统计年鉴》。

农业经济健康发展。宜州市是广西农业大县（市），已形成粮食、蔗糖、桑蚕、水果、畜牧水产五大生产基地，并且成为国家储备粮生产基地。2013 年全市耕地面积 9.92 万公顷，经济作物种植面积 3.38 万公顷，完成粮食播种面积 79 万亩，全年粮食总产量 22.6 万吨[5]。全市按区域的自然条件和产业优势，划分为五个农业经济区，即东部四个乡镇以生产优质粮为主，经济作物为辅；西部五个乡镇以经济作物、多种经营为主，林果为辅。南部七个乡镇以蔗桑为主，林果为辅；北部三个乡镇以林（竹）果、药材为主，旅游为辅；中部两个乡镇以蔬菜生产为主。

工业经济转型提质。坚持工业强市战略，出台了一系列加快新型工业化跨越发展的政策措施，推进优势产业提升和新兴产业培育，强力推进工业经济上档进位，桑蚕茧丝绸循环经济、甘蔗综合循环利用经济、生物质化工循环经济快速发展。2013 年工业增加值 16.08 亿元，规模以上工业企业 48 个，实现招商引资 49.7 亿元，全口径实际利用外资 1 750 万美元。

生态旅游业快速发展。宜州市有自治区首批公布全区22处风景名胜游览区中的下枧河游览区和白龙洞游览区，还有宋代铁城、宋黄庭坚逝世处遗迹、宋杨文广战事遗垒、明千户所古城、明惠帝云游宜山遗迹、太平天国翼王府故址。主要旅游景区（点）有刘三姐故里景区、下枧河、古龙河、歌仙桥、大水车、龙江石林、会仙山、金浪湾、西竺寺、市民文化公园、中国村民自治展示中心、刘三姐音乐喷泉广场、中山公园和四牌楼等，其中下枧河和古龙河景区为国家2A级旅游景区，会仙山、金浪湾景区为国家3A级旅游景区，刘三姐故里景区为国家4A级旅游景区，拉浪生态休闲区、洛西板栗林生态农庄为自治区4星级乡村旅游区。宜州市积极开展“广西特色旅游名县”创建工作，出台宜州市《加快旅游业跨越发展的决定》和《加快旅游业跨越发展的若干政策》，开展《宜州市旅游发展总体规划》的修编和《刘三姐乡特色旅游名镇旅游发展规划》等规划的编制工作。2013年全市接待旅游总人数179.2万人次，旅游总收入15.4亿元。荣获“中国最佳养生度假旅游城市”称号[6]。

通过不断的努力和发展，宜州市可持续发展获得较大进展，先后荣获“中国循环经济优秀品牌城市”“中国最佳生态休闲旅游名城”“中国民间文化艺术之乡”“中国最具海外影响力明星城市”“中国最具有民俗特色旅游目的地”“全国体育先进市”“全国文化先进市”“中国优秀旅游城市”“广西园林城市”“中国最佳养生度假旅游城市”“全国科普示范县（市）”“全国科技先进县（市）”“国家餐饮服务食品安全示范县”“全区人口和计划生育工作模范县（市、区）”“广西园林城市”“全区‘优果工程’升级行动先进县”等荣誉称号。

（二）宜州市可持续发展发展探索与实践

宜州市可持续发展实验区是全国最大的蚕茧原料基地县（市），也是广西糖料蔗基地县（市）。宜州市依托丰富的农业资源，按照建立资源节约型、环境友好型社会的要求，以资源换产业，通过引进高科技和进行技术创新，加快转变经济发展方式，发展循环经济产业，探索实验区可持续发展道路。

1. 积极探索创新循环经济发展模式，逐步完善循环经济产业体系

宜州市立足桑蚕茧丝绸、甘蔗综合利用、生物质化工三大循环经济产业体系，坚定不移走新型工业化之路，突出“绿色、节能、循环、先进”内涵，优化产业配套，利用甘蔗渣发展纸业、糖蜜发展酒精业、桑秆生产食用菌、废菌棒蚕沙生产有机肥、叶绿素等延伸产业链，加快技术升级，使工业企业的生态链、产业链、保障链能够闭合循环，实现工业与生态双赢，2012年宜州市获得“中国循环经济优秀品牌城市”称号。

着力建设桑蚕茧丝绸循环经济产业。宜州是“广西桑蚕茧丝绸产业循环经济（宜州）示范基地”，全市年蚕茧产量和茧比加工量分别占广西总量的1/4和1/7，是广西最大的原料茧生产基地和茧丝加工基地，也是全国产茧第一大县（市）。近年来宜州市围绕打造“丝绸城”的目标，大力发展桑蚕茧丝绸循环经济，引进并壮大一批茧丝绸精加工、桑枝蚕沙综合利用企业，形成以桑蚕养殖为基础、茧丝绸加工为主体，以桑蚕业废弃物资源化利用为主要延伸的产业发展模式，使宜州市的桑蚕茧丝产业发展走在广西各县（市）的前面：宜州桑园面积、鲜茧产量、鲜茧质量、缫丝加工能力及白厂丝产量、蚕沙和桑杆资源化利用技术和规模等方面都处于广西的领先水平。2013年宜州市桑园总面积达32.25万亩，养蚕138.9万张，鲜茧产量5.36万吨，桑园面积和鲜茧产量继续保持全国县域第一，农民养蚕收入22.4亿元[5]。2013年从事茧丝绸相关企（事）业达到20家，其中缫丝企业发展到17家，装配自动缫丝机207组，装机量和缫丝能力分别约占全区总量的1/4，居广西首位。茧丝绸加工企业年缫丝能力6 000吨，生产白厂丝3 510吨、坯绸78.8万米，蚕丝被0.09万床，茧丝绸加工实现产值12.45亿元，涌现出“绮源”白厂丝以及“南方丝缫”“刘三姐”等蚕丝被品牌[5]。桑杆和蚕沙的资源化利用产业快速发展，形成“桑—桑枝—菌—肥”“桑—蚕—蚕粪—肥”“桑—蚕—蚕粪—叶绿素—果胶—残渣—肥”几种模式。桑枝食用菌产业发展势头强劲，2013年规模食用菌生产基地31个，生产桑枝食用菌8 004万棒，生产鲜菇2 107万千克，产值1.77亿元；全市14个乡镇共建屯级蚕沙池21个，1 067户农户修建分散自建蚕沙池；蚕沙收集加工企业舜泉、东生、春语3家企业共收集加工蚕沙3 110吨[5]。2013年桑蚕茧丝绸循环经济产业总产值达40.87亿元，见表3－4。

表3－4　　宜州市桑蚕茧丝绸产业经济效益

经济指标	2010年	2011年	2013年
桑蚕产值（亿元）	15	17.64	22.4
茧丝绸加工产值（亿元）	8.4	8.8	12.45
桑枝、蚕沙综合利用产值（亿元）	1.29	1.54	1.77
蚕茧生产、茧丝绸加工及资源综合利用总产值（亿元）	36.5	30.64	40.87

资料来源：2011年、2012年、2014年《河池年鉴》。

大力推进甘蔗综合利用循环经济产业建设。宜州市是广西糖料蔗基地，依托丰富的甘蔗资源优势和产业发展基础，围绕蔗糖深加工、造纸、酒精等项目建设，综合利用蔗渣、蔗叶、糖蜜、酒精废液、制糖滤泥等甘蔗资源，大力发展甘蔗综合利用循环经济产业。通过制糖企业废水处理工程的技术改造、实现制糖企业生产废水的全部达标排放；通过蔗渣生产漂白蔗渣纸浆，进一步延长了产业链，从而与滤泥生产复混肥、糖蜜生产酒精一起构成了蔗糖业循环经济发展模式。2013 年糖料蔗生产稳步提高，新种甘蔗面积 13.9 万亩，甘蔗良种推广率达 81.3%，2013～2014 年榨季进厂原料蔗 172 万吨。2013 年甘蔗综合利用循环经济实现工业总产值 12.5 亿元，同比增长 9.8%[6]。

积极打造生物质化工循环经济产业。利用甘蔗、木薯、玉米等生物质，替代煤炭、石油等原料，生产 PVA、VAE 等产品，延长蔗糖产业链，打造生物质化工循环经济产业。2012 年以生物质生产聚乙烯醇和醋酸乙烯的中心示范企业项目广西广维化工有限责任公司 5 105（5 万吨乙烯、10 万吨醋酸乙烯、5 万吨聚乙烯醇）项目建成投产，形成甘蔗（木薯、玉米）→糖蜜→酒精→乙烯→醋酸乙烯→聚醋酸乙烯→聚乙烯醇及其衍生物的工艺生产路线，替代原高能耗旧工艺生产路线，实现低能耗生物质化工产业循环经济发展。2013 年广维生物质化工循环经济实现工业总产值 5.3 亿元，同比增长 55.7%[6]。

“桑蚕茧丝绸、甘蔗综合利用、生物质化工”三大产业的相生相促，已构成宜州特色循环经济发展的“金三角”，助推了宜州市经济总量的持续增长，实现了宜州市可持续发展。

2. 大力打造工业园区，培育产业集聚化发展

建设循环经济是系统工程，循环经济建设的中观层次是工业园区，按照循环经济理念，打造园区企业之间、产业之间的循环链，实现不同企业、不同产业之间的资源充分利用，建立二次资源、再生资源的再利用、再循环机制。为提升循环经济发展层次，宜州市重点加强工业园区建设，加大对工业园区的资金、技术投入，完善工业园区基础设施建设，加快承接桑蚕茧丝绸产业转移的步伐，实现产业集聚。制定和出台优惠的扶持政策，鼓励和引进资源占用率低、经济效益好、节能环保型的循环经济配套项目，逐步完善产业链条，做强做大优势企业，通过龙头企业和大项目的带动，培育壮大产业集群，引导宜州产业逐步向资源高效循环利用方向发展[8]。

3. 以科技化、市场化推进产业发展

依靠科技进步是提高产业竞争能力的生命线，是建设产业循环经济的有力保证。宜州可持续发展实验区坚持“向良种要桑，向科技要蚕，向技术要丝”的发展目标，加大财政投入，大力引进优良新品种，推广运用先进实用技术，全面提高群众科学种养水平。大力推广产叶量高的嫁接桑及“两广二号”“桂蚕一号”等优良品种，将低产桑园改造成高产桑园，全市良种桑达到 95% 以上。加大推广发展小蚕共育，使养蚕分工更加专业化，有效解决了小蚕护理难的问题，提高了蚕虫的成活率和蚕茧质量。2013 年，全市小蚕共育率高达 70% 以上，方格蔟使用率 100%，自动化上蔟、轨道省力化喂蚕、自动取茧器等先进机具的推广和使用率居全区领先、全国前列。全市鲜茧上车率达 92%，平均解舒率达到 61% 以上，净度达到 93 ~94 分，高于全区平均水平。

加大科技推广普及和科技创新服务体系建设，建立和完善市、乡（镇）、村三级桑蚕科技服务网络，大力推广和引进桑蚕新品种和新技术。引导桑蚕重点村成立桑蚕协会和桑蚕科技合作社，带领农民开展科技种桑养蚕[8]。2015 年科技培训覆盖全市 16 个乡镇、193 个行政村，覆盖率达 92%，受益群众超过 10 万人次。同时，为有资质的企业提供政策等方面的支持，鼓励他们开发种养新技术，研发“高效取茧器”“废菇包发酵有机肥”等新技术。2015 年宜州市有孵化器在孵企业 17 家，入孵项目 30 项，申请专利 40 件，完成 10 项成果转化，9 项成果落地园区建厂创业，计划总投资 53 000 万元，预计增加就业岗位 1 664 个。广西宜州明华蚕丝绸产业孵化器有限公司，2015 年被认定为“广西壮族自治区级茧丝绸产业专业孵化器”[9]。

4. 产学研合作模式促进产业发展

在桑蚕茧丝绸、蔗糖产业发展过程中，宜州市通过走产学研合作道路解决了很多产业发展的关键技术问题，宜州的产学研合作模式取得的成功经验，已被国家科技部在国家科技富民强县年度报告书中作了介绍，已经在全国范围内起到形成一定的示范借鉴作用。

宜州市加强与国家、自治区级著名专家和实力强大的科研院所的紧密合作，坚持走产学研结合的路子。在广西区科学技术厅的主持下，宜州市与浙江大学、湖州市签订了合作共推宜州桑蚕产业发展的协议书，走进中国农科院蚕业研究所、苏州大学、华南农业大学、广西蚕业技术推广总站、广西科学院等科研院所，寻求合作与支持，聘请了浙江大学鲁兴盟教授、广西蚕业技术推广总站顾面栋研究员等区内外 23 名著名专家为宜州桑蚕首席专家，同时与浙江大学、中国蚕业研究所、广西蚕业技术推广总站、广西科学院等 9 家科研院所 128 名专家进行交流与合作，为宜州桑蚕业发展出方把舵，出计献策，及时引进、消化、创新，比较宜州的优势和不足，确定宜州市的发展目标，使科技工作常胜常新。通过科技院所和专家，发展壮大宜州科技和经济水平，使宜州成为桑蚕业发展的技术水平保持全国先进。

宜州市在发展桑蚕茧丝绸、蔗糖产业循环经济方面积累了丰富的经验，其蚕沙、桑杆、蔗渣等产业废弃物的资源化利用技术处于全区的领先地位，宜州桑蚕茧丝绸产业的发展模式已在广西养蚕地区推广应用，小蚕共育技术模式、蚕沙和桑杆资源化利用技术模式、方格蔟自动上蔟技术模式及“桑菇肥”循环经济模式示范已辐射到区内外的其他养蚕地区。宜州市可持续发展实验区的先进经验对广西养蚕、种蔗地区起到非常重要的示范作用。

三、防城港市东兴市可持续发展实验区

（一）东兴市可持续发展实验区发展概况

东兴市地处广西南部，位于中国大陆海岸线西南端，既沿边、沿江又沿海，是我国陆地边境线起点、海岸线终点的交汇城市，北部、东部与防城港市防城区接壤，西南与越南接壤，与越南北部最大的芒街口岸经济特区仅一河之隔，南临北部湾，地处东盟经济圈、环北部湾经济圈和中国华南经济圈、西南经济圈四大经济圈结合部。东兴是我国西南省市与边境沿海地区的重要节点、出海出边的咽喉重地，是广西北部湾经济区规划“三基地一中心”的五大功能组团之一，是中国与东盟唯一海陆相连的口岸城市，是我国西部地区乃至全国与越南、东南亚最便捷、最理想的国际陆海大通道，拥有国内、国外“两个市场、两种资源”优势，具有强大的对内吸引、向外输出条件和服务辐射功能。经东兴口岸出入境人数年均达400万人次，是我国出入境人数最多的三大陆路边境口岸之一。1958年国家把东兴列为一类口岸；1992年国务院批准东兴开发开放，设立东兴边境经济合作区、东兴经济开发区；1996年东兴成为县级市，2010年被确立为国家重点开发开放试验区。

全市辖东兴、江平、马路3个镇31个行政村10个社区，行政区域面积588.8平方千米。东兴距我国西南第一大港防城港39千米，距广西南宁机场、北海机场180千米，交通便利。陆地边境线长39.06千米，海岸线长52千米。2013年末人口13.54万，其中农村人口9.34万。有壮、瑶、京等少数民族5.81万人，其中京族人口2.09万，是国内京族唯一聚居地。东兴居北回归线以南，属南亚热带季风气候区，全年气候温和湿润，冬短夏长，常年平均气温保持在23.2℃左右，年日照时数在1 500小时以上，年平均降雨量达到2 738毫米，是我国著名的多雨区之一。

东兴市濒临北部湾，拥有天然海湾北部湾渔业区，是国家开发北部湾著名渔业资源的基地之一，湾内海域1.2万公顷，拥有经济鱼类500多种，虾类230种，持续资源量约5万吨，年最佳捕捞量3.7万吨；有5米等深浅海滩涂面积6 333公顷，最佳养殖面积53 860公顷；盛产鱿鱼、青蟹、对虾、大蚝、海参、海蜇、沙虫、石斑鱼、海蛇等海产品，海洋资源丰富。特色农业种植突出，有金花茶、“皇帝橘”、“红姑娘”红薯、木菠萝、荔枝、龙眼、火龙果、

绿茶等特色产品；林业植被丰富，有肉桂、八角等产品[10]。著名地方产品有“红姑娘”红薯、“皇帝橘”、海鸭蛋、对虾、青蟹、肉桂、八角、京族米粉、风吹饼等。

东兴市是环北部湾滨海跨国旅游区重要组成部分和中越边境旅游的重要集散地，集“边、海、山、少数民族”等特色为一体，自然景观独特，人文历史悠久，生态环境优美，旅游资源丰富。全市拥有国家A级旅游景区4家，其中京岛风景名胜区、屏峰雨林公园为国家4A级旅游景区，陈公馆、意景园为国家3A级旅游景区；拥有河州生态旅游村、洪泉农家乐园、乐丘湾渔家乐、平丰生态旅游村和竹山“古榕部落”5个广西农业旅游示范点；广西星级农家乐7家，其中三星级农家乐6家，四星级农家乐1家；旅游星级饭店8家，其中四星级2家，三星级6家；国际旅行社16家[11]。城市景区景点有东兴口岸、边贸互市贸易区、市政府广场、北仑河大桥、中山街的法式小楼、中越人民革命纪念碑、大清国钦州界碑、罗浮天主教堂、陈济棠府邸等[11]。

东兴是中国民间文化艺术之乡、中国长寿之乡、中华诗词之乡、中国十大养老胜地之一和中国最佳生态旅游城市。2013年被评为中国最具海外影响力城市，进入中国电子商务百强县（市）、广西科学发展十佳县（市）和广西首批特色旅游名县（市）创建单位之列[2]。2008年被评为中国最佳生态旅游城市，2012年被评为中国十大养老胜地。2011年被认定为省级可持续发展实验区。

自可持续发展实验区建立以来，东兴市坚持把可持续发展实验区建成集加工贸易、商贸物流、旅游会展、金融服务于一体的现代化边境滨海口岸城市。现在东兴已成为广西面向东盟的国际区域进出口加工基地、商贸基地、物流基地、旅游基地、金融基地、信息交流中心，促进了经济持续健康发展和各项社会事业的全面进步。

经济持续快速健康发展。2013年东兴市实现地区生产总值73.87亿元，其中第一产业增加值12.58亿元，第二产业增加值30.88亿元（工业增加值24.66亿元），第三产业增加值29.41亿元。2013年人均地区生产总值48 579元，年均增长14.9%，见表3－5。产业结构不断优化，三次产业比例由2010年的17.97∶36.74∶45.29调整为2013年的17.3∶42.4∶40.4。社会消费品零售总额17.87亿元。财政收入稳步增长，2013年全市财政总收入完成11.51亿元，全社会固定资产投资完成100.97亿元。居民收入稳步增长，2010～2013年农民人均收入和城镇居民人均可支配收入年均增长率都呈双位数增长，农民人均纯收入突破万元。城乡居民储蓄存款余额由2010年的44.08亿元增加到2013年的79.8亿元，增幅较大；城镇居民人均可支配收入28 747元，在全广西91个县（县级市）中排第3位，农民人均纯收入10 542元，排第1位。2012～2013年，东兴市规模以上工业总产值、外贸进出口总额、财政收入、农民人均纯收入等多项指标增速连续两年位居广西第一。

表 3-5　　东兴市经济发展指标情况表

经济指标	2013 年	2012 年	2011 年	2010 年	年均增速（%）
地区生产总值（亿元）	72.8683	62.4504	52.0856	45.1753	17.3
人均生产总值（元）	48 579	42 125	35 650	32 061	14.9
财政收入（亿元）	11.51	9.7509	7.6399	6.0208	24.19
城镇居民人均可支配收入（元）	28 747	26 110	23 182	21 069	10.9
农村居民人均纯收入（元）	10 542	9 264	8 007	6 929	15.0
居民储蓄存款余额（亿元）	79.8	71.62	51.36	44.08	22.5
边境贸易成交额（亿元）	173.16	192.23	142.6	111.58	17.6
外贸进出口总额（亿美元）	8.15	6.73	9.25	5.87	17.1
接待游客（万人次）	453.44	477.8	369.09	263.94	21.4
旅游总收入（亿元）	29.6	35.79	19.24	12.93	39.2

资料来源：2011～2014 年《广西统计年鉴》，2011～2013 年《东兴年鉴》，2014《广西年鉴》。

农村经济稳步增长，农业综合开发能力进一步提高。东兴市高度重视“三农”工作，农业和农村经济进一步发展。全市农林牧渔业总产值稳步提高，从 2010 年的 12.93 亿元发展到 2013 年总产值 20.48 亿元[1]。2013 年耕地面积 5 684.35 公顷，农田有效灌溉面积 3 404.4 公顷，粮食播种面积 6 198 公顷，2013 年全市粮食产量 2.47 万吨[1]。特色农业成效突出。打造“红姑娘”红薯、皇帝橘、兰花、石斛等特色种植业，2013 年特色种植业总产值达 1.8 亿元，占农业总产值的 3/4 以上。特色养殖业有林下养鸡、红树林蛋鸭养殖等，总量稳中有升。林下经济发展壮大，2013 年以来，全市发展林下种植、林下养殖、林下产品加工、林下旅游等面积 7.88 万亩，共收入 9 000 万元以上，共惠及林农 3.4 万人，建成初具规模的河洲顺泽花卉种植基地等 8 个；建成林下初具规模的鑫祥野生动物养殖等基地 15 个。水产养殖加工企业有了快速发展，全市水产品总量明显提高，产值占全部农业总产值的 2/3 以上。农业产业化进程加快，农产品加工产业链延长，“五红”“五金”系列产品品牌效应凸显，顺利启动了“红姑娘”红薯地理标志登记工作，万丰牌“红姑娘”红薯获广西名牌产品称号。农村基础设施日趋完善，农业发展环境进一步优化，农业综合开发能力进一步提高。

工业经济快速发展，工业园区建设稳步推进。2013 年全市实现工业总产值 99.74 亿元，同比增长 26.43%，其中规模以上工业总产值 95.41 亿元[12]，工业增加值达 34.21 亿元[2]，工业增加值占 GDP 的比重达 46.33%。构建了富有边境特色的工业体系，涵盖了农副产品加工、资源加工、橡胶加工、红木工艺制品加工、海洋制药、机械设备制造、电子产品制造等工业门类。工业园区建设稳步推进，江平工业园成为全市对外招商引资、培育边境特色经济的重要基地和拉动全市经济发展的新引擎。

以商贸旅游为龙头的现代服务业快速发展。东兴市围绕“大口岸、大通道、大流通、大商贸、大旅游”和构建一流口岸经济的战略目标，以商贸物流业、旅游业为重点的现代服务业得到了重大发展。东兴市外贸进出口总额从 2010 年的 5. 87 亿美元增长到 2013 年的 8. 15 亿美元，年均增长 17. 1%。边境贸易发展势头强劲，2010 年边境贸易成交额为 111. 58 亿元，2013 年快速增长到 173. 16 亿元，年均增速 17. 6%，见表 3 –4。东兴市积极实施防城港市“十个一”旅游及文化品牌项目工程，加快推进旅游目的地建设。2013 年全市接待游客 453. 44 万人次，是 2010 年的 1. 72 倍，年均增速 21. 4%，而旅游总收入达到 29. 6 亿元[2]，是 2010 年的 2. 29 倍，年均增速 39. 2%，见表 3 –4。

环境质量总体保持良好。东兴市加大对环境污染防治力度，全面推进辖区重点行业烟气脱硫、烟尘治理，推广清洁能源，开展行业污染综合治理，城镇环境综合整治，重点加强工业污染源及生活污水治理，特别是罗浮江水污染治理，使环境质量持续改善。城区环境空气中日均二氧化硫、二氧化氮、总悬浮颗粒物和可吸入颗粒物的浓度达到《环境空气质量标准》中的一级标准，空气质量优。东兴市主要饮用水源地（北仑河狗尾濑、江平江拦河坝）水质状况总体保持优良，达到 GB3838 –2002《地表水环境质量标准》Ⅱ类标准以上，水质达标率为 100%。北仑河口、金滩海水浴场等近岸海域水质达到《海水水质标准》（GB3097 –1997）二类标准，水质优良，达标率为 100%，满足《广西近岸海域环境功能区划》的要求。鼓励清洁生产工艺，减少工业固体废弃物的产生。积极发展无渣、少渣工艺，从源头减少工业固体废弃物的产生量。开展环境倒逼机制推动产业转型升级攻坚战，以政府牵头推进产业转型升级，进一步完善产业布局规划，调整和完善市产业布局，严格控制高能耗、高排放、高污染行业，控制单位 GDP 能耗，完成广西“十二五”单位 GDP 能耗考核指标，2012 年万元 GDP 能耗 0. 4982 吨标准煤，下降 3. 17%[11]，使东兴市可持续发展实验区的发展与环境相协调。

生态市建设全面推进。东兴市加强对珍稀物种和生物多样性保护，金花茶、膝柄木、苏铁等珍稀物种保护良好；加大林业生态修复力度，通过荒山造林、海防林造林、退耕还林等措施，使森林覆盖率达到 54. 85%；自然保护区基础设施建设进一步加强，自然保护区面积 30 平方千米，占全市土地面积 5. 47%；全市水源林面积 31. 17 平方千米，红树林面积达 0. 96 平方千米，水源保护区总面积达25.73平方千米。东兴市实施“城乡清洁工程”，开展农村环境综合整治，农村饮用水水源地保护、生活污水治理、垃圾污染治理、畜禽养殖业污染防治得到加强。加大生态环境保护执法力度，破坏生态环境行为得到有效遏制，生态保护和建设初见成效。

社会各项事业平稳健康发展。教育事业发展加快，学校布局调整综合改革试点获自治区批准实施。积极开展国培计划、阳光选拔校级领导和公开招聘教师活动。全面推进课程改革，办学质量不断提高，尊师重教氛围日趋浓厚。社会稳定工作逐步加强，信息报告、应急救援机制进一步健全。

（二）东兴市可持续发展探索与实践

东兴市可持续发展实验区既沿边又沿海，是我国西南省市与边境沿海地区的重要节点、出海出边的咽喉重地，还是中国与东盟唯一海陆相连的国家一类口岸城市、沿海开放城市、国家重点开发开放试验区，得天独厚的地理位置、战略地位和政策优势为东兴市发展边境贸易创造了有利条件，东兴市积极争取多重优惠政策，打造良好的投资和贸易发展平台，以发展边境贸易和边境旅游为核心，带动特色加工业与第三产业的发展，形成了“边境贸易+边境旅游+边境特色加工业”可持续发展模式，既促进了边境地区社会经济水平和人民生活水平的提高，也维持了边境地区的经济繁荣与社会稳定，实现区域经济社会的可持续发展。

1. 多方面争取优惠政策促进经济快速发展

东兴市是国家重点开发开放试验区，根据重点开发开放试验区的发展目标和项目建设总体需求，东兴市从土地政策、财税政策、金融政策、产业政策、基础设施建设、社会发展政策等方面，积极向国家和自治区争取政策支持。在国家层面上，东兴市既享有边境地区、西部地区和少数民族地区、边远山区扶贫优惠政策，又享有西部大开发政策、沿边开放城市优惠政策、边境经济合作区优惠政策、边境贸易优惠政策和广西北部湾经济区、中越跨境经济合作区等多重优惠政策。除国家的优惠政策外，2012年12月17日自治区人民政府正式下文《广西壮族自治区人民政府关于印发加快推进东兴重点开放开放试验区建设若干政策的通知》，给予东兴重点开发开放试验区先行先试政策，涵盖了特殊监管区、财税金融、投融资、产业贸易、土地资源、口岸通关与旅游管理、“人才特区”等多个领域。此外，东兴市结合实际，制定实施了产业、财税、土地、金融、外经贸发展、边境贸易、旅游、外国人就业等一系列投资发展优惠政策。多重优惠政策叠加，使东兴成为中国开放政策最富集的经济区域，成为中国—东盟自由贸易区中投资的热土。

2. 以边境贸易、边境旅游为核心，大力发展第三产业

东兴市利用边境城市的地理优势，挖掘自身特色，以“商贸旅游”旺市为核心思路，大力发展第三产业，走出一条新的城镇化道路。首先，东兴积极开展对外合作，促进“商贸”发展。中国东兴市与越南芒街市一河之隔、一桥相连，东兴与芒街一直是中越经贸合作的主要区域，发展边境贸易具有悠久历史。为促进边境贸易和边境旅游的发展，自 1994 年起，东兴每年都定期举办“中越边境商交会”。在此基础上，2006 年 4 月 15 日，东兴市人民政府与越南芒街市人民委员会在越南河内签署《联合举办“中越边境商贸·旅游博览会”合作协议书》。根据该协议，从 2006 年起轮流在东兴、芒街两市联合举办“中越边境（东兴—芒街）商贸·旅游博览会”，双方联手为企业搭建一个“展示、交易、交流、合作”的平台，促进共同繁荣和发展。至 2013 年，该博览会已成功举办了八届。中越边境商贸·旅游博览会已经成为一个颇具影响力的国际性区域展会，同时是中国与越南等东盟国家商贸、文化合作、交流的一个重要平台。2012 年博览会期间，共接待国内外游客 20 万人次，商品展销成交额达 7 932. 8 万元，比 2010 年博览会提高了 48%。据统计，在会上共签约国内投资项目 16 个，总投资额 87. 6 亿元人民币。签约项目涉及水产品养殖业、物流业、加工业、旅游业、酒店业、钢铁配套工业、重大基础设施等领域。中国与越南签订的国际经济贸易合作项目 10 个，金额 8 518 万美元；与韩国企业签订的合作项目 1 个，合同金额 3. 5 亿元人民币[13]。其次，东兴按照区域化、专业化、规模化方向，积极推进面积达 770 亩的中越边境大型边民互市贸易区、杨屋互市贸易点的贸易平台建设，建成配套有市场服务中心、边民结算中心等功能的互市交易一条街。推进互市贸易由单纯过道式向市场、仓储、交易等综合功能转变，引导单一型贸易企业向加工贸易型企业转变。如今，边境贸易已成为东兴的支柱产业，每年边境贸易税收占全市财政收入 1/3 以上，东兴与越南等东盟国家的进出口贸易占广西对东盟进出口贸易总额的 22% 以上[14]，2013 年全市边境贸易成交额 173. 16 亿元，是 2010 年的 1. 55 倍。边境贸易进出口总额增长迅速，边境贸易的不断壮大，对推动地方经济、增加边民收入、维护边境地区和谐稳定等方面起到了极其重要的作用。

在边境贸易的带动下边境旅游活动十分活跃，东兴市边民将原来的边境贸易活动扩展为商务旅游，越来越多的商机带来越来越多的旅游者，推动东兴边境旅游的发展。东兴市立足于北部湾区域旅游，利用东兴“中越边境品牌”旅游整体形象，以“上山、下海、出国”为主打招牌，打造“国际滨海旅游休闲度假地”。开发了东兴—芒街一日游、东兴—芒街—茶谷二日游、东兴—芒街—下龙湾三日游和东兴—芒街—下龙湾—河内四日游等跨境旅游线路。同时，东兴市一批星级酒店和东兴旅游集散中心建成使用，进一步完善了当地旅游配套服务，使东兴市成为广西首批创建特色旅游名县（市）。

东兴市边境贸易的快速发展直接带动和促进了边境旅游、服务业、房地产、物流、运输等第三产业的发展，2010 年第三产业增加值为 20.46 亿元，2013 年增加到 29.41 亿元，增长了 43.74%，由边境贸易带动其他产业而创造的就业岗位超过 4 万个。

3. 充分利用边境优势，大力发展边境特色加工业

东兴市充分利用国内国外“两种资源”“两个市场”，立足东兴以及越南等东南亚国家的农林资源、矿产资源和海洋资源，发挥边境贸易进出口商品便利的优势，加工、中转东盟进口红木、橡胶、水产品、矿产、水果、农副产品等资源性产品，大力发展进出口贸易型加工业。首先，东兴市积极打造良好的投资发展平台，广西边贸中心、以进出口加工业为主的广西重点园区——江平工业园、广西规模最大的海产品加工基地——怡诚食品加工厂、东兴——芒街跨境经济合作区、红木文化产业园、冲榄工业园、加工物流园等一批园区的兴起，为工业发展奠定了基础。其次，以培育龙头企业为抓手，以专业合作社为纽带，通过“公司 + 基地 + 农户”等发展模式，把基地建设与产品加工联系起来，完善产业链，形成利益共同体，实现农企双赢，推动农业产业化上水平。目前，东兴已形成红木加工、水产品加工等富有边境特色的加工业。

红木产业是东兴市优势特色产业，伴随着中越边境贸易和边境旅游的繁荣而发展，形成了具有鲜明地方特色的“东兴红木文化”，在边境贸易和贸易加工中具有举足轻重的地位。东兴市的红木产业已形成相对完整的产业链，成为中国红木行业的原材料与半成品集散地、红木成品批发地，形成了区域性品牌与行业影响力，并有力带动了周边地区红木产业发展[15]。2014 年，东兴规模以上红木加工企业完成产值 28.3 亿元。拥有“佳煊”“永丰”“陈园”“南森”“家家鸿”等 10 个知名品牌[16]。

东兴市依托海洋资源优势，大力发展海产品加工业。以国家重点开发开放试验区建设为契机，引进与实施国内外领先的海产品精深技术新项目，大力培育海产品精深开发的大型龙头企业，形成一批优秀的特色产业和出口拳头海产品品牌，并保持生态环境良好的状况，使海产品加工业的经济总量有明显增加，将水产品加工业发展成为边境贸易的主要产业之一。2012 年全市水产品加工累计完成产值 19.2 亿元，占规模以上工业总产值的 24%，对东兴市规模以上工业企业的产值有很大的拉动作用，东兴东成食品工贸开发有限公司为自治区级农业产业化重点龙头企业。

四、玉林市北流市可持续发展实验区

（一）北流市可持续发展实验区发展概况

北流市位于广西东南部，毗邻粤西，因境内圭江河由南向北流而得名。北流历史悠久，设县已有1 400多年，1994年4月18日，撤县设市，由玉林市代管，辖22个镇并设3个街道，市人民政府驻北流镇，行政区域面积2 457平方千米。2013年末人口145.06万，其中农村人口131.34万[2]。北流市是广西第二大侨乡，原籍北流的港、澳、台同胞和海外侨胞30多万人，分布在40多个国家和地区。

北流市地处北回归线以南，属典型的亚热带季风气候。重要矿产资源有独居石、石灰石和高岭土，境内已探明的高岭土地质储量1亿吨左右，露出地表的石灰石地质储量15亿吨左右，独居石储量1.2万吨，露出地表的粘土（水泥用）地质储量1亿立方米左右，为北流陶瓷、水泥工业的发展壮大提供了条件。

北流市是广西远近闻名的特色工业城市，旧称"粤桂通衢""古铜州"，历史上曾"富甲一方"，素有"小佛山"和"金北流"之称。是中国陶瓷名城（2011年8月31日获颁）、中国日用陶瓷出口基地、中国荔枝之乡、水泥之乡、建筑之乡、水稻高产之乡、中国"凉亭"土鸡品牌保护生产基地、广西畜牧业十强县（市）、广西文明城市、中国民间文化艺术之乡（自治区级）。2013年进入中国最具投资潜力中小城市百强县（市）行列，被评为全国平安建设先进县（市）、全国法制县（市）创建活动先进单位、国家园林城市、广西招商引资工作先进县（市），入选广西科学发展十佳县（市）[2]。

北流市在2001年开始筹备可持续发展实验区建设，于2006年通过验收成为省级可持续发展实验区。北流市一直弘扬千年陶瓷历史文化，实施可持续发展战略，调整陶瓷产业布局和产品技术结构以提高可持续发展实验区品质。大力发展循环经济，实施工业强市、农业稳市、商贸兴市、生态立市、和谐安市的"五个市"发展战略，推进工业园区、城市管理、民生改善、生态旅游、作风效能"五大提升工程"，着力构建保护生态环境、促进社会可持续发展的现代产业体系，全面推进生态文明建设，以实现区域的可持续发展。

北流市经济实力不断增强。改革开放以来，北流经济综合实力稳居广西十强县（市）前列，全市地区生产总值至2013年已连续10年保持两位数增长，2013年全市生产总值、财政收入分别突破232亿元、16亿元大关，是2005年的3.7倍、3.6倍，人均地区生产总值20 076元，是2005年的3.8倍，见表3-6。

2013 年实现地区生产总值 232.35 亿元，其中第一产业增加值 39.69 亿元、第二产业增加值 124.27 亿元（工业增加值 105.62 亿元）、第三产业增加值 68.38 亿元。全市三次产业结构由 2005 年的 29.5∶39.5∶31.1 调整优化为 17.1∶53.4∶29.5。全社会固定资产投资完成额 162.85 亿元。社会消费品零售总额 71.89 亿元。外贸出口总额 1.72 亿美元。全市居民收入持续增长，城镇居民人均可支配收入从 2005 年的 9 328 元增加到 2013 年的 25 962 元，年均增长 22.2%。农民纯收入从 2005 年的 2 884 元增加到 2013 年的 8 871 元，年均增长 25.9%。财政收入、规模以上工业增加值、全社会消费品零售总额等多项主要经济指标增速位于全区前列，外贸出口成为广西第一个超亿美元的县级市，连续九届入选中国西部百强县（市），2004 年、2009 年、2011 年和 2012 年先后四次荣获广西科学发展十佳县（市），成功入选 2013 年中国最具投资潜力中小城市百强县市。

表 3－6　　　　北流市经济发展指标情况表

经济指标	2013 年	2012 年	2011 年	2010 年	2005 年	平均增速（%）
地区生产总值（亿元）	232.35	209.00	197.69	153.33	63.47	17.3
人均生产总值（元）	20 076	18 199	17 373	13 261	5 271	17.9
财政收入（亿元）	16.32	13.95	11.17	9.06	4.52	24.1
农村居民人均纯收入（元）	8 871	7 795	6 726	5 686	2 884	17.1
城镇居民人均可支配收入（元）	25 926	23 505	20 836	18 730	9 328	12.0

资料来源：2006～2014 年《广西统计年鉴》。

工业产业发展迅猛。北流市是北部湾经济区的开发与东部产业转移的承接地，围绕建设东部产业转移示范区，修编完善园区发展规划，整合民乐、鑫山、田心、城西等现有工业集中区的资源，不断加快园区基础设施建设，促使工业产业发展迅猛。园区承载发展能力不断增强，产业集聚明显，形成了陶瓷、水泥、皮革、制药、食品、服装、电子、林产化工 8 个年产值超 10 亿元的产业集聚[6]，培育了三环陶瓷、海螺水泥、育祥鞋业等一大批知名企业，建成全国最大的日用陶瓷出口基地。

农业快速发展。北流市是全国农业百强县（市）和广西畜牧业十强县（市）、广西首个实现亩产吨谷的县（市），培育了优质稻、蔬菜、荔枝、提子、生态猪、优质鸡等一批特色农业产业。2013 年北流市拥有耕地面积 3.04 万公顷，农田有效灌溉面积 2.55 万公顷，粮食种植面积 6.31 万公顷，经济作物种植面积 1.1 万公顷，林地面积 15.07 万公顷[2]。2013 年粮食总产量达 38.1 万吨，粮食生产连续 10 年增产丰收[14]。积极引进农业适用新品种、新技术，大力发展粮食、畜牧水产、林业、水果、蔬菜等特色优势产业，形成了以优质谷、荔枝、龙眼、八角、优质芭蕉、优质提子、优质辣椒、百香果、无公害蔬菜、肉黄牛、奶水牛、瘦肉型猪、三黄鸡等为主导产品的农业产业化发展格局。建成了凉亭鸡等生态、绿色养殖基地。发展生态效益型林产业，积极实施珍贵乡土树种用材林示范推广项目，积极发展花卉、高脂林、八角等林业优势特色产业和林下经济。北流市积极发展生态循环型农业，以新城养猪场、中澳养猪场为龙头，示范推广微生物发酵床养猪技术，实现零排放，从源头上控制养殖业污染。

现代服务业蓬勃发展。北流重点推进会展、旅游、物流产业。北流市旅游资源丰富，自古以来，容山晓嶂、圭水秋波、天门古迹、勾漏仙踪、龙桥夜月、印岭朝霞、金龟吸露、石鲤喷泉作为“北流八景”闻名区内外。北流获评为“中国最美文化生态旅游名市”，主要景点有桂东南第一高峰大容山国家森林公园、国家3A级风景名胜区勾漏洞、史上与天涯海角齐名的古道名关鬼门关、国家生态旅游示范村罗政村等。北流市旅游业以大容山国家森林公园为龙头，大力发展红色旅游、生态旅游、乡村旅游和名镇名村特色旅游，2013 年全年接待游客 202.77 万人次[2]。龙翔农贸物流市场、耀厦综合市场、东部产业配套市场、广西区域性电器专业市场、工业品综合商贸城等五大专业物流市场项目正在抓紧进行建设。运输、商贸、房地产、餐饮、批发零售等服务业协调发展，城乡消费活跃。北流逐步成为桂东南重要的商贸物流中心。

城市建设日新月异。北流是广西 10 个城镇化综合示范县（市）之一，2013 年底，城市建成区面积达到 22 平方千米，人口 21.5 万人，全市城镇化率达到 52%，城镇化率高于玉林、全区平均水平。城区建成区绿地率 32.79%、绿化覆盖率 37.92%、人均公园绿地面积 9.83 平方米，城市建成区绿化三项指标居广西县级前列，超过了国家园林城市标准，获得“国家园林城市”称号，成为广西唯一获此殊荣的县级市[6]。率先在全区县级建成了城区污水处理厂、日用陶瓷工业园区污水处理厂，先后建成了城区垃圾处理厂、城区垃圾填埋场，市城区污水集中处理率达到 87%，城镇生活垃圾无害化处理率保持 100%，均达到国家相关标准要求。在抓好城市建设的同时，扎实推进新农村建设，探索创建了生态家园、新型集体庄园、小集镇、人文乡村、社区型乡村等新农村建设模式。农村新能源建设取得新突破，“管道沼气进农家”工程成为全区、全国的亮点，有机垃圾沼气化处理和沼气综合利用经验在全区、全国推广。

深入实施“生态立市”战略。加强生态环境综合治理工程建设，重点实施森林植被保护、退耕还林保护工程，积极实施“绿满八桂”造林绿化工程、主江防护林体系工程、退耕还林工程、野生动植物保护与自然保护区建设工程等林业生态工程建设。全市森林覆盖率由2005年的58.4%提高到2013年的61.35%，城乡人居环境进一步改善。大力调整能源结构，积极发展清洁能源。城乡环境得到极大改善，民乐镇石垌村、白马镇金头村、北流镇甘村、山围镇李村等10个村荣获自治区级生态村称号。

（二）北流市可持续发展探索与实践

北流市是拥有千年陶瓷历史文化的名城，“工业强市，特色兴市”是北流市发展县域经济的目标定位。在推进可持续发展实验区建设的进程中，北流市以优势资源为依托，找准本市特色和市场对接的着力点，以传统特色支柱产业——日用陶瓷产业为重点，培育产业链条，把陶瓷产业往中高端产品多、产业链长、科技含量和附加值高、市场竞争力和抵御风险能力较强的项目方向发展，形成产业集聚，使资源特色经济产业化，实现以特色产业带动县域经济的整体发展，不断提高实验区的经济可持续发展能力。

1. 制定强有力的政府政策，支持陶瓷产业发展

北流市政府高度重视陶瓷产业发展，自2002年以来，北流市对发展日用陶瓷产业出台了一系列的举措，采取政策引导和政策倾斜，大力鼓励外来投资者及民营企业发展日用陶瓷产业。2002年11月，北流市日用陶瓷出口生产园区被自治区批准立项，列为自治区级经济开发区。2003年北流市政府制定并实施《广西北流市陶瓷工业园区投资优惠办法》，开发建设北流市陶瓷工业园区，并着力打造北流陶瓷城，树立“北流陶瓷”品牌形象。2007年1月北流市政府出台《北流市陶瓷产业发展专项资金使用管理办法》，每年下拨2 000万元的陶瓷产业发展专项基金，以加快陶瓷产业集群发展，促进陶瓷产业文化建设、人才培养和知识产权维护[17]。

2. 突出传统日用陶瓷优势特色，构建陶瓷产业集群发展格局

北流突出千百年流传下来的日用陶瓷生产传统优势，并通过不断创新发展，使北流陶瓷特色产业从单一化向多元化方向发展，发展成为以日用陶瓷为主、建筑陶瓷等其他陶瓷为辅、配套产业园区集群发展的良好局面。2012年全市有日用陶瓷企业64家，建筑陶瓷企业4家，有各种窑炉160多条，从业人员6万人。规模以上陶瓷企业41家，自营出口企业35家，自营出口额1.03亿美元。全市生产日用陶瓷18.21亿件，实现产值66.12亿元、税金2.21亿元、利润1.78亿元[18]。北流日用陶瓷已拥有日用细瓷、炻瓷、高档瓷三大类，包括中餐具、西餐具、茶具、咖啡具、航空瓷具、酒店瓷具、旅游礼品瓷具、艺术瓷具、微波餐具等九大系列2万多个品种，品种配套齐全，高档产品的质量已达到了国内同行业先进水平，成为中国四大日用陶瓷生产出口基地之一，是日用陶瓷成套餐具

ODM 制造基地之一。日用陶瓷已经成为北流工业中最大的支柱产业，其出口额、规模工业产值分别占全市的 70% 和 26%。陶瓷产品 90% 以上出口，主要销往欧美、东亚、东南亚等 80 多个国家和地区，出口量占广西 80% 以上，约占全国 7%，日用陶瓷产值、销售收入、出口创汇均排在全国前列[19]。

为加快陶瓷产业发展，适应现代化企业生产要求，北流市实施陶瓷工业“退城进郊”“退城进园”的战略结构调整，促进陶瓷产业集聚发展。建设广西北流日用陶瓷工业园区、民安陶瓷建材产业园、鑫山电子食品产业园、城西林产品皮件产业园、南部宠物玩具产业园等多个产业园区，形成了“一区多园”的发展格局，以特色优势吸引了大批知名陶瓷企业的集聚。2012 年，进入工业园区的企业 296 家，园区完成工业总产值 181.07 亿元，工业增加值 59.23 亿元，税收 4.98 亿元[18]。涌现出以广西三环、老田瓷业、仲礼瓷业、铭超瓷业、锦昌瓷业、悦兴瓷业、永达瓷业等为代表的一批规模较大、实力较强的陶瓷企业，其中有 3 家企业入选全国日用陶瓷企业 50 强。龙头企业广西三环日用陶瓷产量、销售收入自 2001 年起连年在全国同行中名列前茅，出口创汇除 2009 年度排第三位外，其余均位居前位，“三环”品牌被评为“中国陶瓷行业十大品牌”“中国出口名牌”“广西著名商标”。北流陶瓷产业配套完整，已形成了日用陶瓷的特色区域和产业集群发展格局。

3. 打造陶瓷产业发展平台，以科技促发展

为了提高了北流这个新兴陶瓷名城的知名度，打造国际陶瓷名城，北流市政府自 2011 年开始举办中国（北流）国际陶瓷博览会，为陶瓷产业的全面升级提供了高端平台，促进陶瓷产业向多元化、品牌化、国际化方向发展。至 2013 年已成功举办了三届陶博会，共吸引了国内外 453 家陶瓷企业参展，共签订投资项目及贸易合同 354 个，签约总额 408.5 亿元，贸易成交总额 68 亿元，全方位展现了北流的新形象、新风貌，扩大了北流的知名度和影响力[20]。

北流市以科技促发展，目前拥有省级陶瓷工业园区、省级日用陶瓷工程技术研究中心、省级企业技术中心、广西日用陶瓷工程人才小高地、广西日用陶瓷产品质量监督检验中心和陶瓷职业技术学校、景德镇陶瓷学院函授站，承担和开发了国家、省、市技术创新项目 220 多个，获得了授权专利 229 项、省级以上科技成果奖励 26 个，为陶瓷产业的发展壮大提供了技术支持。

4. 加快转型升级，推进陶瓷产业绿色发展

陶瓷产业是北流经济之根，但也是高污染产业，为了确保陶瓷产业的可持续发展，近年来，北流市积极实施一系列措施推进产业的技术改造和升级。

首先，实施“退二进三”城市发展战略，先后出台了《北流市城北区“退二进三”企业搬迁扶持办法》《北流市城北片区城市建设实施方案》《北流市工业园区企业污染整治工作实施方案》等文件，将城北区的陶瓷企业全部搬迁到工业园区改造升级，腾出城区的土地发展附加值高的第三产业，建设一个集陶瓷会展、商贸、技术研发交流、文化、物流集散、旅游、服务等为一体的城市新区[21]。

其次，用财政补贴的方式引导和促进企业进行技术改造。北流市采取“强制+协商+补贴”的政策，引导陶瓷企业全面实施煤改气、改电、改油工程，要求新迁入园及新建的陶瓷企业必须要采用无污染的燃气窑、电窑，并为此每年安排2 000万元财政资金，对陶瓷企业技术改造、扩大生产的贷款投入进行贴息扶持，最大限度减少企业损失。

最后，积极发展循环低碳型工业，鼓励、支持节能环保、技术创新型陶瓷企业发展壮大，以三环为龙头，抓好企业循环经济示范工程，加快推进北流市日用陶瓷工业园区和鑫山工业园区循环经济发展步伐。三环集团应用生产废水处理工艺技术后，公司的生产水重复利用率提高到70%以上，生产废水回收利用率达到了90%以上，每年可减少废水排放量约50万吨。开展固体废弃物的综合利用，煤渣、废石膏模送水泥企业回收利用、废匣钵回收做耐火材料等，固体废弃物的回收利用率达到90%以上。同时，北流市陶瓷企业从2008年开始全面开展清洁生产审核工作，取得了很好的循环经济效果。

北流市可持续发展实验区充分发挥特色优势，积极寻找对策，抓住机遇，大力挖掘潜力，通过不断的努力和创新，培育陶瓷产业集群，做大做强日用陶瓷产业，把北流建设成为中国最大的日用陶瓷出口生产基地之一，同时通过政策扶持大力整治产业污染，进行产业升级，发展循环经济，实现了陶瓷产业超常规跨越式发展，也推动了区域的可持续发展。

五、柳州市柳北区可持续发展实验区

（一）柳北区可持续发展实验区发展概况

柳北区位于柳州市区北部，建区于1979年。下辖3个镇并设7个街道，行政区域面积301.27平方千米，2013年末总人口34.09万人，其中农村人口6.86万人，是柳州市面积最大、人口最多的城区。柳北区呈扇形，依山环水，风景宜人，环境优越。柳北区水源丰富，流经柳北区境域流域面积在50平方千米以上的河流有柳江河、沙埔河、东泉河、浑水河、浪江河、蚂蝗河6条。地下水资源丰富，地下水埋藏2.5~2.2米，地下水储存资源约0.15亿立方米左右，地下大、中型水源地有广西柳州钢铁（集团）公司、沙塘、鹧鸪江水源地等4处。

柳北区矿产资源分布面积广，储量丰富，已探明的矿产有煤、锰、石灰岩、黏土、砂岩、页岩、方解石、砂砾石8种，产地25处，开发利用前景广阔[22]。柳北区的农林牧渔资源十分丰富，粮食、蔬菜、水果、渔业等具有较强的竞争优势，都市农业、休闲观光农业、农副产品加工业等相关产业发展潜力巨大，前景可观。

柳北区是柳州市的工业大区，辖区聚集了柳州钢铁（集团）公司、柳州化学工业集团有限公司、柳州两面针股份有限公司、广西金嗓子有限责任公司等十多家大中型企业以及大批柳州市支柱产业的骨干企业，实力雄厚，产品远销海内外。新建的白露工业基地、沙塘工业基地、非钢工业园和规划启动的钢铁物流园、服装深加工产业项目，为柳北区工业的进一步发展和再度铸造辉煌开辟了更为广阔的空间。

城区先后荣获“全国民政工作先进（县）区”“群众体育工作先进单位”“科普示范城区”“文明城区”“社会治安综合治理优秀城区”“平安县区”“双拥模范城区”“招商引资先进单位”等40多项国家、自治区和柳州市的荣誉称号。2013年获得国家慢性病综合防控示范区、自治区第8届城市市容环境综合整治“南珠杯”竞赛先进集体、自治区招商引资项目大兑现工作示范区、自治区人口和计划生育工作模范县（区）称号。

2010年柳北区循环经济产业园列入广西循环产业示范园，2011年被认定为省级可持续发展实验区。柳北实验区紧紧围绕“五个柳北”（工业柳北、物流柳北、商贸柳北、生态柳北和宜居柳北）、“建设西江经济带综合经济实力最强城区”的战略目标，依托体制创新和技术创新，推动产业结构优化，建立以制造业为主体、工业循环经济产业为主导的国民经济体系，重点建设循环经济产业园，着力构建循环型产业链，逐步形成具有特色的可持续发展模式，实现城区跨越式发展。

经济稳定健康发展。2013年实现地区生产总值470.8亿元，是2010年的3.93倍，年均增长7.12%，其中第一产业增加值7.9亿元，第二产业增加值349.8亿元（工业增加值99.43亿元），第三产业增加值113.1亿元。人均地区生产总值107 906元，是2010年的3.43倍，年均增长6.03%。财政收入26.23亿元，其中公共财政预算收入5.62亿元，公共财政预算支出8.15亿元；财政收入是2010年的1.53倍，年均增长16.31%。城镇居民人均可支配收入25 764元，年均增长11.67%，人均消费性支出16 300元。全面实施“农民人均纯收入倍增计划”，农村居民人均纯收入达14 120元，是2010年的2.13倍，年均增长29.51%，人均生活费支出11 299元。全社会固定资产投资完成额109亿元，社会消费品零售总额144.8亿元，实际利用外资6 920万美元[2]，见表3－7。

表 3－7　　柳北区经济发展指标情况表

经济指标	2013 年	2012 年	2011 年	2010 年	平均增速（%）
地区生产总值（亿元）	470.8	435.37	160.48	119.67	7.12
人均生产总值（元）	107 906	99 786	41 436	31 434	6.03
财政收入（亿元）	26.23	23.04	23.36	17.12	16.31
城镇居民人均可支配收入（元）	25 764	23 168	20 449	18 505	11.67
农村居民人均纯收入（元）	14 120	9 410	7 876	6 618	29.51

资料来源：2011～2014 年《广西年鉴》。

工业稳步发展。面对宏观经济下行、市场低迷的不利环境，柳北区坚持以强化工业经济运行为基础，以推动园区建设为平台，以加强重大工业项目建设为重点，加快新型工业化发展，工业经济在困境中实现了平稳较快增长。2013 年柳北辖区工业总产值达到 1 160 亿元（含柳钢、柳化两大集团）；柳北区统计口径工业总产值达到 505 亿元，是 2010 年的 2.41 倍。全区规模以上工业产值达到 490.6 亿元，较 2010 年增长 173.62%，规模以上企业达到 157 家，居全市各县区之首。主导产业支柱作用明显，钢铁深加工、汽车和工程机械零部件为主的机械工业、循环经济产业实现产值 267.9 亿元，占规模以上工业总量比重 55%，比上年增长 20%[22]。柳北工业园产值在自治区保持前列，石碑坪工业集中区、白露工业集中区、沙塘工业集中区、鹧鸪江钢铁深加工及物流产业集中区齐头并进，园区产值达到 439.3 亿元，较 2010 年增长 274.32%[2]。

农业和农村经济持续发展。柳北区加快从传统农业向现代农业的转型步伐，以“农民人均纯收入倍增计划”为牵引，加快推进万亩花卉苗木、万亩葡萄、万亩超级稻优质粮食、生态养殖园等农业产业基地建设，促进农业和农村结构的战略性调整，着力打造都市现代农业示范区。2013 年柳北区农作物总播种面积 1.19 万公顷，其中粮食播种面积 4 890 公顷，产量 1.69 万吨；玉米播种面积 672 公顷，产量 3 173 吨；经济作物播种面积 3 602 公顷；其他农作物面积 5 055 公顷，其中蔬菜产量 15.98 万吨，食用菌产量 2 584 吨，果用瓜产量 6 753 吨，园林水果产量 3.11 万吨。畜牧水产业稳中有升，全年肉类总产量 1.41 万吨；淡水养殖面积 590 公顷，水产品总产量 8 706 吨。特色农业产业稳步推进，花卉产业初具规模，花卉种植面积达到 800 公顷，年产值达 3.5 亿元，形成了以沙塘镇三合村为核心区的万亩花卉苗木基地，花卉产业发展在促进农民增收和生态乡村建设方面取得了显著成效；规模养殖比重逐年提高，重点发展黄颡鱼、龟鳖等优势水产品养殖；发挥实隆禽业、梳庄香鸡等龙头带动作用，2013 年林下养殖肉鸡、肉鸭出栏 165 万羽。2013 年柳北区实现农林牧渔业总产值 13.5 亿元，比上年增长 7.74%；农林牧渔业增加值 7.54 亿元。其中：农业产值 8.15 亿元，林业产值0.71亿元，牧业产值3.71亿元，渔业产值0.80亿元，农林牧渔服务业产值1 309万元。农业产业化水平上台阶，农民专业合作社突破50家，销售收入突破8 000万元，合作社直接供菜给城市居民的“农居对接”销售模式初具规模[22]。

现代商贸服务业不断发展。柳北区商贸繁荣，物流发达，辖区拥有特色鲜明、运行良好的商贸网点和市场集群。柳北区进一步加大对商贸服务业发展的引导力度，推进工业转型升级与生产性服务业联动发展、居民消费结构优化提升与消费性服务业互动发展。鹧鸪江钢铁深加工及物流产业园、地王财富中心步步高广场、保利大江郡、桂中海迅柳北物流基地、亚泰财富大厦等一批重大商贸项目扎实推进。通过引导企业开展形式多样的商贸展示促进大众消费系列活动，有效带动柳北区零售、餐饮、旅游消费的提升。2013年主要经济指标运行良好，第三产业营业收入首次突破700亿元大关，达705亿元，比上年增长14%；实现第三产业增加值113.05亿元，比上年增长11%，总量在柳州市排名第一；实现商贸领域招商引资到位资金15.16亿元；实现外贸进出口交易10 845.23万美元；通过商务之窗子站发布各类商务信息124条，信息发布原创率95%以上[22]。

生态旅游业逐步推进。柳北区下辖石碑坪、沙塘、长塘3个镇，风光秀丽，拥有丰富的生态旅游资源。有国家AAA级景区、广西四星级乡村旅游区、全国农业旅游示范点花果山生态园景区，国家AAA级景区、广西农业旅游示范点君武森林公园景区，全国工业旅游示范点广西柳州钢铁（集团）公司，广西农业旅游示范点柳州金鼎湾鱼乐中心等。柳北区围绕构建富有特色的现代产业体系，加快实现旅游产业转型升级，创新机制，整合资源，进一步增强旅游与相关产业融合发展的深度和广度，凸显“旅游+”综合联动效应，激发旅游业发展活力，强力推进旅游强区建设。利用行政大区乡村资源优势，大力发展都市现代农业，促使城郊农业从资源型向生态型转变，柳北区城郊生态休闲旅游形成规模，成功举办了“柳州·沙塘生态文化旅游节”，提升沙塘生态休闲旅游带名气，2013年接待游客110万人次。

民生保障体系不断健全。通过财政补贴支持微型企业发展，增加就业，“创业就业惠民工程”成效明显；2013年新增微型企业110家，66家微型企业获财政补贴187万元，城镇新增就业1.14万人。城乡社保覆盖面进一步扩大，城镇基本医疗保险参保续保18.65万人，新型农村和城镇居民社会养老保险参保发放率达100%；对404家企业的3.61万名退休人员进行社会化管理。城乡低保、社会救助实现全覆盖，发放各类低保金、廉租房补贴、抚恤补助金、残疾人特困生活补助、老人长寿补贴、企业军转干部生活困难补助。和谐社区建设大力推进，半岛花园、富康社区顺利通过全国防灾减灾示范社区初评，笔架社区荣获“全国群众体育先进单位”称号，南雀社区荣获“自治区第七次民族团结进步模范集体”称号，白沙社区成为柳北区信息化示范社区。科教事业加快发展。2013 年总投资 7.14 亿元，实施市级以上科技项目 46 项，连续 2 次在全国科技进步考核工作中获得先进县（区）称号。文体事业健康发展。推进文体设施向基层拓展，不断新建村级服务中心，在全市各县区率先建成“社区书屋”60 家，藏书近 10 万册[23]。

（二）柳北区可持续发展探索与实践

柳北区是一个工业产业城区，自 2011 年被认定为自治区可持续发展实验区后，柳北区紧紧围绕自主创新、可持续发展的原则，编制专项规划，通过创新发展模式，构筑园区平台，发挥主导产业作用，以发展工业循环经济为切入点，大力发展循环经济技术，构建循环经济产业集群，打造循环经济产业发展平台，在取得较好经济与社会效益的同时，有效保护生态环境，逐步建立起了由传统工业产业城区向生态文明、绿色低碳型城区转变的可持续发展模式。

1. 以科技创新促进循环经济技术发展，构建循环经济产业集群

柳北区紧紧围绕以创新驱动引领产业升级的工作思路，结合产业结构的特点，通过科技创新体系的不断完善，大力发展循环经济技术，延长产业链，并通过示范项目推广循环经济技术，在区域产业内、产业间建立能量梯级利用、资源综合利用的产业循环体系，形成循环经济产业集群。

柳北区聚集了冶金、化工与火电三大传统产业，通过科技手段处理工业“三废”达到有效保护生态环境的目的成为城区平衡发展与环境的主要工作。通过大力推进科技推动产业升级、科技基础设施建设、知识产权建设、政产学研结合、基层科普科教工作和科技管理工作制度建设等六大项工作，柳北区自主创新能力显著增强，柳钢、柳化、柳电等企业研发了高炉大喷煤降焦节能技术、高炉除尘灰处理技术、粉煤灰资源化处理技术、余热发电技术、热电联产技术、焦炉煤气综合利用技术、循环水处理技术。

通过高炉除尘灰处理技术项目、热电联产项目等循环经济技术的实施，积极引导辖区内中小型企业发展循环经济，对柳钢、柳化、电厂等辖区内传统大型工业企业产生的“三废”资源进行回收、研发、设计、生产，实现资源综合开发利用，形成了工业废渣综合利用产业、工业集中供热产业、工业废气综合利用产业等三大工业“三废”综合利用体系，带动了以龙昌再生资源、环源利资源技术开发、惕艾惕余热发电、强实科技、华深建材、台泥新型建材等为代表的一批企业，使源节约综合利用的设备、技术和工艺水平得到了明显提高，在实现节能减排的同时，循环经济产业集群也逐步成为城区工业经济发展的有力支撑。2012

年以回收再利用煤灰、钢渣、高炉气等大宗工业固体废弃物形成新产品、新能源的循环经济产业实现产值43亿元。按柳北区属统计口径，与2010年末相比，该行业产值在此期间增长了300%，占规模以上工业总产值的比重由8%上升到11%。2012年柳北区成为“柳州市产业废物综合利用示范基地”并成功入选国家资源综合利用“产业废物综合利用示范基地”；柳州钢铁（集团）公司成功入选“产业废物综合利用骨干企业”；环源利公司成为国家环保部批准的2012年第一批环境污染治理设施运营资质单位。

2. 打造产业发展平台，促进循环经济发展

为更好地发展循环经济，柳州市积极打造循环经济发展平台。

（1）建设柳北区循环经济产业园区。柳北区循环经济产业园区是柳北区白露工业园区的重要组成部分，规划占地5.4平方千米，是广西规模最大、技术含量最高的循环经济产业园，经济社会效益显著。2010年，柳州循环经济产业园列入广西循环经济产业示范园区，重点发展烟气脱硫、高效除尘、废渣利用、蒸汽利用、余热发电、垃圾焚烧发电等重要节能环保、资源再利用产业，强实科技、蓝资科技、台泥建材、金鹏钢渣加工、环源利环保等循环经济项目和非钢项目发展迅速，具备可持续发展的工业循环核心技术。2013年实现循环经济产值60.4亿元，是2010年的3.36倍[22]。

（2）创建国家资源综合利用“双百工程”示范基地。2012年，柳北区成功申报成为第一批国家资源综合利用“双百工程”示范基地“柳州市产业废物综合利用示范基地”，给柳北区循环经济提供了发展基础和平台。柳北区资源综合利用“双百工程”示范基地主要的平台是柳北工业园区，包括白露、鹧鸪江、沙塘、石碑坪四个工业园区，示范基地目前已初具规模，规模以上企业达33家，其中亿元以上规模企业有16家，产值已达20亿元。极大地解决了辖区大中型企业废渣、废水和废气带来的城市污染物，变废为宝，带来了成本低、利润高及环保的社会效益和经济效益。

六、来宾市兴宾区可持续发展实验区

（一）兴宾区可持续发展实验区发展概况

兴宾区位于广西中部、红水河下游，东与象州、武宣县交界，西与上林县接壤，南连贵港市、宾阳县，北邻忻城、柳江县，西北与合山市毗邻。南距自治区首府南宁市152千米，北距柳州市69千米。具有独特的区位优势，处于珠三角经济圈，也是红水河经济带的重要组成部分。地处西南、华中各省与华南沿海的联结部，为大西南通道要冲，毗邻桂林、柳州、南宁三大机场，交通便利，是连接西南、华南、华中地区的交通枢纽。

兴宾区即原来的来宾县，于2002年设立，为来宾市政府在地，是来宾市政治、经济、文化和商贸中心。行政区域面积4 364.18平方千米，2013年辖4个街道办事处、8个镇、12个乡。总人口111.74万人，人口出生率13.42‰[24]。地处东南亚热带向中亚热带过渡地带，北回归线过境。

兴宾区自然资源丰富。土地面积为43.64万公顷，其中耕地面积16.07万公顷，林地16.57万公顷，牧草地2.36万公顷。是桂中重要的商品粮基地，盛产优质米、甘蔗、玉米、大豆、龙眼、柑橙、茶叶等。连续10年为全国糖料生产大县（区），蔗糖生产已创全国一流县（区），肉类生产成为全国百强县（市、区）。区境内矿藏有煤、铁、水银、锰、铜、硫、锑等22个品种，总藏量达16亿吨。全区水资源总量为753.63亿立方米，其中地表水30.55亿立方米，地下水2.76亿立方米，过境河外来水720.32亿立方米。旅游资源丰富，人文自然景观众多，境内地形奇特，有麒麟山遗址、盘古庙遗址、昆仑关战役指挥所遗址、蓬莱洲、龙洞山、金峰寺、三山风景区、鳌山、文辉塔、鸳鸯岩、楼梯坳等。制糖、造纸、火电、采矿、冶炼、建材为其主要产业[25]。

兴宾区于2011年被认定为省级可持续发展实验区，通过实施经济、社会、资源环境相协调的可持续发展战略，依托技术创新和体制创新，转变经济增长方式，建立以蔗糖循环经济产业为主体、新型加工制造业为主导的国民经济体系，实现经济、社会转型和发展观念转变，使综合竞争力显著增强，城乡区域协调发展，社会事业全面进步，人民生活更加宽裕，可持续发展能力增强，兴宾实验区正向“富裕、文化、生态、平安”发展。

经济健康发展，呈现稳中求进的发展态势。2013年，全区地区生产总值243.16亿元，其中第一产业增加值54.38亿元，第二产业增加值98.15亿元，第三产业增加值90.63亿元；地区生产总值比2010年增长20%，较2011年、2012年有所下降，2010～2013年平均增速7.73%；人均生产总值平均增速8.67%。2013年财政收入8.72亿元，较2012年有所下降，2010～2013年平均增速8.22%。2010～2013年农村居民人均纯收入及城镇居民人均可支配收入持续增长，农民人均纯收入平均增长速度高于城镇居民可支配收入平均增长速度，2013年农村居民人均纯收入7 821元，较2010年增长49.09%，城镇居民人均可支配收入24 370元，较2010年增长36.06%。2013年全社会固定资产投资229.55亿元，比2010年增长42.47%；社会消费品零售总额53.76亿元，比2010年增长52.64%，见表3－8。

表3－8　　　　兴宾区经济发展指标情况表

经济指标	2013年	2012年	2011年	2010年	年均增速（%）
地区生产总值（亿元）	243.16	252.80	269.84	202.41	7.73
人均生产总值（元）	26 030	27 315	29 475	21 351	8.67
财政收入（亿元）	8.72	10.42	8.50	7.18	8.22
农村居民人均纯收入（元）	7 821	6 977	6 122	5 246	14.25
城镇居民人均可支配收入（元）	24 370	22 235	19 881	17 911	10.81

资料来源：2011～2014年《广西统计年鉴》，2014年《来宾年鉴》。

兴宾区坚持稳增长、调结构、促发展，按照“工业强区、农业稳区、商贸旺区、科技兴区”战略，加大产业结构调整力度，推动产业稳步发展。

工业产业实力进一步增强。兴宾区强化项目支撑，推进“一区四园”建设进度，及时跟进政府扶持、服务力度，以强有力的举措推动工业经济稳步增长和提质发展。2013年兴宾区全年工业总产值268.88亿元，比2010年增长5.65%，其中区属工业总产值37.16亿元。规模以上工业企业50户，区属规模以上工业企业7家，实现规模以上工业总产值253.20亿元（当年价），比2010年增长8.9%，其中区属规模以上工业总产值24.03亿元，工业经济发展增速居全市各县（市、区）之首。“抓大壮小扶微工程”成效显著，培育发展微型企业280家，中小型企业达到968家。培植发展强优企业，双蚁药业成为兴宾区首家“国家高新技术企业”[24]。

加快推进农业产业化进程，全区农业和农村经济保持平稳增长良好态势。兴宾区努力探索农村可持续发展，深入实施“农民收入倍增计划”，落实强农惠农政策性补贴1.32亿元，促进农业增效、农民增收，2013年完成农林牧渔业总产值86.82亿元，比2010年的64.35亿元增长34.92%。粮食、糖料蔗、林果、蔬菜、水产品、桑蚕等特色产业加快发展，粮食种植面积103.89万亩，粮食总产量达29.5万吨，比2010年增产2.5万吨。种植甘蔗151.09万亩，总产量达755.49万吨，比2010年的643万吨增加17.49%，进厂料蔗超过670万吨，增产45.82万吨。实施“菜篮子工程”，建立常年无公害蔬菜基地5 700多亩，蔬菜种植面积33.54万亩，产量约41.35万吨，比2010年增产3.35万吨。水果产量13.54万吨，年末生猪存栏38.57万头，生猪出栏60.89万头，肉类总产量6.45万吨。规模化农业不断发展壮大，规模养殖场（大户）达385个，中小型规模养殖场（户）达1 352个，连续7年获得全国生猪调出大县奖。在可持续发展的思想指导下，兴宾区现代农业成效日益突出，兴宾区生态农业科技示范园、桥巩乡桑蚕基地等现代科技示范带的辐射作用进一步发挥。农村基础设施进一步夯实，建成高标准基本农田87.71万亩，完成农田水利基础设施固定资产投资

1.90亿元，解决8万农村人口饮水安全问题。新农村建设扎实推进，以五山乡李村为样板创建的移民新村“村民自建”模式，得到自治区高度评价和社会各界的广泛关注[24]。

第三产业快速发展。以完善区域性商贸物流体系建设为抓手，着力抓好城乡市场体系建设；积极推进良江物流园、城南区物流园、大湾仓储物流园等物流项目。认真落实自治区旅游发展大会精神和自治区关于加快旅游业跨越发展的决定及配套政策，加快发展以农家乐为主的休闲旅游，鳌山布伢文化旅游景区、蓬莱洲旅游景区建设取得新进展。2013年接待游客351.64万人，增长37.15%；旅游总收入17.3亿元，增长23.5%[25]。

生态建设提质增效。生态文明实施生态兴区战略，扎实推进“国家森林城市”“国家园林城市”创建工作，深入实施“绿满八桂”造林绿化工程。全区森林面积15.33万公顷，森林覆盖率达34.77%；荒山造林面积1 140公顷，完成红水河段单边绿化12.9公里，开展石漠化治理面积3 705亩，累计建有沼气池6.03万座，农户沼气入户率57.65%。大力开展“美丽兴宾·清洁乡村”活动，组织驻村工作队员深入一线开展工作，逐步建立了“户集村收乡镇运市处理”的垃圾处理模式，完善了村屯保洁长效机制，乡村环境卫生明显改善。实施的“百万亩蔗区农药废包装回收项目”有效推进“清洁田园”工作，获得国家农业部、环保部和自治区农业厅、环保厅等各级有关部门的充分肯定。节能工作成效突出，三大能耗（水、电、油）指标明显下降，实现重点能耗企业万元增加值能耗同比下降4%，减排环保工作成效初显。积极配合市政府开展环境保护工作，坚决清查和淘汰落后产能，保障环境安全[25]。

（二）兴宾区可持续发展探索与实践

兴宾区是一个传统的农业大区，也是全国最大的县级糖料蔗生产基地，兴宾区以资源优势为基础，多渠道促进甘蔗种植的稳步发展，积极开展蔗渣、糖蜜、滤泥等副产品及废弃物的综合利用，拉长产业链、拓宽产业带，着力推进糖业产业结构调整和优化升级，加快推进糖业由初级加工向精深加工转变，由传统经济模式向循环经济模式转变，使蔗糖产业成为兴宾区循环经济的核心产业和示范产业，形成兴宾区蔗糖产业的可持续发展模式。

1. 多渠道促进甘蔗种植业稳步发展，保证蔗糖产业原料供应

（1）制定优惠政策“反哺”甘蔗种植业。

为壮大蔗糖支柱产业，促进蔗糖业持续、稳定、健康发展，增强蔗糖业的市场竞争力，兴宾区制定优惠政策，采取对蔗农“反哺”的措施：进厂1吨原料蔗，糖厂给予10元的农资实物补贴，留蔗尾做种后进厂的原料蔗每吨再给予20

元农资补贴；凡用地膜覆盖种植甘蔗的，由糖厂按地膜进货价优惠50%供应给蔗农；对实施“千亩万吨”工程的农户，糖厂给予免费技术培训指导、免费机耕、免费供应地膜等。2012年就投入了175万多元扶持资金[25]。“反哺”政策激励了蔗农的积极性。使各蔗区甘蔗种植面积稳中有升，甘蔗产量稳步增长。

（2）以科技支撑甘蔗种植业高质量发展。

依靠科学技术，大力推进糖料蔗种植，提高甘蔗生产的整体科技水平和效益。一是推广甘蔗高产高糖优良品种，增强抗风险能力。二是推广普及高产高糖高效节本的甘蔗栽培技术。重点推广机械化深耕深松技术、地膜覆盖技术、病虫草鼠害综合防治技术以及微灌、喷灌等高校节水灌溉技术等一系列综合配套栽培管理技术，切实改变兴宾区甘蔗生产粗放经营的现状，努力提高甘蔗单产和含糖量。三是实施“吨糖田”“千亩万吨”工程，促进甘蔗生产向高产、高糖、高效方向发展。通过建立“吨糖田”“千亩万吨”甘蔗生产示范基地，广泛开展试验示范，对辐射带动甘蔗生产起到很大作用。

（3）发展甘蔗保险。

为最大限度保护蔗农的利益，保证甘蔗种植业的稳步发展，兴宾区按照“政府引导、财政补贴、蔗农自愿、糖厂参与、公司运作”的政策性甘蔗种植保险运行机制，认真贯彻落实中央“一号文件”和财政部《关于进一步加大支持力度，做好农业保险保费补贴工作的通知》（财金〔2012〕2号）、农业厅《关于印发2012年广西政策性糖料甘蔗种植保险试点实施方案的通知》以及来宾市兴宾区人民政府有关大力推动发展政策性甘蔗种植保险的有关文件精神，大力发展甘蔗保险。政策性甘蔗种植保险将按每亩30元收取，蔗农只需支付5.5元，其余由中央、自治区以及制糖企业承担，保障金额为800元/亩。针对区域内秋冬干旱干燥期长且容易发生火灾的实际情况，积极与制糖企业和蔗农联合对甘蔗进行火灾保险。种植户自愿投保，甘蔗种植户的进厂原料蔗按每吨1元计收保险费，其中蔗区糖厂补贴0.5元/吨，农自缴0.5元/吨，由糖厂在兑现蔗款时代扣。如榨季期间发生火灾时补偿损失50元/吨（一般火烧蔗还可以继续进厂）；被火烧无法进厂的原料蔗按500元/吨补偿，但过后蔗农需自缴10元/亩的保险费[26]。

2. 不断延伸产业链，发展蔗糖循环经济

兴宾区在原来蔗糖产业链的基础上，不断拓展创新，延伸产业链，发展蔗糖循环经济，提高产品附加值。出台各种配套政策与措施，引导制糖企业优化产业结构，充分利用蔗渣、糖蜜、滤泥等三大副产品，主攻甘蔗生产的综合开发利用，重点发展化工产品，如蔗渣造纸，废糖蜜生产酒精、酵母及其抽提物，滤泥生产有机肥料，蔗叶蔗梢养牲畜等，抓好蔗糖附属产业项目建设。截至2011年，已形成“甘蔗—制糖—酒精—生物有机肥”“甘蔗—制糖—酵母及其抽提物—生物肥”“甘蔗—制糖—蔗渣—浆纸—废液碱回收”和“甘蔗—制糖—滤泥—有机肥”四条糖业综合利用和循环经济产业链，制糖业已率先在全市工业中走上循环经济发展的道路，达到了国内领先水平。2014 年来宾电厂应用东糖纸业蔗渣造纸白泥实施“造纸白泥—烟气脱硫”综合利用，达到了“以废治废”的目的，在电力与造纸行业搭建起行动循环经济产业链。实施白泥“以废治废”脱硫方式替代石粉脱硫后，在现有无偿使用、运输自理的模式下，电厂每年可节约脱硫成本约 1 000 万元；制浆企业处理白泥包括运输、填埋费用、租地费用约 25 元/吨，每年可节约成本 575 万元[27]。兴宾区通过自主创新，不断延长蔗糖循环经济产业链，提高制糖业的经济效益和社会环境效益。

3. 打造生态型产业集群，以集中供热为抓手推进循环经济产业带建设

兴宾区以广西壮族自治区 A 类产业园区红河工业集中区为载体，建设蔗糖产业循环经济示范园区。园区重点发展蔗糖业、纸浆业、生态肥、淀粉等产业，现已投产的重点企业有广西农垦糖业集团红河制糖有限公司、广西农垦糖业集团天成纸业有限公司、广西来宾东糖桂宝有限公司、广西农垦糖业集团华成纸业有限公司等，实现“蔗、糖、酒、浆、纸、生物化工”一体化，形成关联性强、集约化水平高的生态型产业集群[25]。

随着工业园区建设和蔗糖产业集聚发展，工业园区、产业聚集区的用热快速增长，但仍主要以低效分散的小锅炉供热为主，且大部分为污染严重的燃煤燃油锅炉。为减少污染，实现产业的可持续发展，兴宾区以来宾电厂电力生产及供热为龙头，加快集中供热企业产业集群化、效益规模化，促使制糖、造纸等主要支柱产业及相关用热企业集聚，形成年生产总值 100 亿元以上的集中供热循环经济产业带。来宾电厂是广西第一家集发电、供热为一体的发电企业，其供热项目是利用热电联产机组将发电机组发电后产生的废热加以利用，转化成热气、热水，通过管道输送到制糖、造纸等用热用汽企业，实现经济效益和社会效益双丰收。目前已建成 4 条供热管网，实现向华美纸业等 16 家热用户供热。2013 年，供热产值达 1.4 亿元[28]。

七、梧州市进口再生资源加工园区可持续发展实验区

（一）梧州市进口再生资源加工园区可持续发展实验区发展概况

港口、物流是促进进口再生资源产业发展的关键制约因素，梧州进口再生资源加工园区（梧州再生资源循环利用园区）区位优势显著。位于梧州市苍梧县

新地镇，紧接两广边界，为广西的东大门，地处“三圈一带”（珠三角经济圈、北部湾经济圈、大西南经济圈和西江经济带）交汇节点，是区域经济辐射的“交集区”和“叠加区”，处于泛珠江1小时经济圈内，水陆交通便利。紧靠国家沿边内河一类口岸——梧州口岸，口岸查验单位机构设置齐全，基础设施完善，通关方便，可完全满足园区货物进出口的要求。

梧州进口再生资源加工园区是一个以在城市里再造一个矿山为理念，从事有色金属再生资源回收、循环利用的生态工业园区，是梧州市再生资源产业发展的主要载体。梧州进口再生资源加工园区2008年5月启动建设，9月园区被确定为自治区A类产业园区及循环经济示范园区。2009年12月，国务院出台《关于进一步促进广西经济社会发展的若干意见》，明确提出将梧州进口再生资源加工园区发展成为国家级循环经济示范园区。2010年9月园区通过国家环保部、海关总署、质检总局的联合验收，成为全国第四家通过国家级验收的“圈区管理”园区。2011年9月国家发改委、财政部正式批复为国家“城市矿产”示范基地，园区建设提升至国家战略性新兴产业高度。2011年被认定为省级可持续发展实验区。

梧州市进口再生资源加工园由梧州市政府、苍梧县政府和广西置高投资发展有限公司共同建设，体现“政府主导，企业主体，市场化运作”的合作模式。园区规划用地3万亩，规划有拆解加工区、深加工区、污染处理区、仓储物流区、海关检验检疫监管区、精深加工区、科技研发区、生活区八大功能区，实现以拆解、加工为主导，围绕再生铜、再生铝、再生不锈钢、再生塑料等构建循环经济产业链，集工业、居住、商贸办公、休闲娱乐于一体的富有吸引力的现代化工业新城。

梧州市进口再生资源加工园发展迅速，园区建设规模不断扩大，功能不断增强，循环经济产业链逐步完善，经济效益越来越好。至2013年，园区一期开发建设计划已基本完成，园区道路、供电、供水、排水、通信、环保及验放中心等基础设施和配套设施日趋完善，初步搭建起规划合理、产业统筹良好的再生资源产业发展平台，为园区招商、发展打下了坚实的基础。全年，园区引进企业71家，签约项目84个（其中，上游拆解项目48个，中游加工企业12个，下游深加工企业10个，生产生活配套服务项目14个），已建成投产项目25个。其中，完成财税收入12.33亿元（地方财政收入2.75亿元，缴纳海关增值税9.58亿元），同比增长64.17%；完成工业总产值306亿元，同比增长45.7%；实现工业增加值104亿元，同比增长23.81%；完成固定资产投资60.04亿元，同比增长10.75%；引进项目15个，完成招商引资到位资金3.13亿元，同比增长43.4%[29]。

梧州进口再生资源加工园区可持续发展实验区推动了梧州市城市发展的升级，推进梧州市循环经济发展和生态环境建设各项工作。由于再生资源加工园区的巨大贡献，梧州市在2013年成为广西首个全国循环经济示范城市，排名我国7个西部入选城市首位。进口再生资源加工园使梧州加快转变经济发展方式，推动了环境与社会友好发展，使社会、经济和环境逐步实现可持续发展。梧州市进出口加工再生资源加工园区，将可持续发展实验区实践与探索的经验应用到梧州陶瓷产业园中，为2013年新入园区的18家陶瓷企业解决了废渣处理的难题。同时，也探索出关于梧州生态文明建设的思路。第一，继续完善资源循环型社会体系：实施大循环战略，大力发展绿色建筑、强化绿色交通体系建设、建立循环经济中介服务体系、完善再生资源回收利用体系。第二，继续优化产业结构：加快科技进步、淘汰落后产能，延长产业链、发展深加工与精加工产品，大力发展生态健康、新材料、新能源和节能环保等战略性新兴产业。第三，继续推广城乡居民绿色生活：大力推广资源循环利用、综合利用和清洁生产，在流通领域树立节约资源和保护环境的经营理念，形成绿色生产、绿色生活和绿色消费的氛围。

（二）梧州市进口再生资源加工园区可持续发展探索与实践

以科技为先导，实施可持续发展战略，开辟再生资源综合利用的新局面，是建设资源节约型、环境友好型社会的重要工作。梧州市进口再生资源加工园抓住国家大力支持参与国际再生资源大循环的机遇、充分发挥港口、物流优势，把握投资时机，审时度势进入以“城市矿产”资源化主体的资源综合利用领域，争得先机，努力探索具有特色的绿色发展、循环发展、低碳发展的可持续发展道路，逐步实现园区的可持续发展。

1. 出台地方性优惠政策，扶持企业发展

制定地方性优惠政策，如财税政策、土地使用、建筑营业、土地契税、增值税减免返还、重大项目税收奖励等扶持政策，积极鼓励再生有色金属产业集聚、做大做强。如重大项目税收奖励政策，根据企业投资强度和上缴税收的情况，对入园企业固定资产投资达5 000万元以上并年缴纳增值税在1 500万元以上的深加工企业，或投资额超亿元以上的拆解龙头企业，省级以上高新技术企业和搬迁进园区的广西辖区内现有的再生资源加工企业，实行一企一政、一事一议，享受更多奖励政策。再如企业所得税，2013年12月31日前投产的企业投产当年企业缴纳的所得税，按地方所得部分的60%奖励给企业用于技术改造，投产次年起5年内以上一年企业所得税为基数，对超基数部分按地方所得50%比例奖励给企业，被认定为自治区级高新技术企业的再生资源综合利用企业，除依法享受高新技术企业的优惠政策外，其投入的专项研发经费，经核实后按其所缴纳的企

业所得税总额的30%给予补贴，但最高补贴以不超过企业所投入专项研发经费为限。

2. 精准招商延伸产业链，打造再生产业集群

梧州进口再生资源加工园区以循环经济和生态工业理念为指导，按照再生资源产业链集群的方式，主要发展再生铜、再生铝、再生塑料产业集群，生产铜、铝、钢铁、塑料等原料和电解铜、铝型材、铝塑等深加工产品，并配套发展资源再生技术、产品、设备的研发，以及仓储、物流、信息咨询等第三产业，着力打造集“回收—拆解—加工—交易”为一体的循环经济产业链。第一，扶持再生有色资源回收龙头企业。全球工业园区的发展规律告诉我们，一个园区发展速度的关键在于龙头企业，它不仅是园区创新资源组织的核心载体，更是实现园区可持续发展的重要支撑力量[30]。引进梧州市鸿图精密压铸有限公司、梧州漓佳铜棒有限公司、广西有色再生金属有限公司等多家企业入驻并投产，推动产业升级、促进行业上规模、增效益，逐步形成再生产业集群。第二，引进中下游配套项目，建立再生资源综合利用产业链。梧州进口再生资源加工园区管委会创新招商思维，加大服务力度，围绕再生铜、再生铝、再生橡塑等核心产业，明确招商重点，以“招到商，招好商”为目标，大力引进中下游配套项目，重点洽谈引进塑料深加工、五金压铸件、铝型材、电子信息科技、汽车零配件制造等项目，建立上下游企业相互衔接、共生代谢、环境友好的再生资源综合利用产业链，促进可持续发展。如2015年引进金属粉末涂料助剂科技项目落户再生园区，延伸了循环经济产业链，完善了产业配套，对园区产业发展具有重要意义。

3. 构建“四位一体”的回收网络体系

梧州再生资源加工园区产业聚群发展迅猛，原料来源却日益成为制约园区发展态势的重要因素。为此，园区管委会经过系统筹划，不断探索，初步建成了“四位一体”的回收网络体系：一是利用由商务部确定的南宁市再生资源回收体系回收废旧物资；二是从梧州市的废旧物资回收公司收购废旧物资；三是通过园区拆解加工企业在国外建立的回收网络回收进口废料；四是通过园区拆解加工企业利用广东等周边地区原有的回收网络回收各种废旧物资。经过这几年的磨合与调整，该回收网络体系表现出了较强的生命力，取得了不错的效益。仅在2010年，园区回收利用的再生资源量就达到了45万吨[30]。

4. 推行绿色生产

在规划、设计之初，就把环保、可持续发展放在首位，在处理废水、废气、废渣方面采取了国际上先进的环保工艺。在烟气排放之前进行除尘处理，将其中的残余粉尘回收利用。部分燃料采用天然气，改变以往同类项目使用重油和煤炭为能源，使企业的单位能耗、能耗总量以及成本都大幅下降。园区每天产生的废水，也由园区的废水监测处理系统进行集中处理和监测，处理后达到国家允许排放标准之后再进行排放。一般的工业废物移交到市环卫处来处理，危险废物移交到专业的公司来处理。一些公司甚至做到废水、废气、废渣零排放，如年产30万吨再生铜项目在规划设计之初就充分考虑到环保的因素，特别在三废控制方面有一个专利技术，目前废水、废气、废渣在生产区域排放基本为零[31]。

本章参考文献

[1] 中国民族年鉴编辑部．中国民族年鉴［Z］. 北京：中国民族年鉴编辑部，2014.

[2] 广西壮族自治区地方志编纂委员会．广西年鉴［Z］. 广西：广西年鉴社，2014.

[3] 恭城瑶族自治县地方志编纂委员会．恭城年鉴［Z］. 河南郑州：中州古籍出版社，2014.

[4]《桂林经济社会统计年鉴》编委会．桂林经济社会统计年鉴［Z］. 北京：中国统计出版社，2014.

[5] 河池市年鉴编纂委员会．河池年鉴［Z］. 南宁：广西人民出版社，2014.

[6] 广西社会科学年鉴编纂委员会．广西社会科学年鉴［Z］. 南宁：广西人民出版社，2014.

[7] 黄平权．生态引领循环驱动构建宜州经济社会发展新体系［J］. 当代广西，2014（24）：64.

[8] 黄云柳．宜州市桑蚕茧丝绸产业循环经济发展面临的问题及对策研究［D］. 华中师范大学，2014.

[9] 杨叶成．宜州助推桑蚕产业可持续发展［EB/OL］. 河池日报，http：//www. gx. xinhuanet. com/2016－04/19/c_1118662666. htm，2016－04－19.

[10] 东兴地情网．魅力边城——东兴市简介［EB/OL］. http：//dx. gxdqw. com/dxgk/201412/t20141205_21196. html.

[11] 东兴地方志编纂委员会．东兴年鉴［Z］. 南宁：广西人民出版社，2013.

[12] 东兴市统计局．2013年东兴市经济运行简况［DB/OL］. 东兴人民政府网站，http：//www. dxzf. gov. cn/zwgk/tjxx/tjgb/201412/t20141209_20535. html，2014－08－15.

[13] 滑艳玲. 广西东兴市边境贸易发展研究 [D]. 广西民族大学，2014.

[14] 中国新闻网. 先行先试 东兴十年发展可为鉴 [EB/OL]. 东兴市人民政府网站，http：//www. dxzf. gov. cn/syqjs/syqdt/201406/t20140626_18288. html，2014 -06 -26.

[15] 官锡强. 东兴国家重点开发开放试验区产业辐射问题探析 [J]. 广西社会科学，2015 (1)：44 -47.

[16] 东兴市委宣传部. 东兴规模以上红木加工企业完成产值 28.3 亿元 [DB/OL]. 东兴人民政府网站，http：//www. dxzf. gov. cn/zwgk/dxdt/zwdt/201501/t20150108_ 21356. html，2015 -01 -08.

[17] 陈怡. 基于产业集群的“北流陶瓷”区域品牌建设研究 [D]. 广西大学，2008.

[18] 中国轻工业年鉴社. 中国轻工业年鉴 [Z]. 北京：中国轻工业年鉴社，2013.

[19] 顾振卿，李国伟. 北流：走向世界的中国陶瓷名城 [EB/OL]. 北流政府网站，http：//www. yulin. gov. cn/info/243661?&tsrrwdrfewf，2013 -04 -11.

[20] 柳睿. 逆境下的县域经济“升级版”现实样本——北流为何能持续扮演广西县域经济“领头羊”角色 [J]. 广西经济，2013，9：50 -52.

[21] 何东真. 北流市工业转型升级与加快城市发展的实践与思考 [J]. 广西经济，2012 (7)：51 -52.

[22] 《柳北年鉴》编纂委员会. 柳北年鉴 [Z]. 南宁：广西人民出版社，2014.

[23] 柳北区人民政府. 柳北区人民政府工作报告 [EB/OL]. 柳州市人民政府网站，http：//www. liuzhou. gov. cn/xxgk/jcxxgk/zfgzbg/qxzfgzbg/201410/t20141022_719211. html，2014 -02 -24.

[24] 《来宾年鉴》编纂委员会. 来宾年鉴 [Z]. 南宁：广西人民出版社，2014.

[25] 《兴宾年鉴》编纂委员会. 兴宾年鉴 [Z]. 南宁：广西人民出版社，2014.

[26] 陈坤. 推广新品种为甘蔗投保兴宾区：蔗糖产业上“双保险” [N]. 广西日报，2011 -9 -30 (第 10 版).

[27] 广西方元电力股份有限公司来宾电厂. 方元电力来宾电厂：白泥脱硫“以废治废”创新循环经济产业链 [J]. 广西节能，2014，3：28 -29.

[28] 覃固. 来宾市以集中供热为抓手推进循环经济产业带建设 [J]. 广西节能，2014 (1)：32.

[29] 梧州市地方志编纂委员会．梧州年鉴 [Z]．南宁：广西人民出版社，2014.

[30] 雷飞．梧州再生资源加工园区发展现状存在问题与产业集聚对策 [J]．梧州学院学报，2012，22（6）：1－7.

[31] 再协．梧州再生资源园区环保设施推进绿色生产 [J]．中国资源综合利用，2013（12）：18.

第四章

广西可持续发展实验区可持续发展模式

发展模式是人们依据自身意愿对客观世界的认识改造而形成的思想理论与实践相结合的统一体，它是由理念、文体、客体和工具等要素组成的完整系统。可持续发展模式是以可持续发展思想为本的发展模式，是现阶段全球通用的发展模式，其演化过程与发展形式多种多样，不同地区不同历史时期可持续发展模式都不一样[1]。

广西的可持续发展实验区根据当地特色和优势产业，探索出符合本地区特色的可持续发展模式，大致可分为4种可持续发展模式：基于生态农业循环经济的可持续发展模式、基于工农业复合型循环经济的可持续发展模式、基于工业循环经济的可持续发展模式、基于边境贸易的可持续发展模式。

一、基于生态农业循环经济的可持续发展模式

基于生态农业循环经济的可持续发展模式是以生态种植业、生态养殖业等生态农业为主体，与其延伸的生态型农产品生产加工业、农产品贸易与服务业、生态农业旅游等领域通过废物交换、循环利用、要素耦合和产业生态链等方式结合在一起，相互依存、协同作用，实现产业间的可持续发展。各产业部门之间，在质上为相互依存、相互制约的关系，在量上是按一定比例组成的有机体。

恭城可持续发展实验区在发展经济的过程中，主动摒弃传统的以破坏生态环境换取经济发展的模式，运用生态经济原理指导和组织农业生产，把人类的农业生产活动纳入生态循环链内，参与生态系统的生物共生和物质循环，以求生态、经济和社会效益协调发展，探索出具有恭城地方特色的“养殖＋沼气＋种植＋加工＋旅游”五位一体可持续发展模式。

1. 可持续发展模式的形成与发展

20世纪80年代初期，恭城瑶族自治县由于历史原因和人口的不断增长，森林资源遭到过度砍伐，生态环境遭受严重破坏。该县也曾被列入广西49个“老、少、边、山、穷”县之中。为解决农村的能源问题，保护生态环境，恭城从1983年起推广使用沼气技术。县委、县政府在平安乡黄岭村进行沼气试点，结果表明：使用沼气可省柴、省力、省钱，具有经济、方便、卫生的特点。试点成功后，县委、县政府通过政策引导，典型示范，资金扶持，沼气建设逐步得到推广。1989~1994年，恭城县大力发展庭院经济，通过发展养猪保证沼气原料供应，沼液沼渣又作为种果种菜的上乘有机肥，形成“猪—沼—果”三位一体的恭城生态农业模式。之后，“猪—沼—果”生态农业模式得到进一步加强和发展，养殖业、种植业不断发展壮大，养殖业和种植业通过沼气连接在一起，生态农业实现新跨越，形成了“养殖+沼气+种植”三位一体的生态农业模式。

“养殖+沼气+种植”三位一体的模式主要着眼于第一产业，是当时要素禀赋结构下的最优选择。随着市场的发展，原来果业中与水稻相比具比较利益的大众品种已失去了比较优势，第二次结构调整势在必行。而资本相对丰裕程度的提高，需求结构的变化，基础设施状况的改善，劳动力素质的提升为实现产业结构的转型、升级奠定了基础。2001年恭城县政府提出“跳出农业抓农业，加快产业结构调整，提高生态农业质量，加速生态农业产业化进程”的思路，向后延伸产业链，发展为“规模化养殖—自动化沼气—标准化种植—现代化加工—生态旅游观光”，将三位一体模式提升为“养殖+沼气+种植+加工+旅游”五位一体的生态产业模式，由原来的庭院经济发展为第一、第二、第三产业的协调发展的产业循环经济模式。

2. 五位一体的产业循环经济模式

恭城县“养殖+沼气+种植+加工+旅游”五位一体的可持续发展模式以“养殖+沼气+种植”生态农业循环经济为核心，向生态工业和生态旅游业延伸，其中种植业是基础、养殖业是支撑，农产品加工是对农业的提升，旅游业是对农业的延伸（见图4-1）。五位一体的生态产业模式在生态环境良性循环的基础上，实现了生产发展、生活富裕、生态良好的可持续发展。

（1）生态农业。

生态农业是一个系统，以保持和改善该系统内的生态平衡为指导思想，合理地安排物质要素在系统内部的循环利用和多次重复利用，从而达到生产发展、生态环境保护、能源再生利用、经济效益提高四者统一的综合性效果[2]。“养殖+沼气+种植”三位一体生态农业循环经济模式以沼气为纽带，把养殖业、农村能源建设（沼）、种植业（果）有机结合起来，其核心内容是生物质能多层循环综合利用。通过办大型养猪场、建设联用大型沼气池，采用“规模养殖、集中供气”方式为居民安装管道输送沼气，解决了农村能源问题。沼液和沼渣作为有机肥料供果树施肥使用，使水果产业成为恭城县的支柱产业，通过新品种引进和改良，发展月柿、柑橙、沙田柚、桃李等优势水果产业，恭城县形成了“南柿、北柚、中柑、西桃”的水果种植结构。

至2013年全县累计建设沼气池6.87万座，沼气入户率突破90%。恭城县沼气池的普及带来3个方面的好处：有利于人、畜粪便、有机生活垃圾及农业废物的及时处理，提高农村环境卫生质量；沼气的使用，减少煤、干柴的燃烧量，一个8立方米沼气池全年产生的有效热量，相当于为户用沼气池家庭每年节约替代燃料柴薪2 153千克，或替代蜂窝煤1 378块，或替代石油液化气450立方米[3]。一方面减少大气污染物的排放，另一方面，基本避免“毁林取薪”，保护森林资源；沼液和沼渣是优良的有机肥料，提高果品的口感与质量。据研究，沼渣含有机质30%～50%，腐殖酸10%～20%，粗蛋白5%～9%，全氮0.8%～1.5%，全磷0.4%～0.6%，属于优质有机肥[4]。“养殖+沼气+种植”三位一体生态农业模式实现了农村经济、社会、人口与资源环境的协调发展。

(2) 生态农产品加工业。

恭城县积极将工业化和农业产业化结合，通过引进、培育、发展有竞争优势和带动能力强的企业，如北京汇源、大连汇坤、联发食品、永丰脆柿等一批水果加工企业，来推进优质农产品工厂化加工。突出“恭城月柿”和“恭城油茶”两个主打品牌，拉长特色产业链条，构建食品加工产业集群，形成燕新园、开花山园、茶东园三个农产品生态加工园区。农产品生态加工园区以科技提高水果附加值，是对生态农业的一种提升，同时农产品加工业的发展进一步促进了生态农业的发展。

(3) 生态旅游业。

恭城县在原有文庙、武庙、周王庙、湖南会馆四大古建筑群旅游景点基础上，将农业资源、自然资源与旅游资源有机结合，积极开发特色农业、自然风景、民族和乡土文化相融合的生态旅游，如红岩村的生态乡村旅游、大岭山十里桃花长廊旅游、燕子山天仙生态草原徒步户外游、具有瑶族特色的瑶族风情园旅游等，并形成了桃花节、月柿节、盘王节、关公节及婆王节等节庆旅游产品。作为农民增收新途径，恭城的生态旅游是以农业和农村为载体的，实现农业生产与观光旅游两种功能协调统一的生态产业发展模式，是对生态农业的延伸。

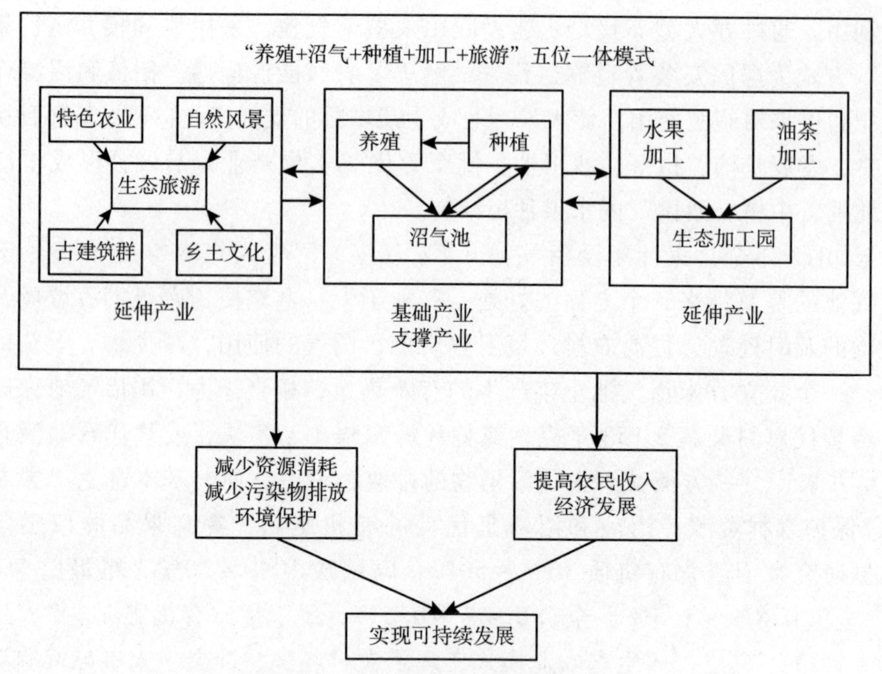

图 4-1　恭城县可持续发展模式

二、基于工农业复合型循环经济的可持续发展模式

工农业复合型循环经济的可持续发展模式依托农产品资源，大力发展农产品精深加工，形成与农业优势产业带相适应的加工业布局，同时推进农业剩余物的资源化，加强农产品加工废弃物和副产品的高附加值利用，打造"养殖（种植）—农产品加工—废弃物利用"循环经济产业链，促进农业与工业之间的互动。这种模式以农户（基地）为基础、以市场为导向、以龙头企业为带动，克服了传统农产品加工过程中注重经济和社会效益而忽视生态效益的弊病，在保护好农业生态环境的前提下，通过区域化布局、专业化生产、规模化建设、系列化加工、一体化经营社会化服务和企业化管理，实现生态、经济和社会三大效益的有机统一。

（一）桑蚕茧丝绸循环经济可持续发展模式（见图 4-2）

宜州市可持续发展实验区是全国重要的蚕茧原料、白厂丝原料基地县（市），2009 年，广西壮族自治区党委、自治区人民政府确定宜州为"广西桑蚕茧丝绸产业循环经济（宜州）示范基地"。围绕广西壮族自治区桑蚕茧丝绸产业循环经济示范基地的建设，宜州市大力发展桑蚕茧丝绸产业，着力引进并壮大一批茧丝绸精深加工企业，形成了"种桑养蚕—茧丝绸加工—桑枝、蚕沙资源化利用”的工农业循环经济一体化产业链。宜州示范的“桑—菇—肥”循环经济模式、蚕沙资源化利用技术模式已辐射到区内外的其他养蚕地区。

宜州市桑蚕茧丝绸循环经济可持续发展模式主要包括以下几条循环经济产业链：

1.“桑—桑枝—菇—肥”循环经济产业链

桑园种桑养蚕，剩余的桑枝粉碎后做成食用菌培养基质，生产食用菌，采菌后的菌筒成为优质有机肥还田，改良土壤，提高地力。主要做法：首先培育和引进优质桑树品种，扩大优质桑园示范基地，提高种桑养蚕的科技含量；其次充分利用大量荒废的桑枝杆生产优质食用菌，实现废物综合利用，不断延伸桑蚕产业链，实行产、供、销一体化商业运作，加快桑枝食用菌发展步伐。

2.“桑—蚕—蚕沙—肥”循环经济产业链

蚕沙是养蚕中蚕排出的粪便和食剩的残桑及蚕座中的垫料[5]。风干蚕沙含纯氮1.28kg，有效磷0.48kg，有效钾0.21kg，其肥效相当于14kg硫酸铵，6kg过磷酸钙，5kg硫酸钾[6]。“桑—蚕—蚕沙—肥”模式的核心是对蚕沙进行无菌化处理后还田，通过对废弃蚕沙的综合利用，促进桑蚕产业的可持续发展。宜州市科技局研究和发明了密闭式蚕沙无害化处理池，利用密闭高温堆发酵原理灭菌，然后作为有机肥还田（只能用在非桑园农作物）。宜州市桑蚕循环办在全市推广这一蚕沙无害化治理模式，带动了全市6 000多个蚕沙地的建设。

3.“桑—蚕—蚕沙—叶绿素—果胶—残渣—复合肥”循环经济产业链

该模式循环链为：（1）利用蚕粪及养蚕过程中剩余物，提取叶绿素及生产叶绿素铜钠盐。桑叶中含有丰富的叶绿素，经蚕食后风干蚕粪含叶绿素达0.8%～1%，以叶绿素为原料，又可生产叶绿素铜钠盐。（2）提取果胶。蚕粪中含有10%～12%的果胶，每处理20吨蚕粪可生产1吨果胶，从提取完叶绿素后的残渣中提取。（3）生产优质有机复合肥。提取叶绿素、果胶后的蚕粪残渣，经过生物发酵腐熟处理，添加科学配比的氮磷钾及微量元素，可制成高效有机复合肥。

4.“茧—丝—绸”循环经济产业链

用干茧缫丝生产白厂丝，用白厂丝生产真丝绸面料，缫丝废水提取丝蛋白和丝胶及处理后循环使用。茧丝绸产业链是桑蚕茧丝绸循环经济可持续发展模式的核心，它将茧丝绸生产资料供应和茧丝绸产品生产、加工、销售等环节链接成一个有机整体，这个链条不仅包括茧、丝、绸产品间的物质联系，也将栽桑、养蚕、鲜茧的收烘、缫丝、制绵、丝绸织造、茧蛹副食品加工、蚕沙综合利用等产业结合在一起，是整个桑蚕茧丝产业的驱动力。

5.“茧—蛹—饲料—养殖”循环经济产业链

干茧抽丝后，将下脚料蚕蛹加工成高蛋白饲料，再将饲料配比用于动物养殖。

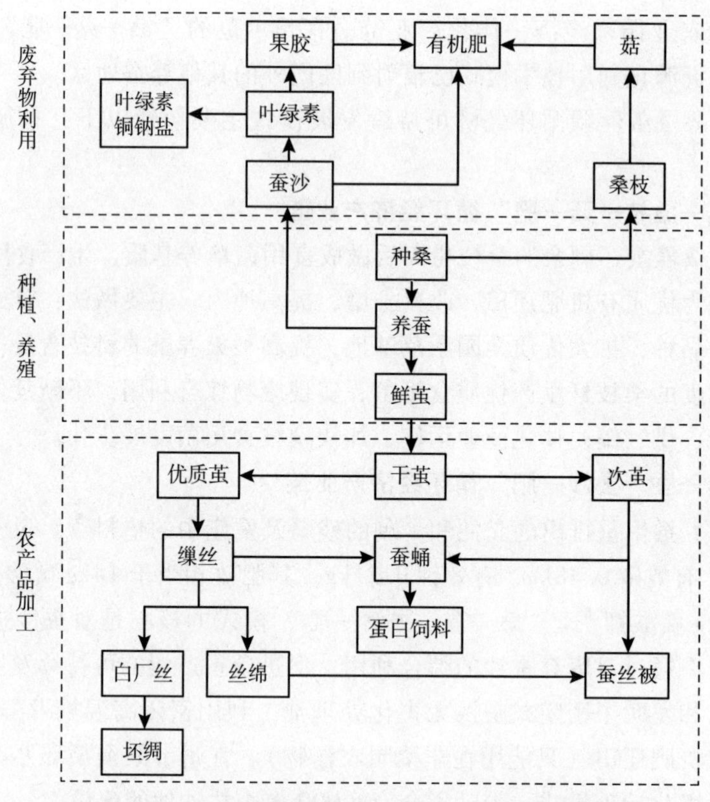

图 4－2　宜州市桑蚕茧丝循环经济可持续发展模式

（二）蔗糖产业循环经济可持续发展模式（见图 4－3）

来宾市兴宾区是全国最大的县级糖料蔗生产基地，兴宾区可持续发展实验区以循环经济为指导，以提高资源利用率为重点，构建了“蔗—糖—酒—浆—纸—生物化工”循环经济产业链，将蔗田种植业系统、制糖加工业系统、酒精酿造业系统、造纸业系统、热电联产系统、环境综合处理系统结合在一起，各系统内分别有产品产出，各系统之间通过中间产品和废弃物的相互交换而互相衔接，从而形成一个比较完整和闭合的生态产业网络，其资源得到最佳配置、废弃物得到有效利用、环境污染减少到最低水平。

兴宾区可持续发展实验区糖、纸、酒精和生物肥料四大支柱产业齐头并进、共同发展，形成了“甘蔗—制糖—糖蜜—酒精—废液—复合肥”“甘蔗—制糖—糖蜜—酵母—酵母抽提物—复合肥”“甘蔗—制糖—蔗渣—制浆造纸—废液碱回收—白泥—脱硫”“甘蔗—制糖—滤泥—生物有机肥—还田种蔗”等产业链，拓宽了机制糖及其副产品的应用领域，形成了以蔗糖业为基础、多种产业和产品横向与纵深发展的新型系列化产业群。

1. “甘蔗—制糖—糖蜜—酒精—废液—复合肥”产业链

糖蜜是制糖的副产品之一，每吨甘蔗可产废糖蜜 30～35 千克，利用废糖蜜可生产酒精，每 4.2 吨废糖蜜产 1 吨酒精。在以糖蜜作为原材料生产酒精的过程中会产生大量的糖蜜酒精废液，直接排放会造成严重的环境问题。将酒精废液全部浓缩，浓缩液经喷雾干燥制成干粉，配合其他甘蔗必需的成分，制成甘蔗专用复合肥，该技术很好地解决了酒精废液干粉返潮的技术难题，施用于甘蔗种植农田，可以使 N、P、K 及土地必需的其他微量元素实现良性循环，避免土地贫瘠化，而实现酒精废液的综合利用。利用这些废液作为有机肥还田，不仅有效杜绝了环境污染，而且真正实现了生物资源的封闭循环[7]。

2. “甘蔗—制糖—糖蜜—酵母—酵母抽提物—复合肥”产业链

利用甘蔗糖蜜生产各种酵母及酵母抽提物，解决蔗糖废蜜的处理、延伸糖业产业链、促进循环经济发展，是当今世界酵母产业的主要生产方式。目前，酵母产业在国际上已发展为比较成熟的行业，酵母产品是酿造业和烘焙食品业的必备添加剂。糖蜜生产的酵母产品主要包括面包酵母、食用（药用）酵母和饲料酵母，其中高位的面包酵母和食用（药用）酵母是糖蜜酵母的主流产品。每 5.5 吨废糖蜜（浓度 85%）产 1 吨活性干酵母，每吨蔗可产干酵母 5.5 千克，可产酵母抽提物 3.3 千克[7]。酵母及酵母抽提物为价值较高的调味料，应用前景广阔，提高了产品附加值。利用糖蜜生产酵母及酵母抽提物，相较传统的利用糖蜜生产酒精提高了蔗糖的附加值，同时开辟了制糖产业循环发展的新途径。

3. “甘蔗—制糖—蔗渣—制浆造纸—废液碱回收—白泥—脱硫”产业链

据了解，100 吨甘蔗可产生 23 吨蔗渣，去除 20% 的短纤维外，还有 18 吨可用来造纸[8]。每 4 吨蔗渣，可造纸 1 吨[9]。在造纸循环经济工业链中，蔗渣用来制浆，纸浆送造纸厂进行造纸；制浆厂产生的黑液通过碱回收其中的碱和热能，回用于制浆，碱回收白泥再与电厂锅炉的烟气混合，与烟气中的 SO_2 反应，并除去烟气中的粉尘，达到除尘脱硫双重作用，SO_2 除去率达 80%。这种循环模式具有显著的生态效益，包括三个方面：在电力与造纸行业搭建起循环经济产业链，应用白泥“以废治废”脱硫方式替代石粉脱硫；减少 SO_2 等有害物质的排放；利用蔗灰制作有机肥还田；减少速生林的种植和消耗，实现了废物资源化、提高了资源效率。

4. “甘蔗—制糖—滤泥—生物有机肥—还田种蔗”产业链

滤泥，是制糖的副产品之一，是蔗汁经澄清后，由压滤机或真空吸滤机所排出的残渣，1 吨蔗可产含水量 50% 的滤泥 30 千克。一般亚硫酸法干滤泥对蔗比为 0.7%～1.4%。滤泥中粗蛋白含量为 16%、粗脂肪含量为 12%、粗纤维为 20%、无氮浸出物为 27.9%、灰分为 15%。滤泥除含有氮、磷、钾及微量元素等植物所需的养分外，还含有丰富的有机质及纤维素，既可供植物生长所需的养分，还能起到松散土壤、改良土质的作用[7]。

5.“蔗—牧—沼气—肥”模式

利用甘蔗的嫩叶直接喂养牛，或通过氨化后贮藏用作牛的饲料，每年利用的蔗叶约40万吨，占蔗叶总量的44.4%，为兴宾区做大做强养牛业提供了丰富的饲料。养牛过程中产生大量的牛粪，一方面可以通过沼气池发酵，生产沼气，作为农户生活能源；另一方面牛粪、沼液、沼渣富含氮、磷、钾等元素，是肥田的优质有机肥。沼渣还可用作种菇的基质，发展食用菌。

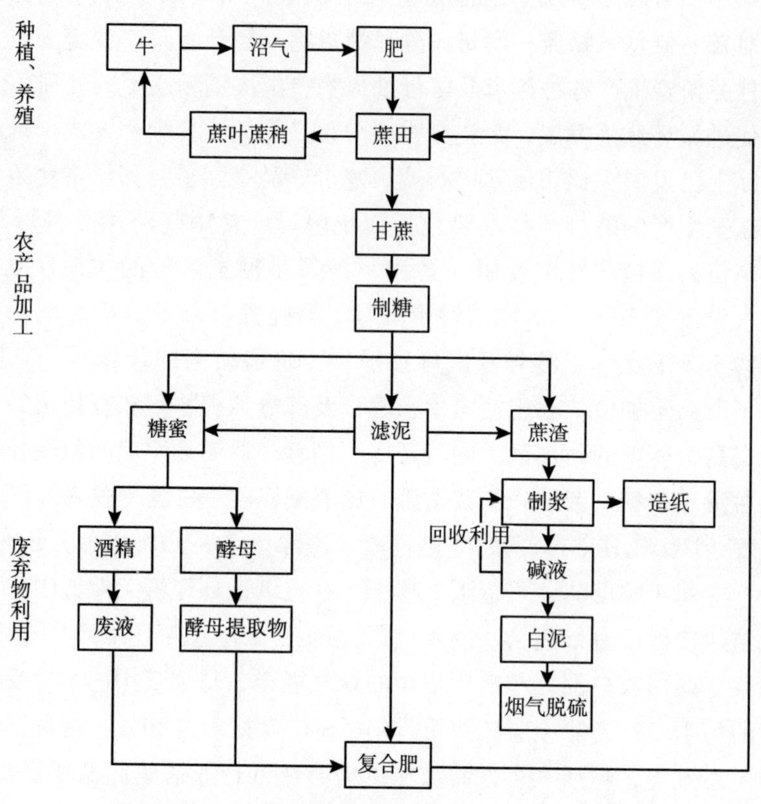

图4-3 兴宾区蔗糖产业循环经济可持续发展模式

兴宾区蔗糖产业循环经济可持续发展模式具有的三个显著特点，即横向耦合性、纵向闭合性、产业整合性。

（1）横向耦合性：“甘蔗—制糖—糖蜜—酒精—废液—复合肥”“甘蔗—制糖—糖蜜—酵母—酵母抽提物—复合肥”“甘蔗—制糖—蔗渣—制浆造纸—废液碱回收—白泥—脱硫”“甘蔗—制糖—滤泥—生物有机肥—还田种蔗”4条蔗糖主要产业链，相互之间构成了横向耦合关系，并在一定程度上形成了网状结构，使资源得到最佳配置、废弃物得到有效利用。

（2）纵向闭合性：作为“源”和“汇”的甘蔗园和以上各条产业链的有效运行，体现出蔗糖循环经济产业链“从源到汇再到源”的纵向闭合。甘蔗园是整个产业链的起点，生产出工业生产运行所需要的主要原料，即甘蔗。由甘蔗发展出糖、纸、酒精、酵母等主要产品的生产。最后，酒精厂、酵母厂复合肥车间生产出的甘蔗复合肥又作为肥料回到甘蔗田，从而使产业链形成纵向闭合。

（3）产业整合性：围绕蔗渣、糖蜜、滤泥和蔗稍蔗叶等副产品开展综合利用，将种植业、养殖业、制糖加工业、酒精酿造业、造纸业、酵母制造业、环保产业整合在一起，使得蔗糖产业的废弃物得到最大程度的再利用，排向外界的污染物降到最低，从而实现了产业的整合性，很大程度上减轻了制糖业的结构性污染问题。

三、基于工业循环经济的可持续发展模式

工业循环经济提倡通过“资源—产品—废弃物—再生资源”的反馈式循环过程，通过经济活动本身消化工业领域的环境污染和资源消耗问题，使物质、能量在人类经济系统各个组成部分得到合理持久的利用，从而实现资源消耗和环境成本的最小化与经济、社会效益的最大化，促进人与自然的和谐发展[10]。

在大力推进工业循环经济发展过程中，依托良好的市场竞争环境、产业集聚的规模效应、循环经济技术的不断进步和绿色政策的有力保障，广西柳州市柳北区可持续发展实验区、北流市可持续发展实验区、梧州市进口再生资源加工园区可持续发展实验区结合自身特点，发展出优势产业补链共生、传统产业集聚提升、静脉产业整合三种典型的可持续发展模式。

（一）钢铁、电力、化工产业共生循环经济可持续发展模式（见图4－4）

钢铁行业是柳北区可持续发展实验区的支柱行业，也是迫切需要发展循环经济的行业。工业循环经济发展模式是对能源及其废弃物实行综合利用的生产活动过程，不同企业（产业）之间形成相互共享资源和利用副产品的关系，即工业共生[11]。柳北区可持续发展实验区以钢铁产业为核心，结合化工、电力等传统优势产业，根据区域性环境污染综合治理的需要，把治理粗放型发展模式产生的大量污染和帮助企业引进高新技术结合起来，把控制小规模企业产生的大量污染和推动企业资产重组结合起来[12]，通过企业间供水、供热和供气循环、废弃物的资源化利用对传统的产业链进行补链延伸，产业间形成工业化代谢和共生关系，积极推进实验区工业循环经济的发展，形成具有柳北特色的钢铁、电力、化

工产业共生循环经济可持续发展模式。

1. 工业循环经济产业链

柳北实验区紧密围绕钢铁等传统优势产业，积极推广实用的工业废气、工业废水、工业与建筑废渣等资源综合利用技术，着力构建钢渣资源化、焦炉煤气综合回收利用等领域的循环经济产业链。

（1）“矿石—铁—钢—深加工”产业链。

“矿石—铁—钢—深加工”钢铁生产的主产业链。目前柳钢已经完全具备了从精矿到钢材的生产能力，并不断延伸产业链，发展钢铁深加工，进一步提高钢铁产业的生产效能和经济效益，形成柳州汽车工业、工程机械配套的板材、管材、线材的剪切、拉直、开平、压薄、冲压以及钢结构等的钢铁深加工产业集群。

（2）“矿石—铁—钢—铁渣—钢渣—建筑材料”产业链。

本产业链为钢铁生产过程中废物处理和资源化的产业链。该产业链的形成解决了废钢渣和铁渣的处理问题，提高了资源的循环利用率。

（3）“煤（焦）炭—煤气—电力”产业链。

焦炉煤气联合循环发电是目前热力发电中效率最高的发电方式，利用炼钢过程产生的焦炉煤气联合循环发电，是清洁可靠高效回收利用焦炉煤气的重要途径，有效解决资源综合利用、企业节能降耗、环保等问题，实现钢铁和电力行业的结合。

（4）“煤（焦）炭—煤气—焦油、硫铵和粗苯”产业链。

利用炼钢过程产生的焦炉煤气综合回收生产焦油、硫铵和粗苯，实现钢铁与化工产业的结合。

（5）“矿石—铁—钢—蒸汽—发电”产业链。

利用炼钢过程产生的余热蒸汽进行发电，节约了资源能源，也创造了良好的社会和经济效益。

2. 区域产业共生模式

遵循“回收—再利用—设计—生产”模式，柳北区在区域范围内整合关联企业，加强了行业之间废弃物的循环利用，突破了产业界限构建循环型产业链。不同企业分别承担生产者、消费者和分解者的角色，企业之间形成共享资源和互换副产品的产业共生组合，园区内的资源不再沿着单一的链条流动。寻找和发现各企业之间能源梯级利用，废弃物多途径利用的“缺口”和“节点”，建立水、汽、热等公共资源系统，构建横向耦合产业链，形成工业废渣资源化、中水回用、余热利用等具有柳北区工业特色的循环经济优势领域。如电厂通过使用高炉煤气替代部分原煤，进行热电联产；水泥厂和混凝土预制厂等利用电厂、钢厂粉煤灰、炉渣、脱硫石膏等生产水泥、墙体材料。

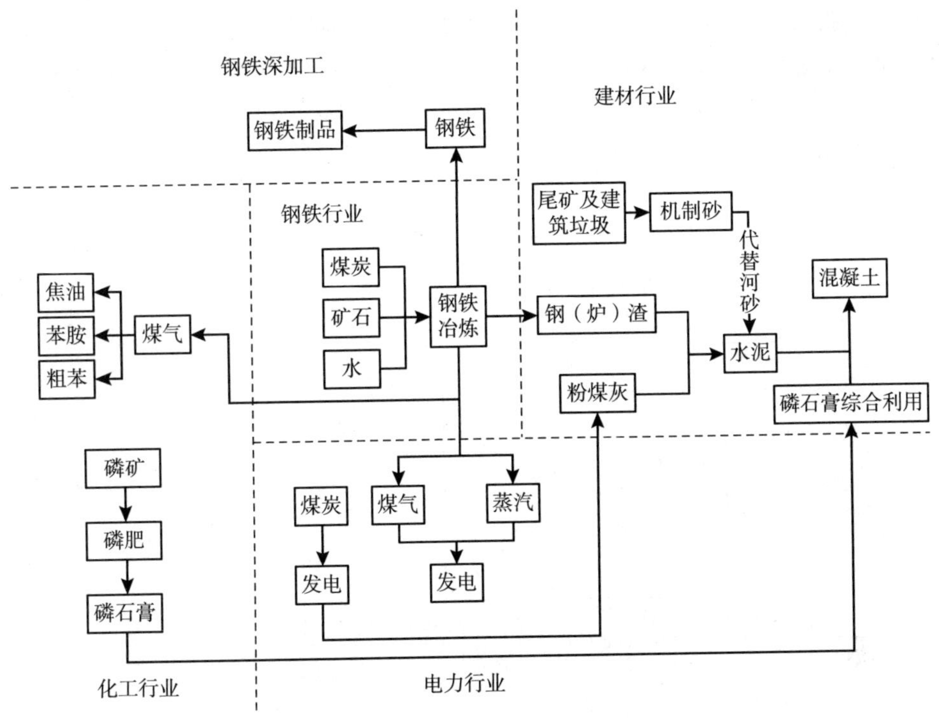

图4－4　柳北区钢铁、电力、化工产业共生循环经济可持续发展模式

柳北可持续发展实验区通过发展循环经济产业，构建钢铁、电力、化工等优势产业共生循环经济的可持续发展模式，通过经济活动本身消化工业领域的环境污染和资源消耗问题，不断促进废弃物循环回用和再生利用，提高资源能源的利用效率和生态效率，其实是一种将资源环境纳入主流经济轨道运行的具体实践与途径探索，对其他地区工业循环经济的推进发展具有一定的启发和示范意义。

（二）陶瓷产业集聚提升可持续发展模式

北流市在2001年开始筹备可持续发展实验区建设，于2006年通过验收成为省级可持续发展实验区。北流市一直弘扬千年陶瓷历史文化，实施可持续发展战略，调整陶瓷产业布局和产品技术结构以提高可持续发展实验区品质。大力发展循环经济，着力构建保护生态环境、促进社会可持续发展的现代产业体系，以特色日用陶瓷产业带动实验区全面发展，实现区域的可持续发展。

北流市实验区大力发展特色产业，已形成了良好的规模产业集群。陶瓷产业集群是指陶瓷生产的核心企业和与之提供配套服务的各种辅助企业、物流企业、政府主管部门、中介服务机构等组成的网络体系[13]。北流市陶瓷产业集群以陶瓷生产企业为核心，瓷土原料的采掘、原料的精炼加工、成型、烧制、彩绘等辅助企业，实现陶瓷产品价值的仓储、销售企业，提供智力支持和技术创新的科研教育机构，提供政策指导的政府有关部门，以及一些提供信息服务的中介组织，共同组成了北流市陶瓷产业集群，见图4-5。

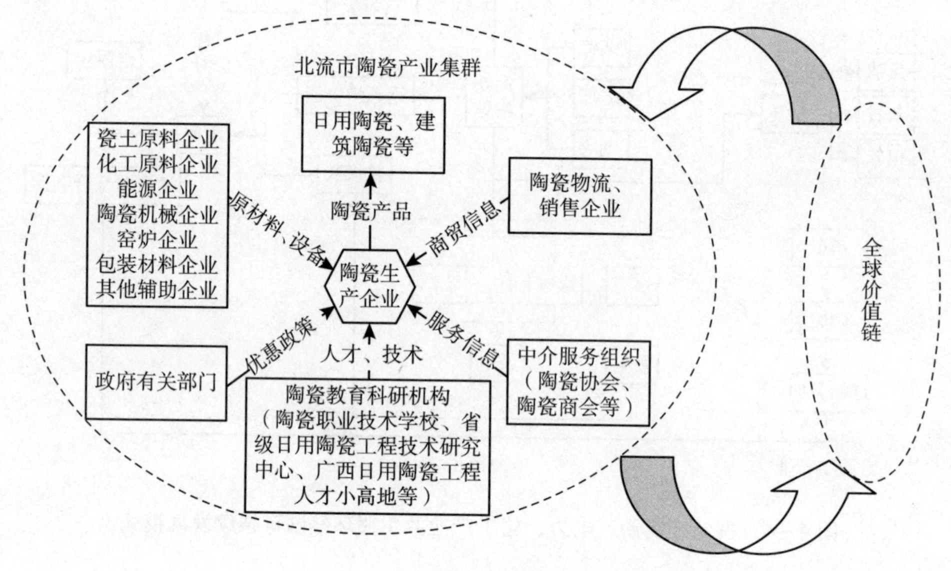

图4-5 北流市可持续发展模式

这些产业群处于同一个产业链上，即“生产原材料、燃料供应—陶瓷生产—产品包装—产品运输—产品销售”，呈现横向或纵向延伸的专业化分工格局，彼此具有紧密的共性与互补性，使得陶瓷生产技术、供求信息、人才、政策及陶瓷产业要素等资源能够得到充分共享，知识传播与创新速度通过这个产业链迅速推广，集群内的企业集群所在的区域获得良好的经济效益，并大大提高了整个集群的竞争力。伴随着经济全球化的发展，产业集群也逐渐成为一个开放的系统，融入全球化生产网络之中。全球价值链是指为实现全球性商品或服务价值而连接生产、销售、售后服务等企业的网络组织。涉及产品的设计、开发、生产、营销以及售后服务等各种增值活动[13]。北流市陶瓷产业集群在经济全球化的驱动下，也参与到全球价值链中，并成为日用陶瓷成套餐具ODM制造基地之一，实现了陶瓷产业集群的提升。

北流市为了形成产业集群的发展模式，做了很多重点工作：弘扬和继承千百年流传下来的日用陶瓷生产传统，以文化吸引产业集中；加强完善道路交通，发挥区位优势、瓷土资源优势和劳动力资源优势；重视科学技术支持，早期就已经建成了广西唯一的日用陶瓷工业技术研发中心，广西日用陶瓷检测中心和省级陶瓷工业园区；实施陶瓷工业“退城进郊”“退城进园”的战略结构调整，加快了特色工业园区即陶瓷工业园区建设步伐，以特色优势吸引了大批知名陶瓷企业的集聚。

（三）静脉产业整合可持续发展模式

国家环境保护总局在2006年6月2日发布的《静脉产业类生态工业园区标准》对静脉产业的定义是：“静脉产业（资源再生利用产业）是以保障环境安全为前提，以节约资源、保护环境为目的，运用先进的技术，将生产和消费过程中产生的废物转化为可重新利用的资源和产品，实现各类废物的再利用和资源化的产业，包括废物转化为再生资源及将再生资源加工为产品两个过程”。由此可见，静脉产业是循环经济的一个重要组成部分，形成“资源—产品—废弃物—再生资源”的循环经济发展模式，也是实现可持续发展的重要途径之一。

梧州市进口再生资源加工园区可持续发展实验区以循环经济和生态工业理念为指导，以充分回收利用资源、节约能源、保护环境为目标，按照上下游产业衔接、再生资源产业链集群的方式，主要发展废旧金属等再生资源加工利用产业，生产铜、铝、钢铁、塑料等原料和电解铜、铝型材、铝塑等深加工产品，并配套发展资源再生技术、产品、设备的研发，以及仓储、物流、信息咨询等第三产业，真正实现“废物入园—分拣分选—专业加工—物流配送—成品出园”的封闭式循环经济模式。

1. 废弃资源的回收利用

梧州市积极整合全市报废汽车拆解利用、电子信息产品回收利用产业，向实验区集中布局。同时，依托港口海关优势，加强废弃资源的进口量，保证实验区废弃资源处理量的高速增长。

随着工业化进程的加快，工业废弃物大量增加，居民生活废弃物也不断增长，当地废旧家用电器将进入更新换代的高峰期，一般情况下废家电的产生率约为人口的2%，考虑到梧州和广西地区的经济社会发展状况，废家电的使用寿命相对较长，废家电的产生率按人口的1.6%计算，实验区可回收范围内的废家电产生量约为40万台。按70%回收率计算，实验区年回收处理废家电约28万台。其中：废旧电视机约占50%（约14万台）、废旧家用冰箱约占14.3%（约4万台）、废旧家用洗衣机占21.4%（约6万台）、废旧空调占14.3%（约4万台）。

2. 循环经济产业链

（1）以再生铜为核心的循环经济产业链。

再生铜行业是一个产业链丰富，涉及领域层次多样的行业。由于历史等各种原因，再生铜行业虽然存在诸如原料缺乏，部分企业污染大、工艺落后等问题，但同时也给工业区调整产业结构、提升产业层次、转变产业发展模式、提高产业发展质量带来了机遇，为延伸循环经济产业链提供了发展空间。在梧州再生资源循环利用园区再生铜产业中，主要集中在再生铜拆解与阳极铜生产领域，并延伸到电解铜、铜产品精加工领域。

为此，实验区内建立以再生铜拆解和精深加工为核心、上下游企业产品关联度紧密的纵向合作关系，利用园区拆解的废铜料，生产铜米、阳极铜、电解铜，将来更要引进汽车零配件加工等一批精加工项目进园，而且随着项目上马，平稳运行后，将吸引围绕再生铜精炼中产生的工业“三废”回收利用企业进园，如专门以阳极泥为原料生产稀贵金属的企业；以冶炼烟尘为原料生产各种易挥发金属的企业等等，这些企业的进驻，将不断完善和丰富再生铜产业链。

（2）以再生铝为核心的循环经济产业链。

建立以再生铝拆解和深加工的上下游企业产品链衔接紧密、利益共生和相互依存关系，利用园区企业拆解的废铝料，供应相关制造企业，形成再生铝循环经济产业链。园区引进国际上最先进的铝再生工艺，采用废铝再生熔炼、铝液纯净化和微细化技术，整体装备、环保技术及生产工艺达到国际先进水平。铝再生工艺建成后，不仅能促进我国铝合金再生利用的产业化发展和技术装备水平的提高，而且还能达到节约资源、降低能耗、提高铝资源回收利用率和保护环境的目的，实现经济效益和社会效益双丰收。实验区再生铝合金项目建设不仅可以促进我国铝合金再生利用的产业化发展，而且对节约矿产资源、保护环境也具有十分重要的现实意义和历史意义。

（3）以废钢为核心的循环经济产业链。

实验区以企业拆解废钢供给下游企业，作为生产原料，形成企业之间“闭路循环”，实现资源综合利用和可持续发展。

利用实验区拆解的废钢铁，生产特种钢的原料。冶炼所产烟尘经加工处理造成球体后可外售给高炉炼钢企业，钢渣进行加工处理后，可送给烧结车间或高炉作为熔剂，也可以进一步加工作为建筑材料。随着项目建成投产，将吸引处理“三废”精深加工企业进园，就地取材，就地加工，从而不断完善和扩大废钢产业链。

此外，梧州市还采取多种措施和手段加强对国内外再生资源的整合和开发，组建物流公司，与再生利用等相关协会组织合作，着力构建再生资源回收体系，初步构建起市区、社区、乡（镇）三级回收网络体系，网络涵盖广西、广东和湖南等多个地区。计划先建设回收站点200个，分拣加工中心5个。第二步再在广西各地、广东西南部及湖南等地区，建设分拣加工中心5个，新增回收站点200个。完成后回收覆盖提高到85%以上的县区，主要品种回收率达到90%，形成了布局合理、覆盖面广、规范有序的再生有色金属回收网络体系。

3. "城市矿产"基地可持续发展模式

梧州进口再生资源加工园区"城市矿产"基地可持续发展实验区的建设是以对废弃资源再生利用规模化发展为目标，着力吸引一批有实力、有影响的再生资源加工企业进入，形成一个以再生资源拆解和深加工为主的新兴产业集群（见图4-6），对发展、壮大广西循环经济，促进资源综合利用，实现环境可持续发展有着极为重要的现实意义。

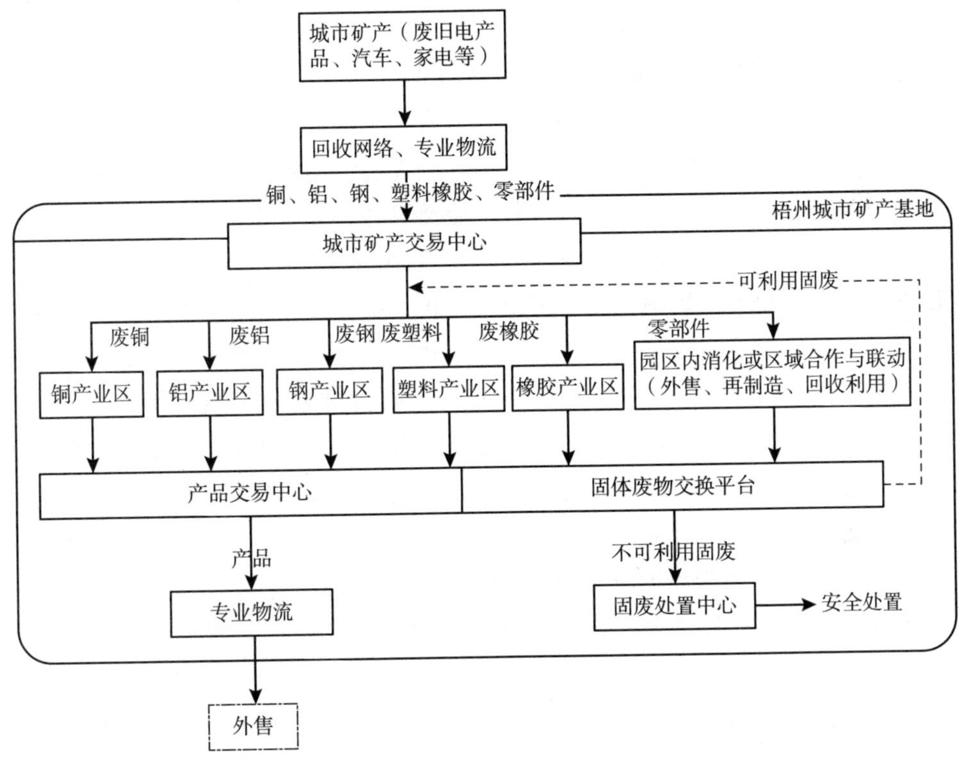

图4-6　梧州市进口再生资源加工园区"城市矿产"基地可持续发展模式

四、基于边境贸易的可持续发展模式

东兴市可持续发展实验区具有独特的区位优势和战略优势，东兴市一直致力于建设集加工贸易、商贸物流、旅游会展、金融服务于一体的现代化边境滨海口岸城市，现已成为广西跨区域合作的首选地和面向东盟的国际区域进出口加工基地、商贸基地、物流基地、旅游基地、金融基地、信息交流中心，东兴市可持续发展实验区也形成了“边境贸易 + 边境旅游 + 边境特色产业”的边境地区经济可持续发展模式。

1. 以边境贸易为主体的外向型经济发展模式

东兴市的沿边开放形式主要有边境小额贸易和边民互市贸易两种形式，并在积极探索和创新边境贸易方式，延伸边境贸易的上下游产业，以边境贸易来带动其他产业的繁荣，实现外向型经济的提升性转型发展。

在边境贸易不断繁荣与进一步发展的要求下，东兴市更加重视发展现代物流业，努力构建与国内外市场接轨的现代物流网络和商品集散中心。在国家沿边开发政策的扶持下，东兴市按照建造国际化、标准化的要求努力建设一流港口城市，全面实施口岸大通关工作，不断完善口岸各项基础设施建设，建立和完善一站式服务的口岸联合办公模式。

2. 以跨国旅游为龙头的特色旅游发展模式

在边境贸易的带动下，为充分开发当地资源、深化对外开放，东兴市大力推动以跨国旅游为特色的旅游业的全面发展。为此，旅游服务设施得到了完善，市内自然风光游、境外风土民俗游等独特的旅游资源得到了积极开发，并逐步形成了上山下海又出国的特色旅游品牌。东兴市在 2008 年成功举办了中越边境商贸旅游博览会，以争创中国优秀旅游城市为契机，积极打造旅游目的地，使以跨国旅游为龙头的旅游业实现了新发展。东兴市政府据此制定和实施了一系列推动旅游产业发展的政策，完成了《东兴市旅游发展总体规划》等规划编制，完善了旅游基础设施建设，按景区标准完成了平丰红石谷的规划等等。在与越南的旅游交往中，还与越南的芒街市政府签订了《关于共同推进旅游发展的合作机制》，境外旅游合作机制逐步形成。

3. 以口岸优势为带动的进出口加工业发展模式

东兴市在发展对外贸易的同时，认真实施“工业强市”发展战略，大力推进主导产业由以贸易型为主向以加工贸易型为主转变。以政策引导工业发展，东兴市制订出台了《东兴市贸工互动优惠暂行办法》，充分依照“以工兴贸，以贸促工，贸工互动”的发展战略，从项目用地、项目建设与审批、税收、财政扶持等方面进行了优惠，给边贸和工业产业的相关企业提供了一个宽松的良好发展环境。

东兴市可持续发展实验区实施以绿色产业为主导的社会经济发展战略，形成了“边境贸易 + 边境旅游 + 边境特色产业”的可持续发展模式。以边境贸易为核心，边境旅游和边境特色加工业为支柱产业，不断延伸发展特色农业、物流、餐饮服务、仓储等上下游产业，构建了边境绿色可持续发展模式，见图4－7。

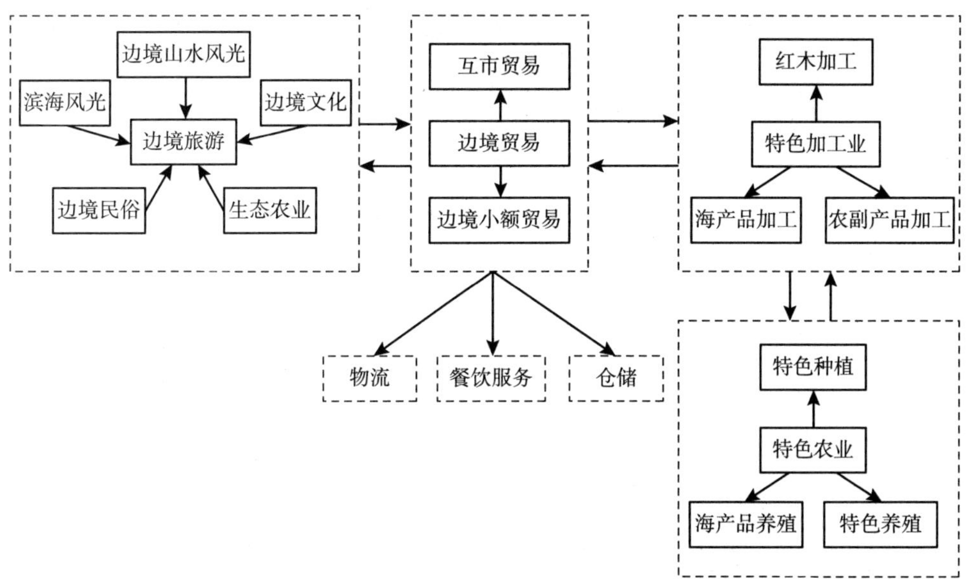

图4－7　东兴市可持续发展模式

本章参考文献

［1］胡翔．低碳可持续发展实验区发展模式探索、评价指标体系及评价模型研究［D］．广西大学，2014.

［2］王旺多．论我国农业可持续发展模式的战略选择［J］．西华大学学报（哲学社会科学版），2005，2：38－40.

［3］戴婧，陈彬，齐静．低碳沼气工程建设的生态经济效益核算研究——以广西恭城瑶族自治县为例［J］．中国人口·资源与环境，2012，22（3）：157－163.

［4］胡启春．浅析沼气发酵与食用菌栽培［J］．中国沼气，1997（3）：38－40.

［5］杨海霞，朱祥瑞，房泽民．蚕沙的开发利用研究进展［J］．蚕桑通报，2002，33（3）：9－12.

［6］韩文新．蚕沙综合利用与沼气发酵预处理工艺［J］．中国沼气，1994（4）：35－36.

［7］莫桦．来宾市发展糖业循环经济的产业政策设计［D］．西南交通大学，2011.

［8］钟春云．来宾糖业向产业链要效益［J］．当代广西，2011（1）：44.

[9] 刘波，古亦忠．来宾，糖业循环经济领跑全国 [J]．当代广西，2006 (22)：46 -47.

[10] 冯琳．工业循环经济理论基础新探 [J]．塔里木大学学报，2010，22 (2)：54 -56.

[11] 马迁利．钢铁工业循环经济发展模式研究 [J]．再生资源与循环经济，2015，18 (3)：4 -7.

[12] 梁斌，成官文，梁丽明等．柳州市工业循环经济研究初探 [J]．工业安全与环保，2008，34 (5)：48 -49.

[13] 张奕芳．链网互动视角下我国陶瓷产业集群升级研究 [D]．景德镇陶瓷学院，2013.

第五章

广西可持续发展实验区发展水平评价

自1987年联合国世界环境与发展委员会（WCED）在《我们共同的未来》报告中提出了“可持续发展”的概念后，可持续发展相关研究迅速成为全球关注的热点问题。2012年联合国在巴西召开的可持续发展大会通过了《我们憧憬的未来》，把“全面评估可持续发展领域取得的进展、存在的差距”“积极应对新问题、新挑战”“做出新的可持续发展政治承诺”作为会议的三大目标，国际可持续发展事业进入了一个崭新的阶段，由此可持续发展评价，成为各国深入实施可持续发展战略的中心。

从“第一章　可持续发展实验区发展历程”中可知，我国东部地区设立的实验区较多，研究热点也主要集中在东部地区。广西可持续发展实验区研究起步较晚，还处于实验区建设发展的探索过程中，缺乏经验借鉴，对可能存在的难点和关键技术把握不足。本章在对国内外可持续发展评价模型与指标体系以及国家可持续发展实验区指标体系进行深入分析的基础上，结合广西可持续发展实验区发展现状，构建广西可持续发展实验区发展水平评价指标体系，对广西五个可持续发展实验区发展水平进行评价，全面反映各实验区建设发展现状，深入挖掘各实验区的优势以及限制发展的不利方面，从而分析制约可持续发展水平的内在原因。同时通过对广西可持续发展实验区发展水平进行评价，了解广西各实验区之间的差距，为各级地方政府、有关部门、企业和公众了解实验区建设发展状况提供可靠的判断依据，从而优化实验区的管理和决策，使广西可持续发展实验区真正走出一条适合广西特点的可持续发展道路。

一、可持续发展评价模型与指标体系

可持续发展评价是完善区域可持续发展理论及指导实践的基础，主要包括建立评价指标体系与完善评价方法两个方面。其中评价指标体系的研究，由于其在可持续发展研究中的重要地位，一直备受关注。自1992年《21世纪议程》号召各国、国际组织和非政府组织构建和应用可持续发展指标体系以来，国内外学者从不同层次、不同角度对指标问题进行了大量的研究，提出了许多评价指标及指标体系。

（一）国外可持续发展指标体系研究综述

国外研究机构和学者在理论研究的基础之上，构建了各种层次的可持续发展评价指标体系，如：联合国可持续发展委员会（UNCSD）的“驱动力—状态—响应”（DSR）指标体系、联合国统计局（UNSTAT）的可持续发展指标体系框架（FISD）、联合国环境问题科学委员会（SCOPE）的可持续发展指标体系、联合国开发计划署（UNDP）的人文发展指标体系（HDI）、世界银行（WB）的可持续发展指标体系、欧洲统计局的可持续发展指标体系、联合国经济合作与发展组织（OECD）的可持续发展指标体系等[1]。国家、区域层次上的可持续发展指标体系也不断涌现，有英国、美国、德国、瑞典、芬兰等可持续发展指标体系，美国的“可持续西雅图”和新西兰玛努卡市可持续发展指标体系是城市层面的典型代表[2]。

1. 联合国可持续发展委员会的可持续发展指标体系

联合国可持续发展委员会的可持续发展指标体系是1996年由联合国可持续发展委员会（UNCSD）与联合国政策协调和可持续发展部（DPCSD）牵头，联合国统计局（UNSTAT）、联合国开发计划署（UNDP）、联合国环境规划署（UNEP）、联合国儿童基金（UNICEF）和亚太经社理事会（ESCAP）参加，在“社会、经济、环境、制度四大系统”的框架下，应用“驱动力—状态—响应”的概念模型，并根据联合国《21世纪议程》中各章节的内容提出的指标体系，也被称为DSR模式可持续发展指标体系（详见表5-1）[3]。该指标体系后经世界上22个国家和地区对它在国家层次上进行实验，最终确定了包含15个主题因素和37个子主题因素的指标框架，并选取了58个核心指标（详见表5-2）。其中，经济指标14个、社会指标19个、环境指标19个和制度指标6个。

DSR模式可持续发展指标体系紧扣《21世纪议程》内容，较好地反映了社会、环境、经济之间相互依存、相互制约的关系。但DSR模式可持续发展指标体系与环境目标之间的联系较密切，突出了环境受到的压力和环境退化之间的因果关系。而对于社会和经济指标，其“驱动力指标”和“状态指标”之间很难显示其内在的逻辑性，且指标的归属也存在很大的模糊性。此外，该指标体系所选取的指标数目庞大，粗细分解不均，这些都是该指标体系需改进的地方。

表 5－1　　联合国可持续发展委员会的可持续发展指标体系（初步指标）

分类	在《21 世纪议程》中的章节	驱动力指标	状态指标	响应指标
社会	第 3 章：消除贫困	—失业率	—按人口计算的贫困指数 —贫困差距指数 —收入不均基尼系数 —男女平均工资比例	—
	第 5 章：人口动态和可持续性	—人口增长率 —净迁移率 —总生育率	—人口密度	—
	第 6 章：保护和促进人类健康	—	—基本清洁：拥有适当排泄设备人口占总人口的百分比 —安全饮用水增加 —预期寿命 —出生儿正常体重 —婴儿死亡率 —产妇死亡率 —孩子营养状况	—儿童免疫接种人数 —避孕普及率 —食物中潜在有毒化学品监控的比率 —国家医疗卫生支出用于地方卫生保健的比重
	第 7 章：促进可持续人口居住发展	—城镇人口增加率 —人均机动车矿物燃料消费量 —自然灾害造成人口和经济的损失	—城镇人口百分比 —城镇的正式和非正式住宅的面积和人口 —人均洪灾面积 —房价与收入比率	—基础设施人均支出
	第 36 章：促进教育、公众认识和培训	—学龄人口增长率 —初等学校在校生比率（总的和净的） —中等学校在校生比率（总的和净的） —成人识字率	—达到五年初等教育的儿童数量 —预期学龄 —男性和女性在校生比率的差异 —每百名劳动力中的女性数量	—教育投资占 GDP 的百分比
经济	第 2 章：加速可持续发展的国际合作和相关国内政策	—人均 GDP —GDP 中净投资所占的份额 —GDP 中进出口总额所占的百分比	—经环境调整的国内生产净值 —总出口商品中制造业商品所占的份额	—
	第 4 章：消费方式的改变	—能源年消费量 —制造业增加值中自然资源密集型工业所占份额	—可再生能源资料的消费份额 —已探明矿产储量 —已探明矿物能源储量 —已探明能源储量可开采时间 —原材料使用强度 —GDP 中制造业增加值份额	—

续表

分类	在《21世纪议程》中的章节	驱动力指标	状态指标	响应指标
经济	第33章：财政资源和机制	—资源转移净产值/GDP —无偿给予或接受的ODA总额占GDP的百分比	—债务额/GDP —债务服务/出口额	—环保支出占GDP的百分比 —新增或追加的可持续发展资金总额
	第34章：环境完全的技术转移、合作和能力的建设	—资本货物进口 —外国直接投资	—环境完好的资本货物进口份额	—技术合作转让
环境	第8章：将环境与发展纳入决策过程	—	—	—可持续发展战略 —综合环境与经济核算的规划 —颁布对环境影响的评估 —可持续发展的国家委员会
	第9章：大气层的保护	—温室气体的释放 —硫氧化物的释放 —氮氧化物的释放 —消耗臭氧层物质的消费	—城市周围大气污染物的浓度	—用于减少空气污染的支出
	第10章：陆地资源的规划和管理	—土地利用的变化	—土地状况的变化	—分散型地区自然资源的管理
	第11章：森林毁灭的防治	—森林砍伐强度	—森林面积的变化	—森林管理面积的比重 —森林保护面积占总森林面积的百分比
	第12章：管理薄弱的生态系统：防沙治旱	—干旱地区贫困线以下人口	—国家月度降雨指数 —卫星获取的植被指数 —受荒漠化影响的土地	—
	第13章：管理薄弱的生态系统：可持续山区发展	—山区人口动态	—山区自然资源可持续利用 —山区人口的福利	—
	第14章：促进农业和农村的可持续发展	—农药使用 —化肥使用 —灌溉可耕地的百分比 —农业资源使用	—人均可耕地面积 —受盐碱和洪涝灾害影响的土地面积	—农业教育
	第15章：生物多样化保护	—	—濒危物种占全部物种的百分比	—保护面积占全部面积的百分比

续表

分类	在《21世纪议程》中的章节	驱动力指标	状态指标	响应指标
环境	第16章：生物技术的环境完好管理	—	—	—生物技术R&D支出 —现有的国家生物的保护规章或准则
	第17章：海洋、各种海域以及沿海地区的保护	—沿海地区人口增长 —排入海域的石油 —排入海域的氢和磷	—渔业最大可持续产出 —海藻指数	—
	第18章：淡水资源的质量保护与供给	—地下水和地面水的年提取量 —国内人均耗水量	—地下水储量 —淡水中的杂质浓度 —水体中的BOD	—污水处理率 —水文测定网密度
	第19章：有毒化学品环境无害管理	—	—化学品导致的严重毒害	—禁止使用的化学品数量
	第20章：有害废物环境无害管理	—有害废物生成量 —有害废物进出口量	—有害废物污染的土地面积	—处理有害废物的支出
	第21章：固体废物及与污染有关的问题	—工业区和市政区废物生成量 —人均居民废物处理	—	—垃圾处理的支出 —废物再利用 —市区垃圾处理量
	第22章：放射性废物的安全和环境无害管理	—放射性废物的生成量	—	—
制度	第23～32章：主要团体的作用	—	—	—国家可持续发展委员会中主要团体的代表 —国家可持续发展委员会中少数民族代表 —非政府组织对可持续发展的贡献
	第35章：可持续发展科学	—	—每百万人中拥有的科学家和工程师	—每百万人从事R&D的科学家和工程师 —R&D支出占GDP的百分比
	第37章：发展中国家能力建设的国家机制和国际合作	—	—	—

续表

<table>
<tr><th>分类</th><th>在《21 世纪议程》中的章节</th><th>驱动力指标</th><th>状态指标</th><th>响应指标</th></tr>
<tr><td rowspan="3">制度</td><td>第 38 章：国际制度安排</td><td>—</td><td>—</td><td>—</td></tr>
<tr><td>第 39 章：国际法律手段和机制</td><td>—</td><td>—</td><td>—全球协议的批准
—全球协议的执行</td></tr>
<tr><td>第 40 章：决策信息</td><td>—</td><td>—每百户居民电话拥有量
—容易得到的信息</td><td>—国家环境统计规划</td></tr>
</table>

表 5－2　　联合国可持续发展委员会提出的可持续发展指标体系

<table>
<tr><th>分类</th><th>主题</th><th>子题</th><th>指标</th></tr>
<tr><td rowspan="20">社会可持续发展</td><td rowspan="4">公平</td><td rowspan="3">贫困</td><td>在贫困线以下生活的人口比例</td></tr>
<tr><td>收入不公平的基尼系数</td></tr>
<tr><td>失业率</td></tr>
<tr><td>性别平等</td><td>平均女性薪水占男性薪水的比例</td></tr>
<tr><td rowspan="8">健康</td><td>营养状况</td><td>儿童的营养状况</td></tr>
<tr><td rowspan="2">死亡率</td><td>5 岁以下儿童的死亡率</td></tr>
<tr><td>出生时的预期寿命</td></tr>
<tr><td rowspan="2">卫生设施</td><td>拥有足够的污水处理设施的人口比例</td></tr>
<tr><td>享有安全饮用水的人口</td></tr>
<tr><td rowspan="3">健康护理</td><td>享有基本健康护理设施的人口比例</td></tr>
<tr><td>对抗感染儿童疾病的免疫接种</td></tr>
<tr><td>避孕品使用率</td></tr>
<tr><td rowspan="3">教育</td><td rowspan="2">教育水平</td><td>儿童达到五年初级教育</td></tr>
<tr><td>成人再次教育达到的水平</td></tr>
<tr><td>非文盲</td><td>成人非文盲率</td></tr>
<tr><td>居住</td><td>居住条件</td><td>人均居住面积</td></tr>
<tr><td>安全</td><td>犯罪</td><td>每 10 万人中有犯罪记录的数量</td></tr>
<tr><td rowspan="2">人口</td><td rowspan="2">人口变化</td><td>人口增长率</td></tr>
<tr><td>城市正式和非正式居民点人口</td></tr>
<tr></tr>
<tr><td rowspan="11">环境可持续发展</td><td rowspan="3">大气</td><td>气候变化</td><td>温室气体排放</td></tr>
<tr><td>臭氧损耗</td><td>臭氧损耗物质消费</td></tr>
<tr><td>空气质量</td><td>城市地区空气污染物质的环境浓度</td></tr>
<tr><td rowspan="7">土地</td><td rowspan="3">农业</td><td>可耕地和永久农田面积</td></tr>
<tr><td>肥料使用</td></tr>
<tr><td>农业杀虫剂使用</td></tr>
<tr><td rowspan="2">森林</td><td>森林面积占土地面积的比例</td></tr>
<tr><td>木材收获密度</td></tr>
<tr><td>沙漠化</td><td>沙漠化影响的土地</td></tr>
<tr><td>城市化</td><td>城市正式和非正式居民区面积</td></tr>
</table>

续表

分类	主题	子题	指标
环境可持续发展	大洋/海和海岸	海岸带	海岸水域中藻类浓度
			居住在海岸区域的总人口比例
		渔业	主要物种的年捕获量
	淡水	水量	年地下水和地面水开采量占总可用水量的比例
		水质	水体中的 BOD
			淡水中粪便大肠杆菌的浓度
	生物多样性	生态系统	选择的关键生态系统的面积
			保护地面积占总面积的比例
		物种	选择关键物种丰富度
经济可持续发展	经济结构	经济实效	单位资产的 GDP
			投资占 GDP 的份额
		贸易	货物和服务贸易的平等
		财政状态	债务占 GNP 的比例
			总的给予和接受的 ODA 占 GNP 的比例
	消费和生产关系	原料消费	原料使用强度
		能源使用	单位资产年能源消耗
			可更新能源资源消费份额
			能源使用强度
		废物产生和管理	工业和城市固体废物产生
			危险废物产生
			放射性废物产生
			废物回收和再利用
		交通	人均以交通模式旅行的距离
机制可持续发展	机制框架	可持续发展的战略实施	国家可持续发展战略报告
		国际合作	认可的全球协议的实施
	机制能力	信息获取	每 1 000 个居民中互联网使用者数量
		传播设备	每 1 000 个居民中主要电话线数量
		科学和技术	研发经费占 GDP 的比例
		灾害防护和响应	自然灾害导致的经济和人类损失

2. 联合国统计局（UNSTAT）的可持续发展指标体系

联合国统计局（UNSTAT）的可持续发展指标体系是联合国统计局于 1994 年在对联合国的“建立环境统计的框架”修改的基础上提出的一个与 UNCSD 提出的 PSR 模型相似的可持续发展指标体系框架 FISD。该指标体系是以《21 世纪议程》中提到的进行可持续发展应考虑的主要问题——经济问题、社会/统计问题、空气/气候、土地/土壤、水资源、其他资源、固体废弃物、人类居住区和自然灾难为依据，按“社会经济活动和事件”“影响和效果”“对影响的响应”“存量和背景条件”四个方面对指标进行分类[4]（见表5－3）。该指标体系同UNCSD提出的可持续发展指标体系一样，对环境领域的问题反映较多，经济社会领域的问题反映较少，指标数量较多且混乱，这降低了其可操作性。

表5－3　联合国统计局提出的可持续发展指标体系

分类	《21世纪议程》的主要章节	社会经济活动、事件	影响和效果	对影响的响应	储量、存量和条件背景
经济问题	—可持续发展合作和相关的国内政策 —消费模式 —财政资源 —技术 —将环境和发展纳入到决策中	—人均净GDP的增长率 —生产和消费模式 —在GDP中投资所占的份额	—人均GDP/EVA	—环保支出占GDP的百分比 —政府税收中的环境税和补贴的份额 —自1992年以来所给出和收到的新的或附加的环保支出	—人均GDP —GDP中制造业的贡献 —出口 —生产资本存量
大气和气候	—大气层的保护	—SO_2、CO_2和NO_x的排放 —消耗臭氧层物质的消费	—城市周围SO_2、CO_2、NO_x和O_3的浓度	—大气污染物削减支出	—天气和气候条件
固体废弃物	—固体废弃物和污染 —剧毒和有害废弃物	—废弃物的处理 —工业和市镇废弃物的产生 —有害废弃物的产生	—受剧毒废物污染的土地面积	—废物收集处理费用支出 —废物再循环率 —市镇废物处理 —单位GDP废物减少率	—
机构支持	—科学 —能力建设 —决策结构	—	—	—与可持续发展有关的国际协定的批准 —EIA的有无 —环境状态，指标和核算的有无 —可持续发展对策有无	—国家可持续发展委员会 —每百人电话线数

3. 联合国环境问题科学委员会的可持续发展指标体系

1995年，联合国环境问题科学委员会（SCOPE）针对UNCSD所提出的可持续发展指标体系指标数量过多的缺陷，与UNEP合作共同提出了一套高度合并的可持续发展指标体系的构造模式。该指标体系综合成度较高，是由经济、社会和环境三个子系统构成，其中经济子系统包括经济增长、存款率、收支平衡、国家债务；社会子系统包括失业指数、贫困指数、居住指数、人力资本；环境子系统包括资源净消耗、混合污染、生态系统风险/生命支持、对人类福利影响[4]（见表5-4）。

表5-4　　　　联合国环境科学委员会可持续发展指标体系框架

经济	社会	环境
经济增长	失业指数	资源净消耗
存款率	贫困指数	混合污染
收支平衡	居住指数	生态系统风险/生命支持
国家债务	人力资本指数	对人类福利影响

联合国环境问题科学委员会的可持续发展指标体系，相对UNCSD的指标体系，简洁明了，并且采用了加权综合的思路方法，是非常值得借鉴和推广的。但评价中指标权重的确定有较大的不确定性，相对主观性较强，对可持续发展的理解不同，区际差异较大。

4. 英国可持续发展指标体系

1995年，英国根据自己的可持续发展战略，以《我们共同的未来》中关于可持续发展的定义为基础，正式提出了可持续发展指标体系。该体系是根据英国可持续发展的四大目标而设计的，大目标之下共设21个专题，每个专题之下设若干关键目标和问题，在关键目标和问题下再进一步设置具体指标（见表5-5）。四大目标为：第一，必须保持经济健康发展，以提高生活质量，同时保护人类健康和环境。并且在英国及海外，所有部门的一切参与者都应支付他们决策的社会和环境的全部成本（包括经济、运输、闲暇与旅游、海外贸易四个方面）。第二，不可再生资源必须优化使用（包括能源与土地利用两个方面）。第三，可再生资源必须可持续利用（包括水资源、林业、渔业资源三个方面）。第四，人类活动对环境承载力所造成的损害及对人类健康和生物多样性构成的危险最小化（包括气候变化、臭氧层耗竭、酸沉降、空气、淡水质量等十二个方面）[3]。

该指标体系仅涉及易于定量和综合的领域。当有些领域本身难以量化，如土地管理质量等，则很难包括在内。

表 5－5 英国可持续指标体系

分类	关键目标和问题	关键指标
经济	—促进经济的健康发展，即不但满足人们的需求，还要改善环境质量，从而进一步保护人类健康和自然环境 —当前经济增长 —消费 —投资 —人类健康	—国内生产总值 —经济结构 —GDP 的支出构成及个人储蓄 —消费者支出 —通货膨胀 —就业 —政府借贷和债务 —治理污染支出 —婴儿死亡率 —预期寿命
运输	—使服务于经济发展能力，与保护环境和维持生活质量的能力之间取适当的平衡 —使用污染最小且实用的运输方式、运输工具的有效利用	—汽车使用和旅客总人数短途旅行 —交通成本的实际变化货运量
闲暇与旅游	—在休闲的地方保持环境质量以留给后代人欣赏，这是英国对游客具有吸引力的一个重要因素，因此应在保护自然资源的同时使之对参与休闲活动的人们的生活质量有所贡献，并使旅游业的经济贡献最大化	—休闲旅行 —航空旅行
海外贸易	—确保英国人的活动尽可能对英国和其他国家的可持续发展作出贡献	—英国的进出口贸易
能源	—以有竞争力的价格确保能源的安全供应。使能源利用的负效应降低到可接受的水平。通过提高能源效率，促进消费者以较少的能源投入来满足其需求 —不可再生资源的耗竭 —带来经济效益的燃料消耗 —能源使用引起的污染/影响 —能源效率	—化石燃料的消耗 —核能和可再生燃料的能量 —一次能源和终端能源的消费 —能源消费和产出 —工商部门的消费 —交通运输的能源使用 —居民能源使用 —实际燃料价格
土地的利用	—平衡对有限可利用土地的竞争性需求 —发展（特别是住房）增加了对土地的需求 —维护重要的和有生命的城镇中心	—城市发展所占用的土地 —家庭成员数 —城市发展使用土地的再利用 —土地休耕和开垦 —道路建设 —城外零售场所 —定期旅行 —土地再生的支出 —城区的绿地
水资源	—在维护水生环境并鼓励有效利用水资源的同时，确保可获得充足的水资源以满足消费者的需求 —水资源/供应 —水的消费 —抽水的影响	—许可的抽取量和有效降雨 —低径流量的缓解 —被利用的抽取量 —公用水的抽取量 —喷洒灌溉的抽水量

续表

分类	关键目标和问题	关键指标
林业	—以维持森林的环境质量和生产潜力的方式经营 —保护原始的半天然森林 —新的、处于环境经营下的森林开发林木的健康	—森林覆盖 —木材生产 —原始的半天然林地 —林木的健康 —森林的经营
渔业资源	—防止对渔储量的过度开发的渔业经营	—渔储量 —最低的生物可接受标准（MBAL） —渔获量
气候变化	—限制可能导致全球变暖和气候变化的温室气体的排放 —全球排放 —英国的作用	—全球温室气体辐射强制速率 —全球温度的变化 —温室气体排放 —发电站二氧化碳的排放
臭氧层耗竭	—限制造成平流层臭氧耗损的物质的大气排放 —全球排放 —英国的作用	—计算出的氯负荷 —测量臭氧耗损 —臭氧耗损物质的排放 —氯氟烃（CFCs）的消费
酸沉降	—限制酸排放和保证对土地的适当管理	—超过暂定的酸性临界负荷的程度 —发电站二氧化硫和氮氧化物的排放 —交通运输工具的氮氧化物的排放
空气	—控制空气污染以减少对自然生态系统、人类健康和生活质量产生的负效应 —城市空气质量 —光化学污染	—臭氧的浓度 —氮氧化物的浓度 —颗粒物的浓度 —挥发性有机化合物的排放 —黑烟排放 —铅排放 —削减空气污染的支出
淡水质量	—维持和改善水质量和水生环境 —地表水和地下水质量 —污染控制 —废水处理 —水的再生利用	—河流质量（化学和生物的） —河流和地下水中的硝酸盐 —河流中的磷 —河流和地下水中的农药 —污染事故 —污染的防治与控制 —水抽取、处理和分配的支出 —污水处理的支出
海洋	—控制向海洋的人为倾倒 —海洋及港湾的水质量 —污染的控制	—港湾的水质量 —主要污染物的浓度 —鱼体内的污染物 —污染物的倾倒 —石油溢出和操作性排放

续表

分类	关键目标和问题	关键指标
野生生物的栖息地	—尽可能合理地保存英国多样性的野生生物物种和栖息地，确保对商业化的物种开发以某种可持续的方式进行管理 —栖息地的范围和质量 —主要物种的种群和区域	—本国的濒危物种 —鸟类孵化 —在半改良草地中植物的多样性 —白垩质土壤草地的面积 —灌木树篱内植物的多样性 —栖息地的破碎 —湖泊和池塘 —溪流地带植物的多样性 —哺乳动物的分布 —蜻蜓的分布 —蝴蝶的分布
土地覆盖和景观	—保护乡村的自然景观和具有环境价值的栖息地，同时保持高质量食品和其他产品的有效供应 —农村土地的覆盖 —具有环境价值的景观和栖息地的保护 —农业生产率 —氮肥和农药的使用 —土地管理	—农村土地覆盖 —划定和受保护的地区 —对划定和受保护地区的破坏 —农业生产率 —氮肥的使用 —农药的使用 —特色风景线的长度 —受到环境管理的土地
土壤	—保护土壤，将其作为一种用于食品和其他产品生产的有限资源，及一种生命有机体的生态系统	—土壤质量 —表土中的重金属
矿物开采	—尽可能地保存矿物、同时确保适当的供应，使废物的产出最小化，并鼓励有效利用矿物，使由矿物开采造成的环境损失最小化，并防止划定的地区被开发 —资源的耗竭 —废物的回收利用 —开采（包括化石燃料矿物） —矿物开采后的景观的恢复	—产出总量 —废物总量 —地上采矿工作区 —复原/经过调整的土地 —采矿工作区的再利用 —从海洋中开采的总量
废物	—使废物的产出最小化，使废物得到最有效的利用，以及使用废物的污染最小化 —废物的产出 —废物的回收利用 —能量再生利用 —废物的最终处置	—家庭废物 —工业和商业废物 —特殊废物 —家庭废物的回收利用和堆肥 —物资的回收利用 —来自废物的能源 —需填埋的废物
放射性	—避免放射性废物在非必要情况下发生；保证不对英国公众过多地释放或超剂量辐射，对放射性废物进行管理和处理；并确保废物在适当时间以适当的方式安全地处置 —常规允许释放的影响 —放射性废物的产生和处置	—辐射暴露 —核装置和核电站的释放 —放射性废物的产生和处理

5. 美国可持续发展指标体系

美国可持续发展指标体系由美国总统可持续发展理事会（PCSD）于 1996 年创建，由健康与环境、经济繁荣、平等、保护自然、资源管理、持续发展的社会、公众参与、人口、国际职责、教育十大目标共54个指标组成[4]，见表5－6。

表5－6　　美国可持续发展指标体系

健康与环境	空气质量达标程度、饮用水达标程度、有害物质处理率等
经济繁荣	人均GDP、就业机会、贫困人口、工资水平等
平等	基尼系数、不同阶层环境负担、受教育的机会、社会保障、平等参与决策的机会等
保护自然	森林覆盖率、土壤干燥度、水土流失率、污染处理率、温室气体控制度等
资源管理	资源重复利用率、单位产品能耗、海洋资源再生率等；
持续发展的社会	城镇绿地面积、婴儿死亡率、城乡收入差距、图书利用率、犯罪率、入网覆盖率等
公众参与	公民参加民主活动投票百分比、参与决策程度等
人口	妇女受教育的机会、妇女与男人的工资差、青少年怀孕率比重
国际职责	科研水平、环境援助、国际援助等
教育	学生毕业率、参加培训人员比重、信息基础实施完善度等

6. 西雅图社区可持续发展指标体系

西雅图社区可持续发展指标体系包含4大领域、40个可衡量的指标，每个指标都有对应的指标描述、定义、解释、国际进展以及指标相互间的联系，除20个精选指标外，其余20个指标会随城市的变化不断更新[5]，见表5－7。

该指标体系保持了指标体系的精简性，能够根据各城市的实际情况做出调整，达到可持续发展的指标本身也要符合可持续发展的要求。但由于指标体系的不断变化，一些选定的指标不能以时间序列的形式呈现，同时由于指标体系的不断更新，使得对不同时段的状态进行对比研究比较困难。

表5－7　　西雅图社区可持续发展指标体系

<table>
<tr><td rowspan="14">西雅图社区可持续发展指标体系</td><td rowspan="7">环境</td><td>野生鲑鱼</td></tr>
<tr><td>生态健康</td></tr>
<tr><td>土壤侵蚀</td></tr>
<tr><td>空气质量</td></tr>
<tr><td>适于步行者和自行车的街道</td></tr>
<tr><td>城市附近的开放空间</td></tr>
<tr><td>不渗透层</td></tr>
<tr><td rowspan="7">人口与资源</td><td>人口</td></tr>
<tr><td>水消耗</td></tr>
<tr><td>固体废物的产生与循环利用</td></tr>
<tr><td>污染防治</td></tr>
<tr><td>地方农业生产</td></tr>
<tr><td>交通工具的行驶里数和油耗</td></tr>
<tr><td>可再生能源与不可再生能源利用</td></tr>
</table>

续表

西雅图社区可持续发展指标体系	经济	每美元收入的能源耗用
		职业集中度
		失业率
		个人收入的分配
		保健支出
		满足基本生活需求需要花费的劳动时间
		房屋费用的支付能力
		生活在贫困中的儿童数量
		用于非急救目的的急救病房数
		社区再投资
	青年及教育	高等学校毕业生人数
		教师人种的多样性
		艺术教育
		学校中的志愿者人数
		青少年犯罪
		参加社区服务的青年人数
		司法公平
		成人识字率
	健康和社区	体重不足的婴儿数
		治疗儿童哮喘的医疗设施
		选举参与率
		图书馆和社区中心的利用率
		公众对艺术活动的参与
		园艺活动
		邻居关系
		对生活质量的感知

（二）国内可持续发展指标体系研究综述

自《中国21世纪议程》颁布以来，我国的学者在研究可持续发展理论的同时，也开始了对可持续发展指标体系的研究，在国家、省、市、区（县）等不同程度不同层面上也设计出许多可持续发展指标体系。下面仅介绍几种具有代表性的可持续发展指标体系。

1. 中国科学院可持续发展研究组提出的可持续发展指标体系

以牛文元为代表的中国科学院可持续发展战略研究组自1999年开始至今，每年推出的《中国可持续发展战略报告》，依据可持续发展的系统学研究原理，提出并逐步完善了一套“五级叠加，逐层收敛，规范权重，统一排序”的可持续发展指标体系，见表5-8。该指标体系由总体层、系统层、状态层、变量层和要素层5个等级组成，其中系统层将可持续发展总系统解析为内部具有逻辑关系的五大子系统，分别是生存支持系统、发展支持系统、环境支持系统、社会支持系统、智力支持系统。变量层从本质上反映状态的行为、关系、变化等的原因和动力；要素层采用可测的、可比的、可以获得的指标及指标群，对变量层的数量表现、强度表现、速率表现给予直接的度量[6]。

表5-8　　中国可持续发展指标体系

总体层	系统层	状态层	变量层
中国可持续发展指标体系	生存支持系统	生存资源禀赋	土地资源指数、水资源指数、气候资源指数、生物资源指数
		农业投入水平	物能投入指数、资金投入指数
		资源转化效率	生物转化效率指数、经济转化效率指数
		生存持续能力	生存稳定指数、生存持续指数
	发展支持系统	区域发展成本	自然成本指数、经济成本指数、社会成本指数
		区域发展水平	基础设施能力指数、经济规模指数、经济推动力指数、结构合理度指数
		区域发展质量	工业经济效益指数、产品质量指数、经济集约化指数
	环境支持系统	区域环境水平	排放强度指数、大气污染指数、水污染指数
		区域生态水平	地理脆弱指数、气候变异指数、土地退化指数
		区域抗逆水平	环境治理指数、生态保护指数
	社会支持系统	社会发展水平	人口发展指数、社会结构指数、生活质量指数
		社会安全水平	社会公平指数、社会安全指数、社会保障指数
		社会进步动力	社会潜在效能指数、社会创造能力指数
	智力支持系统	区域教育能力	教育投入指数、教育规模指数、教育成就指数
		区域科技能力	科技资源指数、科技产出指数、科技贡献指数
		区域管理能力	政府效率指数、经社调控指数、环境管理指数

该指标体系依序编制了“从生存到发展，从人与自然之间的关系到人与人之间的关系，从现在到未来”的数量特征，对可持续发展的时空耦合作了重要突破，并完整地体现了发展度、协调度、持续度三者的统一。但由于其指标数量过于庞大，指标的选取受人为因素影响较明显，而且某些指标相关密切或被重复计算，从而在一定程度上影响了评价结果的客观性与准确性。

2. 中国科学院、国家计委地理研究所提出的指标体系

中国科学院、国家计委地理研究所提出的指标体系在建立时充分考虑了中国的具体国情，按照实施可持续发展战略的主要思路，从突出经济的持续快速发展、确保社会系统的协调健康发展、高度重视自然资源的合理开发利用及生态环境的保护与治理、加强可持续发展的能力建设四方面内容提出将可持续发展指标体系分为经济增长、社会进步、资源环境支持、可持续发展能力四个子系统层，在子系统的下面包含了15个主要指标，在主要指标下面还包含了97个具体指标，这些指标之间都是相辅相成、相互影响的，其具体框架结构见表5－9[4]。

表5－9　　中国科学院、国家计委地理研究所可持续发展指标体系

中国科学院、国家计委地理研究所可持续发展指标体系	经济增长	总指数	GDP年均增长率、工业销售收入年均增长率、农业总产值年均增长率、经济密度
		集约化指数	单位GDP的资金投入、单位GDP的劳动力投入、单位GDP消耗的能源数量、单位GDP消耗的原材料数量、单位GDP消耗的水资源数量、单位GDP产生的污染物数量
		效益指数	三次产业结构、全员社会劳动生产率、工业全员劳动生产率、农业劳动生产率、第三产业劳动生产率、资金利税率、产值利税率、固定资产产值率
	社会进步	人口指数	人口出生率、人口自然增长率、平均预期寿命、大专以上文化程度占总人口比重、九年制义务教育普及率、文盲、半文盲占总人口比重
		生活质量指数	城市化水平、城镇居民人均收入、农民人均收入、人均社会消费品零售总额、人均年末储蓄存款余额、人均生活用电、城镇居民人均居住面积、每万人拥有的公路里程、每万人拥有的商、饮、服务网点数、每百人拥有电话机数、每千人拥有医生数、每千人拥有的病床数、电视人口覆盖率
		社会稳定指数	失业率、通货膨胀率、地区发展差距、粮食安全系数或人均占有粮食、乡村与城镇居民收入差距、每十万人交通事故死亡率、每万人刑事案件发案率
		社会保障指数	失业救济率、医疗保险率、农村社会保险覆盖率、残疾人就业率
	资源环境	资源指数	人均水资源量、人均农业用地面积、人均耕地面积、人均林地面积、森林覆盖率、人均能源及主要矿种储量
		环境污染指数	废气排放总量、废水排放总量、固体废弃物排放总量、二氧化碳排放量、空气中二氧化硫及总悬浮颗粒物浓度
		环境治理指数	工业废气处理率、工业废水处理率、工业固体废弃物处理率、城市污水集中处理率、城市垃圾无害化处理率、城市集中供热率、城市绿化覆盖率、水土保持面积占土地总面积的比重、盐碱地治理率、沙漠化治理率
		生态指数	水土流失占土地总面积比重、盐碱地占耕地总面积比重、沙漠化占土地总面积比重、自然灾害成灾率、自然灾害损失情况
	可持续发展能力	经济能力	经济的外向度、人均财政收入、固定资产投资率、基础设施投资占基建总投资的比重、农田基本建设投资占基建总投资的比重
		智力能力	科技进步对经济增长的贡献率、科研教育经费占GDP的比重、国民平均受教育水平、每万名职工拥有的自然科技人员
		资源环境能力	自然资源的储备率、环境保护与治理投资占GDP的比重、生态建设投资占GDP的比重
		决策管理能力	立法情况、改革情况、计划实施、宏观调控能力

3. 山东省可持续发展研究中心提出的可持续发展指标体系

山东省可持续发展研究中心根据山东省的实际发展情况提出了可持续发展的相关理论，即“可持续发展的核心是发展，可持续发展的主体是社会发展系统，可持续发展的重要标志是资源的永续利用和生态环境的改善，可持续发展的关键是处理好经济建设与人口、资源、环境的关系，实施可持续发展战略必须转变思想观念和行为规范，可持续发展必须重视能力建设”。在对这些情况进行分析和调研后，山东省可持续发展研究中心将可持续发展指标体系分成四个方面的内容进行了研究，即发展水平、经济基础、发展能力、满意程度，具体指标见表5－10[4]。

表5－10　　山东省研究中心可持续发展指标体系框架

<table>
<tr><th>系统</th><th>子系统</th><th>主题层</th><th>指标</th></tr>
<tr><td rowspan="12">山东省研究中心可持续发展指标体系框架</td><td rowspan="4">发展水平</td><td>人口状况</td><td>人口密度、城镇人口比重、人口自然增长率、人口分布差异系数</td></tr>
<tr><td>资源利用</td><td>人均耕地面积、水土流失面积比例、耕地增加率、土地生产率区域差异系数、人均水资源量、地表水污染综合指数、水资源增加率、水资源分配区域差异度</td></tr>
<tr><td>环境保护</td><td>废水排放密度、废水排放达标率、工业废气排放增长率、森林覆盖率区域差异系数</td></tr>
<tr><td>生活质量</td><td>居民人均收入、恩格尔系数、居民收入增加率/GDP增长率、收入分配区域差异系数</td></tr>
<tr><td rowspan="2">经济基础</td><td>经济水平</td><td>人均GDP、单位GDP耗水、GDP增长率、区域基尼系数</td></tr>
<tr><td>经济质量</td><td>财政收入占GDP比重、单位能耗工业增加值、商品出口额增长率/GDP增长率、社会全员劳动生产率区域差异系数</td></tr>
<tr><td rowspan="4">发展能力</td><td>教育发展</td><td>在校生数量、大专以上文化程度人口比重、教育经费增长率/GDP增长率、人均受教育年限区域差异系数</td></tr>
<tr><td>科技进步</td><td>专业技术人员比重、高技术产业比重、研究与开发经费增长率/GDP增长率、科技贡献率区域差异系数</td></tr>
<tr><td>防灾减灾</td><td>灾害损失占CDP比重、重灾人口比例、灾害损失增长率/GDP增长率、灾害损失程度区域差异系数</td></tr>
<tr><td>管理调控</td><td>组织建设完善度、发展规划合理性、观念意识更新度、法规建设区域差异系数</td></tr>
<tr><td>满意程度</td><td>上访情况</td><td>上访人次/总人口、越级上访人次/上访人次、上访人次增长率、上访比例地域差异系数</td></tr>
</table>

4. 清华大学刘求实等提出的区域可持续发展指标体系

清华大学的刘求实和沈红认为，从可持续发展角度评价区域社会大系统应包括两个层次：一是系统运行层次，该层次含资源利用、经济社会系统运行、污染防治与生态维护3个主要过程；二是系统表现层次，它是系统运行的结果，主要包括资源潜力、经济绩效、生活质量和生态环境质量四个方面。为此，他们建立了包括2个准则、8个子准则，共计38项指标组成的区域可持续发展指标体系[7]，见表5－11，该指标体系对区域社会大系统的运行过程做出了准确、全面的描述和分析，综合考虑了人口、资源、生态环境和经济、社会等诸多方面因素及其协调性，满足了可持续发展全面性的要求。同时，通过对长白山典型生态区可持续发展水平及变化趋势的评价，表明其可操作性较强。但由于该指标体系是针对典型区域建立的，所以在其他地区的可持续发展评价应用中存在一定的局限性。

表5－11　　区域可持续发展指标体系

<table>
<tr><td rowspan="30">区域可持续发展指标体系</td><td rowspan="18">系统协调性</td><td rowspan="6">资源转换效率</td><td>矿产资源回采率</td></tr>
<tr><td>矿产资源综合利用效率</td></tr>
<tr><td>能源消耗弹性系数</td></tr>
<tr><td>林木资源利用效率</td></tr>
<tr><td>土地资源利用效率</td></tr>
<tr><td>工业用水重复使用率</td></tr>
<tr><td rowspan="4">生态环境治理力度</td><td>污染治理资金使用额/GDP</td></tr>
<tr><td>污染物排放增长率/GDP 增长率</td></tr>
<tr><td>土地退化治理率</td></tr>
<tr><td>林木蓄积增长率</td></tr>
<tr><td rowspan="4">经济社会发展相关性</td><td>科技进步贡献率</td></tr>
<tr><td>劳动力就业率</td></tr>
<tr><td>人口自然增长率</td></tr>
<tr><td>人均收入增长率/GNP 增长率</td></tr>
<tr><td rowspan="4">政策与管理水平</td><td>公众对可持续发展目标认同程度</td></tr>
<tr><td>资源开发规划的合理性</td></tr>
<tr><td>法规的制定及执行情况</td></tr>
<tr><td>对可持续发展诸方面变化的监控能力</td></tr>
<tr><td rowspan="12">系统发展水平</td><td rowspan="4">资源潜力</td><td>矿产资源静态储量指数</td></tr>
<tr><td>人均林木蓄积量</td></tr>
<tr><td>人均土地资源占有量</td></tr>
<tr><td>人均水资源占有量</td></tr>
<tr><td rowspan="4">经济绩效</td><td>产业结构指数</td></tr>
<tr><td>人均 GNP 指数</td></tr>
<tr><td>资金利税率</td></tr>
<tr><td>出口贸易额/GDP</td></tr>
<tr><td rowspan="4">社会生活质量</td><td>平均预期寿命</td></tr>
<tr><td>人均受教育年限</td></tr>
<tr><td>恩格尔系数</td></tr>
<tr><td>基尼系数</td></tr>
</table>

续表

区域可持续发展指标体系	系统发展水平	生态环境质量	环境空气质量指数
			地面水质指数
			环境噪声指数
			森林覆盖率
			水土保持率
			原始森林或优质天然次生林面积/森林总面积
			物种多样性指数
			濒危物种数/当地物种总数

（三）国家可持续发展实验区指标体系研究综述

1. 国家可持续发展先进示范区规划指标体系研究综述

国家可持续发展先进示范区规划贯彻可持续发展战略，以科学的发展观为指导，以实现全面建设小康社会为目标，以和谐发展、节约发展、清洁发展、安全发展为建设主题，结合国家可持续发展的总体战略布局和区域可持续发展面临的主要问题，确定规划期内示范区发展的总体思路、总体目标和阶段目标，并量化为具体的任务指标[8]，见表5－12。

社会发展方面，主要体现公共安全、公共卫生、文化教育、社会保障等方面内容，体现通过科技引导城镇合理规划和管理，着重研究和探索城镇统筹协调发展的模式，为缓解社会矛盾，创造良好的人居环境，推动社会事业全面进步和社会和谐发展方面提供示范；资源环境方面，以建设资源节约型、生态友好型社会为目标，大力推行清洁能源（太阳能、风能、生物质能等）的利用，鼓励废弃物资源化开发利用，通过技术集成和推广应用，提高技术的适用性和应用效果，采取有效措施，实现国家确定的节能减排目标，带动相关产业的发展；经济发展方面，结合区域经济社会发展实际，合理布局产业，优化产业结构，发展循环经济，在缩小城乡收入差距、促进经济与社会、经济与资源、经济与生态统筹协调发展等方面进行探索与示范。

表5－12　国家可持续发展先进示范区建设规划基本指标

一级指标	二级指标		基期	中期	报告期
A_1：社会发展	B_{01}：城镇社会保险	养老保险覆盖率（%）			
		医疗保险覆盖率（%）			
		失业保险覆盖率（%）			

续表

<table>
<tr><th>一级指标</th><th colspan="2">二级指标</th><th>基期</th><th>中期</th><th>报告期</th></tr>
<tr><td rowspan="5">A₁：社会发展</td><td colspan="2">B_{02}：人口平均预期寿命（岁）</td><td></td><td></td><td></td></tr>
<tr><td colspan="2">B_{03}：人均受教育年限（年）</td><td></td><td></td><td></td></tr>
<tr><td colspan="2">B_{04}：10 万人授权专利数（件/10 万人）</td><td></td><td></td><td></td></tr>
<tr><td colspan="2">B_{05}：刑事案件案发率（%）</td><td></td><td></td><td></td></tr>
<tr><td colspan="2">B_{06}：亿元 GDP 生产事故死亡人数（人）</td><td></td><td></td><td></td></tr>
<tr><td rowspan="9">A_2：资源环境</td><td colspan="2">B_{07}：二氧化硫（SO_2）排放量（吨）</td><td></td><td></td><td></td></tr>
<tr><td colspan="2">B_{08}：化学需氧量（COD）排放总量（吨）</td><td></td><td></td><td></td></tr>
<tr><td colspan="2">B_{09}：城市污水处理率（%）</td><td></td><td></td><td></td></tr>
<tr><td colspan="2">B_{10}：工业固体废物综合利用率（%）</td><td></td><td></td><td></td></tr>
<tr><td colspan="2">B_{11}：清洁能源使用率（%）</td><td></td><td></td><td></td></tr>
<tr><td colspan="2">B_{12}：生活垃圾资源化利用率（%）</td><td></td><td></td><td></td></tr>
<tr><td colspan="2">B_{13}：万元国内生产总值能耗（标准煤）</td><td></td><td></td><td></td></tr>
<tr><td colspan="2">B_{14}：单位工业增加值用水量（吨）</td><td></td><td></td><td></td></tr>
<tr><td colspan="2">B_{15}：规模以上工业企业通过 ISO14000 认证比例（%）</td><td></td><td></td><td></td></tr>
<tr><td rowspan="6">A_3：经济发展</td><td rowspan="2">B_{16}：城乡人均收入</td><td>城镇居民人均可支配收入（元）</td><td></td><td></td><td></td></tr>
<tr><td>农民人均纯收入（元）</td><td></td><td></td><td></td></tr>
<tr><td rowspan="2">B_{17}：恩格尔系数</td><td>城镇恩格尔系数（%）</td><td></td><td></td><td></td></tr>
<tr><td>农村恩格尔系数（%）</td><td></td><td></td><td></td></tr>
<tr><td colspan="2">B_{18}：人均 GDP（元）</td><td></td><td></td><td></td></tr>
<tr><td colspan="2">B_{19}：第三产业增加值占 GDP 的比重（%）</td><td></td><td></td><td></td></tr>
</table>

2. 国家科委提出的实验区可持续发展评价指标体系

1986 年，国家科委与国家计委相关专家，在江苏省进行反复的调研后，针对我国的经济社会发展过程中的社会问题，选择一些有经济实力，对未来有一定规划的地区和省市开展社会发展综合实验区建设，旨在依靠科技促进社会事业进步，实现经济和社会协调发展。

1997 年 7 月，国家科委中国科学技术促进发展研究中心提出了《国家社会发展综合实验区理论与实践研究报告》，对社会发展综合实验区做了详细的阐述和讲解，其中将社会发展综合实验区的可持续发展指标体系分成了不同的层次，分别是目标层次、准则层次以及指标层次，见表 5－13。目标层主要是社会发展综合实验区可持续发展的未来战略目标；准则层包含了社会发展综合实验区的主要内容，即可持续发展的前提、可持续发展的动力、可持续发展的手段、可持续发展的目标、政府对可持续发展的保障与支持能力；指标层就是实施社会发展综合实验区的详细内容[4]。

实验区可持续发展评价指标体系的内容涵盖了经济的发展情况以及产业结构、自然资源的消耗与储量、科学教育等社会事业的发展以及政府的保障和支持等，它力求做到社会经济发展的诸多影响因素之间互相协调发展。

表 5－13　　社会发展综合实验区指标体系框架

目标层	准则层	指标层
社会发展综合实验区	可持续发展前提	生态环境保护与自然资源有效利用，包括的指标有万元国内生产总值大气污染物排放量、万元国内生产总值水污染物排放量、区域环境噪声平均值、万元国内生产总值固体废物排放量、万元工业产值取水量、万元工业产值能源消耗、林木覆盖率、耕地减少率、农村居民人均占有耕地
	可持续发展动力	科技进步与人口素质提高，包括的指标有每万人中专业技术人员比重、专业技术人员中从事科技活动人员比重、每万人省级以上成果数、每万人专利批准授权量、14 岁以上人口平均受教育程度、0 岁婴儿死亡率、人口平均预期寿命、国家法定传染病发病率、农村及村以下医疗网点数比重
	可持续发展手段	经济结构优化与经济效益提高，包括的指标有人均国内生产总值、国内生产总值年增长率、新产品销售收入比重、工业企业人均固定资产、国内生产总值密度、第二、第三产业增加值比重、第二、第三产业劳动力比重、工业企业全员劳动生产率、对外来技术依赖程度
	可持续发展目标	社会福利水平与生活质量提高，包括的指标有居民人均收入水平、恩格尔系数、城镇人均居住面积、人均公共绿地面积、城镇失业率、劳动者参加社会养老保险人数比重、刑事案件发案率、每百万人非正常死亡人数、城乡居民收入差距
	政府对可持续发展的保障与支持能力	包括的指标有政府财政支出中各项社会性支出占 GDP 比重、地方财政对科技投入强度、地方财政对教育投入强度、环境保护投资强度、建设项目“三同时”执行率

3. 国家可持续发展实验区验收指标体系研究综述

关于国家可持续发展实验区的验收，在 2002 年颁布的《国家可持续发展实验区管理办法》上有明确规定。即考核实验区建立以来区域经济社会发展、人民生活水平提高、生态环境改善、全社会可持续发展意识和观念转变以及实验区可持续发展能力建设等方面的主要绩效，各项经济、技术、社会、生态指标完成情况等。

国家可持续发展实验区的验收指标体系中，对城区、小城镇和县与县级市三种不同级别的行政区实行有差别的对待。在各自对应的指标体系中，一级指标有 7 个，分别是人口、生态、资源、环境、经济、社会和科技教育，在一级指标下分别列出了针对不同级别行政区而制定的二级指标，这些指标相互补充、相互影响，如表 5－14，5－15，5－16 所示[9]。

表 5 - 14　　城区社会经济生态环境状况主要指标

类别	指标项	计量单位
人口	1. 计划生育率	%
	2. 人口自然增长率	‰
生态	3. 人均绿地覆盖面积	平方米/人
	4. 城镇绿化覆盖率	%
资源	5. 每万元产值能耗	吨标煤
	6. 每万元产值水耗	吨
环境	7. 工业废水排放达标率	%
	8. 工业烟尘排放达标率（废气净化处理率）	%
	9. 工业固体废物综合治理率	%
	10. 生活垃圾清运量	吨
经济	11. 年 GDP 增长幅度	%
	12. 人均 GDP	万元/人
	13. 地方财政收入增长率	%
	14. 第三产业增加值 GDP 比重	%
	15. 城市居民可支配的人均收入	元/人·年
社会	16. 城市户口失业登记率	%
	17. 饮用洁净安全卫生水的人口比重	%
	18. 农村养老保险覆盖率	%
	19. 每千人卫生技术人员数	%
	20. 有线电视人口覆盖率	人/千人
	21. 婴儿死亡率	%
	22. 刑事案件发案率	%
科技教育	23. 科技三项费占本级财政支出比重	%
	24. 每万人口大专学历以上人口比重	%
	25. 教育经费占本级财政支出比重	%

表 5 - 15　　小城镇社会经济生态环境状况主要指标

类别	指标项	计量单位
人口	1. 计划生育率	%
生态	2. 城镇绿化覆盖率	%
	3. 林木覆盖率	%
	4. 人均耕地面积	亩/人

续表

类别	指标项	计量单位
资源	5. 每万元产值能耗	吨标煤
	6. 每万元产值水耗	吨
环境	7. 工业废水排放达标率	%
	8. 生活污水处理率	%
	9. 工业烟尘排放达标率（废气净化处理率）	%
	10. 工业固体废物综合治理率	%
	11. 生活垃圾清运量	吨
经济	12. 年 GDP 增长幅度	%
	13. 人均 GDP	万元/人
	14. 地方财政收入增长率	%
	15. 第三产业增加值 GDP 比重	%
	16. 城镇居民可支配的人均收入	元/人·年
	17. 农民年人均收入	元/人
社会	18. 农村养老保险覆盖率	%
	19. 每千人卫生技术人员数	%
	20. 有线电视人口覆盖率	人/千人
	21. 婴儿死亡率	%
	22. 刑事案件发案率	%
科技教育	23. 科技三项费占本级财政支出比重	%
	24. 每万人口大专学历以上人口比重	%
	25. 教育经费占本级财政支出比重	%
	26. 青壮年文盲率	%

表 5－16　　县与县级市社会经济生态环境状况主要指标

类别	指标项	计量单位
人口	1. 计划生育率	%
	2. 人口自然增长率	‰
生态	3. 城镇绿化覆盖率	%
	4. 林木覆盖率	%
资源	5. 人均耕地面积	亩/人
	6. 每万元产值能耗	吨标煤
	7. 每万元产值水耗	吨
环境	8. 工业废水排放达标率	%
	9. 生活污水处理率	%
	10. 工业烟尘排放达标率（废气净化处理率）	%
	11. 工业固体废物综合治理率	%
	12. 生活垃圾无害化处理率	%

续表

类别	指标项	计量单位
经济	13. 年 GDP 增长幅度	%
	14. 人均 GDP	万元/人
	15. 地方财政收入增长率	%
	16. 第三产业增加值 GDP 比重	%
	17. 城镇居民可支配的人均收入	元/人·年
	18. 农民年人均收入	元/人
社会	19. 城市户口登记的失业率	%
	20. 饮用洁净安全卫生水人口比重	%
	21. 农村养老保险覆盖率	%
	22. 每千人卫生技术人员数	%
	23. 有线电视人口覆盖率	人/千人
	24. 婴儿死亡率	%
	25. 刑事案件发案率	%
科技教育	26. 科技三项费占本级财政支出比重	%
	27. 每万人口大专学历以上人口比重	%
	28. 教育经费占本级财政支出比重	%
	29. 青壮年文盲率	%

二、广西可持续发展实验区发展水平评价

（一）研究区域

目前，广西可持续发展实验区有 7 个，分别为桂林市恭城瑶族自治县、玉林市北流市、河池市宜州市、防城港市东兴市、来宾市兴宾区、柳州市柳北区和梧州市进口再生资源加工园区，其中桂林市恭城瑶族自治县是广西唯一一个国家级可持续发展实验区。由于数据获取的局限，本节评价区域不包括柳州市柳北区和梧州市进口再生资源加工园区。

（二）研究方法

可持续发展实验区是一个复合系统，其发展水平受经济、社会、政治、文化、生态多方面因素影响，因此可持续发展水平评价指标体系也由多方面构成，是由众多指标构成的综合性指标集合，这些指标之间存在着较强的相关性，导致信息重叠，而且计算过程复杂，因此，有必要对指标进行降维处理。主成分分析法能够在保证原始数据信息损失最小的情况下，把多个指标化为少数几个综合指标，使数据结构大为简化，并且客观确定权数，避免了主观随意性，因而是评价

实验区发展水平的一种有效方法。

主成分分析法（Principal Component Analysis，PCA）是运用降维技术把多个指标简化为几个综合指标的统计分析方法[10]。其基本思想是：设法将原来众多具有一定相关性的指标做线性组合，重新组合成一组新的相互无关的综合指标。通常要求第一个线性组合方差最大，即第一个主成分包含的信息最多，如果第一个主成分不足以代表原来所有指标的信息，再考虑选取第二个主成分，依次类推，直到选取的主成分能够包含评价所需要的足够的信息。

主成分分析法的一般步骤如下[11]：

（1）对原始数据进行标准化处理，使指标具有可比性。

运用主成分分析法进行分析问题时，通常会存在原始数据不同指标的量纲和数量级的不同，指标之间不具可比性，从而使分析结果造成影响，因此在计算前要先对原始数据进行标准化处理，以消除指标的量纲和数量级对计算结果的影响，保证计算结果的客观性和科学性。

数据标准化的方法主要有直线型方法、曲线型方法和折线型方法三大类。其中直线型 Z－score 法是较常用的方法，其标准化后的指标每列均值为 0、方差为 1，逆指标则先取倒数，再进行数据标准化。计算公式为：

$$X_{ij}=\frac{x_{ij}-\bar{x}_j}{s_j}\ (i=1,\ 2,\ \cdots,\ n;\ j=1,\ 2,\ \cdots,\ p) \tag{5-1}$$

式中，X_{ij}为某单个指标的标准化值，x_{ij}为某单个指标的原始值，$\bar{x}_j=\frac{1}{n}\sum_{i=1}^{n}x_{ij}$是第 j 项指标的样本均值，$s_j=\sqrt{\frac{1}{n-1}\sum_{i=1}^{n}(x_{ij}-\bar{x}_j)^2}$是第 j 项指标的样本标准差。

（2）计算相关系数矩阵。

将标准化后的数据列成矩阵，计算矩阵中每两个指标的相关系数，得到相关系数矩阵 R

$$R=\begin{bmatrix} r_{11} & r_{12} & \cdots & r_{1p} \\ r_{21} & r_{22} & \cdots & r_{2p} \\ \vdots & \vdots & & \vdots \\ r_{p1} & r_{p2} & \cdots & r_{pp} \end{bmatrix}$$

其中 $r_{ij}(i,\ j=1,\ 2,\ \cdots,\ p)$ 是原变量 x_i 与 x_j 的相关系数，且 $r_{ij}=r_{ji}$，其计算公式为：

$$r_{ij}=\frac{\sum_{k=1}^{n}(x_{ki}-\bar{x}_i)(x_{kj}-\bar{x}_j)}{\sqrt{\sum_{k=1}^{n}(x_{ki}-x_i)^2\sum_{k=1}^{n}(\bar{x}_{kj}-\bar{x}_j)^2}} \tag{5-2}$$

（3）计算相关矩阵 R 的特征值和特征向量。

首先解特征方程 $|\lambda I - R| = 0$，通常用雅可比法（Jacobi）求出特征值 $\lambda_i(i=1, 2, \cdots, p)$，并使其按大小顺序排列，即 $\lambda_1 \geqslant \lambda_2 \geqslant \cdots \lambda_p \geqslant 0$；然后分别求出对应于特征值 λ_i 的特征向量 $e_i(i=1, 2, \cdots, p)$。

（4）计算主成分贡献率及累计贡献率。

主成分 b_i 的贡献率为：

$$b_i = \frac{\lambda_i}{\sum_{j=1}^{p} \lambda_j} (i=1, 2, \cdots, p) \tag{5-3}$$

前 k 个主成分的累计贡献率为：

$$a_k = \frac{\sum_{i=1}^{k} \lambda_i}{\sum_{j=1}^{p} \lambda_j} (k = 1, 2, \cdots, p) \tag{5-4}$$

主成分的贡献率越大，说明该主成分综合原始指标 X_1，X_2，…，X_P 信息的能力越强。当前 k 个主成分的特征值大于 1，累计贡献率达到 85% 以上，说明前 k 个主成分基本上能够包含所有测量指标的信息，因此选择前 k 个主成分来代表原来的 p 个指标变量，即

$$\begin{cases} F_1 = a_{11}x_{11} + a_{21}x_{12} + \cdots + a_{p1}x_{1p} \\ F_2 = a_{12}x_{21} + a_{22}x_{22} + \cdots + a_{p2}x_{2p} \\ \cdots \\ F_k = a_{1k}x_{k1} + a_{2k}x_{k2} + \cdots + a_{pk}x_{kp} \end{cases}$$

（5）计算各主成分得分与综合得分。

用线性组合来表示主成分，计算各主成分得分，其公式为：

$$F_m = a_{1m}ZX_1 + a_{2m}ZX_2 + \cdots + a_{pm}ZX_p \tag{5-5}$$

式中，F_m 为各主成分得分，p 为原始数据指标个数，ZX_p 是原始数据 X_p 经过标准化处理的值，a_{1i}，a_{2i}，…，$a_{pi}(i=1, 2, \cdots, m)$ 为 X 的协方差矩阵的特征值所对应的特征向量。

综合得分计算公式为：

$$F = (\lambda_1 F_1 + \lambda_2 F_2 + \cdots + \lambda_m F_m) / \sum_{i=1}^{m} \lambda_i \tag{5-6}$$

其中 λ_i 为每个主成分所对应的特征值，F_m 为确定的各主成分得分。

（三）指标体系的构建与内容

本章遵循科学性、全面性、代表性、可比性和可操作性的原则，按照可持续

发展示范区建设规划要求，结合广西可持续发展实验区发展现状和特点，同时借鉴国家科委提出的实验区可持续发展评价指标体系与国家可持续发展实验区验收指标体系以及目前国内外学者对可持续发展指标体系的研究成果，建立了一套反映广西可持续发展实验区地方特点，能够对实验区发展水平进行定量化评价的指标体系（见表5－17），该指标体系由经济发展子系统、社会进步子系统、政治建设子系统、文化建设子系统、生态建设子系统5大领域21个相关指标构成。该指标体系同时符合十八大对“五位一体”的要求。

表5－17　　广西可持续发展实验区发展水平评价指标体系

系统层	准则层	要素层		计量单位
经济发展子系统	经济规模	X1	GDP	万元
		X2	人均GDP	元
	结构合理度	X3	非农产值占总产值比例	%
	经济推动力	X4	人均社会销售品零售额	人/元
	经济集约化	X5	全社会劳动生产率	万元/人
社会进步子系统	收入水平	X6	城镇居民人均可支配收入	元
		X7	农村居民人均纯收入	元
	城乡差距	X8	城乡居民收入比	%
	就业保障	X9	城镇登记失业率	%
	城市化水平	X10	非农业人口占总人口比例	%
	基础设施水平	X11	人均电信业务量	元/人
		X12	千人拥有医院、卫生院床位数	张/千人
政治建设子系统	政府财政效率	X13	财政自给率	元/人
	经济调控绩效	X14	财政收入占GDP比例	%
	社会调控绩效	X15	城乡收入差距变动	—
文化建设子系统	教育投入	X16	教育经费支出占GDP比例	%
	教育规模	X17	万人中小学专任教师	人/万人
		X18	万人中小学在校人数	人/万人
生态建设子系统	资源节约	X19	万元工业增加值能耗	吨标准煤/万元
	生态保护	X20	人均公共绿地面积	平方米
		X21	森林覆盖率	%

（四）广西可持续发展实验区发展水平评价

1. 数据来源及处理

根据前文构建的广西可持续发展实验区发展水平评价指标体系，本章搜集了与研究区域相关的指标数据。运用统计分析软件SPSS17.0，首先对原始数据进行标准化处理，以消除由于指标数据的量纲和数量级不同而对分析结果带来的影响，然后运用标准化后的数据进行主成分分析。

2. 确定主成分个数，并命名主成分

根据特征根大于1，累积贡献率大于85%的原则提取出4个主成分作为广西可持续发展实验区发展水平的分析指标，其特征根、主成分贡献率和累计贡献率见表5－18。

表5－18　　特征根及主成分贡献率

主成分	特征根（λ）	贡献率（%）	累计贡献率（%）	权重
1	10.729	51.092	51.092	0.511
2	6.138	29.231	80.323	0.292
3	2.425	11.549	91.871	0.115
4	1.707	8.129	100	0.081

由表5－18可知，前4个主成分的累计贡献率已达100%，说明前4个主成分已提供了原始数据的全部信息，完全符合分析的要求。主成分的载荷矩阵见表5－19。

表5－19　　主成分载荷矩阵

变量	主成分			
	F1	F2	F3	F4
Zscore(X1)	－0.293	－0.323	0.124	－0.218
Zscore(X2)	0.810	－0.013	0.018	－0.586
Zscore(X3)	0.576	－0.77	－0.266	－0.066
Zscore(X4)	0.911	0.412	0.013	0.004
Zscore(X5)	0.662	0.258	0.466	－0.527
Zscore(X6)	0.922	－0.325	0.019	0.208
Zscore(X7)	0.958	－0.173	－0.075	0.215
Zscore(X8)	－0.912	－0.101	0.332	－0.219
Zscore(X9)	0.665	0.322	－0.495	－0.458
Zscore(X10)	0.846	0.328	0.389	－0.16
Zscore(X11)	0.964	0.191	0.183	－0.022
Zscore(X12)	－0.079	0.491	0.802	0.329
Zscore(X13)	0.951	0.291	0.094	0.054
Zscore(X14)	0.812	0.465	0.155	0.317
Zscore(X15)	0.336	－0.913	－0.021	0.232
Zscore(X16)	－0.521	0.574	0.148	0.428
Zscore(X17)	0.858	－0.14	－0.226	0.109
Zscore(X18)	0.837	－0.312	－0.06	0.445
Zscore(X19)	0.313	－0.792	0.514	0.100
Zscore(X20)	0.138	0.984	－0.003	－0.117
Zscore(X21)	－0.098	0.615	－0.747	0.231

由表5－18、表5－19可知，第一主成分的方差贡献率最大，为51.092%，是最重要的影响因子。该主成分在人均社会销售品零售额、城镇居民人均可支配收入、农村居民人均纯收入、人均电信业务量、财政自给率等指标上载荷较大，该主成分既反映了经济实力、社会进步的总体状况，又反映了政府财政效率水平，故可将F1定为经济社会发展、政府效率因子。其中城乡居民收入比指标的载荷系数为负值，表明第一主成分与它之间呈负相关。第二主成分F2的方差贡献率为29.231%，是次重要的影响因子，该主成分在人均公共绿地面积、森林覆盖率指标上载荷较大，故可将F2定为生态环境建设水平因子。第三主成分F3的方差贡献率为11.549%，主要在千人拥有医院、卫生院床位数指标上有较大载荷，可将其定为社会基础设施水平因子。第四主成分F4的方差贡献率为8.129%，主要在教育经费支出占GDP比例和万人中小学在校人数指标上有较大载荷，可将其定为科教发展水平因子。

3. 计算各主成分得分与综合得分

根据主成分分析的主要步骤，运用SPSS17.0软件分析数据得出广西可持续发展实验区各主成分得分与排名及综合得分与排名（见表5－20），这些主成分把实验区可持续发展水平进行了数量化。

表5－20　　广西可持续发展实验区主成分得分及排名

实验区名称	第一主成分F1		第二主成分F2		第三主成分F3		第四主成分F4		综合得分F	排名
	分值	排名	分值	排名	分值	排名	分值	排名		
恭城瑶族自治县	－0.251	4	0.288	1	－0.139	5	－0.059	4	－0.161	3
北流市	－0.101	3	－0.328	4	－0.101	4	0.111	1	－0.418	4
宜州市	－0.382	5	0.243	2	0.149	1	0.065	2	0.075	2
东兴市	0.812	1	0.119	3	0.025	3	0.011	3	0.966	1
兴宾区	－0.099	2	－0.343	5	0.076	2	－0.119	5	－0.485	5

4. 结果分析

表5－20中综合得分结果显示，在5个实验区中，可持续发展水平最高的为东兴市，其综合得分遥遥领先于其他4个实验区，分值为0.966；宜州市分值为0.075，排于次位；紧随其后的是第三位的恭城瑶族自治县；北流市排第四位，来宾市兴宾区居于末尾。恭城瑶族自治县、北流市、兴宾区综合得分为负值，说明其发展水平在5个实验区的平均水平之下。

东兴市在5个实验区中发展水平最高，实力最强。该地区既沿边、沿江又沿海，是中国—东盟自由贸易区和“两廊一圈”、泛北合作“一轴两翼”的核心地带，拥有国内、国外“两个市场、两种资源”优势，具有强大的对内吸引、向外输出条件和服务辐射功能。主要发展边境出口加工、商贸物流和边境旅游，经济规模较大，人均水平高，经济结构较为合理，投资环境好。从表5－20中也可以看出，东兴市在反映经济社会发展、政府效率总体状况的第一主成分中排名也是第一，也说明了经济发展水平是影响实验区可持续发展的关键因素，社会可持续发展是保障，实验区可持续发展同时需依靠政府的主导作用。

宜州市综合得分靠前主要归功于其社会基础设施水平与生态环境建设水平。近年来宜州按照“建设桂西北新型中等城市”的战略定位，科学推进重大建设项目，社会基础设施不断完善，城市综合服务功能得到强化，逐步改善人居环境，从表5－20中也可以看出宜州市在反映社会基础设施水平的第三主成分排名最高。宜州市生态环境建设水平高是由于宜州市凭借其优越的自然条件和区位条件，抓住国家东桑西移的机遇，大力发展桑蚕产业及蔗糖产业，目前已形成“茧—丝—绸”“桑—菇—肥”“蚕沙—叶绿素—有机肥”“甘蔗—糖—蔗渣—造纸—酒精”等循环经济模式。该实验区大力发展循环经济，降低资源消耗，减少环境污染，走“绿色发展”道路。宜州市在反映经济实力、社会进步总体状况的第一主成分中居于末尾，说明其经济水平低，社会发展缓慢。

恭城瑶族自治县综合得分居中，主要由于区域规模小，基础设施发展极不完善，生产要素配置机制不良，对资金、技术、人才的吸纳能力弱，且传统产业比重大，产业内部缺乏带动作用强的支柱产业和大型企业集团，由此造成经济效益低下，导致其他几方面发展都相对缓慢。但由于恭城瑶族自治县自20世纪90年代中后期以来，一直致力于生态建设，通过以沼气为纽带，以养猪为龙头，以果业为重点，构建起了“养殖—沼气—种植”三位一体的生态农业发展模式。经过20多年的努力，不断丰富和完善生态农业循环链条，推进了“养殖＋沼气＋种植”三位一体生态农业向“养殖＋沼气＋种植＋加工＋旅游”五位一体现代化生态农业方式转变，实现了经济与环境协调发展的“绿色经济”，因此其在反映生态环境建设因子的第二主成分中名列前茅。

北流市是广西科教最为发达的县城之一，先后获得“两基”教育、文化先进县（市）、全国素质教育先进示范县（市）、全国科普模范县（市）、广西文明城市等荣誉称号。从表5－20中也可以看出北流市在反映科教发展水平的第四主成分中排名第一。北流市同时是个工业城市，主要发展日用陶瓷制造业、水泥建材业、林产化工等传统产业，高新技术产业少，缺乏环保型企业。2011年北流市经济总量较大，但人均水平低，全社会劳动生产率低，仅为东兴市的20.95%，说明其经济社会发展水平低。又由于基础设施发展极不完善，生态环境建设水平较低，因此北流市综合得分较低，可持续发展水平在5个实验区的平均水平之下。

兴宾区在各个主成分得分中排名都不突出，造成其综合得分最低，即可持续发展水平最低。兴宾区的主导产业为电力、冶金、制糖、铝业等高耗能产业，高新技术产业发展滞后，先进制造业和精深加工比重过低，大部分产品属于低附加值的初级加工产品，科技含量低，创新能力不足，信息化建设滞后，第三产业比重低，造成兴宾区经济增长方式粗放，资源消耗大，能源消耗高，资源和能源利用率低，2011 年单位工业增加值能耗达 3.11 吨标准煤/万元，为东兴市的 1.28 倍，从表 5 - 20 中也可以看出兴宾区在反映生态环境建设水平的第二主成分中排名最低。

（五）结论

本章运用主成分分析法定量评价广西可持续发展实验区发展水平，结果显示广西可持续发展实验区发展水平低且空间差异明显，恭城瑶族自治县、北流市、兴宾区可持续发展水平低于平均水平。5 个实验区发展水平的严重不均衡将是广西可持续发展实验区可持续发展急需解决的问题。各实验区在区域可持续发展方面各自面临的问题有所不同，要整体推进其可持续发展水平，应分区域有所针对，有所侧重。

本章参考文献

[1] 朱启贵. 国内外可持续发展指标体系评论 [J]. 合肥联合大学学报，2000，10 (1)：11 - 23.

[2] 张志强，程国栋，徐中民. 可持续发展评估指标、方法及应用研究 [J]. 冰川冻土，2002，24 (4)：344 - 360.

[3] 韩英. 可持续发展的理论与测度方法 [M]. 北京：中国建筑工业出版社，2007.

[4] 李永峰，乔丽娜，张洪，等. 可持续发展概论 [M]. 哈尔滨：哈尔滨工业大学出版社，2013.

[5] 于洋. 绿色、效率、公平的城市愿景——美国西雅图市可持续发展指标体系研究 [J]. 国际城市规划，2009，24 (6)：46 - 52.

[6] 中国科学院可持续发展研究组. 2013 年中国可持续发展战略报告 [R]. 北京：科学出版社，2013.

[7] 刘求实，沈红. 区域可持续发展指标体系与评价方法研究 [J]. 中国人口·资源与环境，1997，4：60 - 64.

[8] 中华人民共和国科学技术部. 国家可持续发展先进示范区建设规划编制

指南［Z］. 2001－06－11.

［9］中华人民共和国科学技术部．国家可持续发展实验区管理办法［Z］. 2001－06－11.

［10］郑敏，李陇堂，王燕华．主成分分析法用于可持续发展综合评价中的探讨——以河南省为例［J］. 商丘师范学院学报，2009，25（6）：110－114.

［11］徐建华．计量地理学［M］. 北京：高等教育出版社，2006.

第六章

广西国家级可持续发展实验区发展能力评价

可持续发展能力代表可持续发展的潜力与趋势，《国家可持续发展实验区管理办法》将实验区的建设管理过程划分为新区申报、中期检查和期末验收三个阶段[1]。在各个阶段的审查过程中，需要了解实验区的可持续发展能力，以了解其经济、社会、资源、环境等要素的协调状况。本章在对可持续发展能力发展现状进行深入分析的基础上，结合恭城国家可持续发展实验区的发展特色，构建恭城实验区可持续发展能力评价指标系统，对恭城实验区 2001 ~ 2012 年可持续发展能力进行纵向评价。同时，选取了 5 个与恭城实验区同等级的实验区进行横向比较，以期反映恭城实验区可持续发展能力的全貌，从中分析和窥探出问题的薄弱环节，以便能够因地制宜地制定解决问题的措施，在更高层次上推进恭城实验区可持续发展战略的实施。

一、可持续发展能力国内外研究现状

（一）可持续发展能力内涵的研究

可持续发展能力最早是由美国学者 G. 海默（Gary Hamel）和 C. K. 普拉海拉德（C. K. Prahalad）于 1990 年提出，又称核心能力。G. 海默和 C. K. 普拉海拉德认为，如果一座城市的自然资源、知识、资产、组织程序等资源等具有价值、稀缺性和难以模仿性，那么该城市就拥有可持续发展能力[2]。该解释是从可持续发展能力的前提出发描述可持续发展能力。1992 年里约世界首脑会议通过的《21 世纪议程》提出：“一个国家的可持续发展能力在很大程度上取决于在其生态和地理条件下人民和体制的能力。具体地说，能力建设涉及一个国家的人力、科学技术、组织、体制和资源等方面的能力”[3]。这是从可持续发展能力的决定因素的角度阐释其内涵。美国的系统学家汉森（Hansen）认为可持续发展能力是一个系统可以成功地延伸到预定目标的能力，可以通过用特定系统的功能水平逼近可持续发展目标的概率来测量[4]。国际权威刊物《科学》刊登的由23位世界著名可持续发展研究者联名发表的题为“可持续发展能力学”的论文中将可持续发展能力定义为：“可持续发展能力的本质是如何维系地球生存支持系统去满足人类基本需求的能力”[5]。世界银行副行长萨拉杰丁（Serageldin）从可持续发展代际公平原则的角度对可持续发展能力进行解释，认为可持续发展能力是能够“保护和增加后代的机会”的能力[6]。

国内学者对可持续发展能力内涵的研究始于20世纪90年代末。王伟中在他1999年出版的《地方可持续发展导论》一书中第一次提到可持续发展能力，表述为“要实现可持续发展，各地方迫切需要人力和财政资源的支持以增强其自身管理和把握其发展的能力”[7]。中国科学院可持续发展研究组将可持续发展能力表述为：“一个特定空间的可持续发展系统在规定目标和预设阶段内，可以成功地将其发展度、协调度、持续度稳定地约束在可持续发展目标阈值内的概率”[8]。

本章综合国内外对可持续发展能力内涵的研究成果，认为可持续发展能力是实现可持续发展目标的潜在能力，即指达到经济、社会、生态环境协调发展的能力。其本质是在不损害地球生存系统下满足当代人和后代人基本需求的能力。

（二）可持续发展能力评价实证研究

国内外有关区域可持续发展能力的评价作了大量的研究。索伦（Kine Halvorsen Thorén）[9][10]提出一种名为绿色柱的方法来评价城市绿色体系的可持续发展能力；巴雷多（José I. Barredo）等[11][12]以尼日利亚城市拉各斯为例，建立模型并预测城市发展，来研究发展中国家大城市的可持续发展能力。卡德雷（Julia Kondyli）[13]通过建立经济、社会、环境三个子系统总共20个指标，对北爱琴海、希腊区域的可持续发展能力进行评价。吕洁等人[14]从区域可持续发展能力角度出发，结合山东省的实际情况，构建了山东省可持续发展能力评价指标体系，并对山东省1995~2002年可持续发展能力进行定量评价。陈斌[15]利用资源环境系统、经济系统和社会系统三个复合指标评价了陕西省1999~2007年的可持续发展能力，得出从1999年以来，陕西省的可持续发展能力不断提高，区域可持续发展处在一个良好的优化过程中的结论。

总之，国内外学者对可持续发展能力评价的研究已初见成效，但由于理论界对可持续发展能力的内涵的研究还在讨论当中，可持续发展能力评价所涉及的指标体系以及评价方法尚不成熟，因此，世界各主要国家和国际组织仍在坚持不懈地对可持续发展能力理论和评价进行探索与完善。

二、恭城实验区可持续发展能力评价

（一）恭城实验区可持续发展能力评价指标体系构建原则

可持续发展能力评价指标体系建立的原则是描述、评价可持续发展能力的重要依据。受学科领域、地域差异以及研究方法的影响，目前，指标体系的构建原则还处于各抒己见状态，未形成统一的看法。为更加全面地反映恭城实验区的可持续发展能力，本章综合多角度观点进行提炼分析，在指标的选取及指标体系的构建过程中参照以下原则：

（1）科学性原则。构建指标体系应当以可持续发展理论、系统统计理论等为依据，指标的选择应当客观真实地反映恭城实验区的实际情况；收集数据、确定指标权重以及评价方法都要有科学的依据，以保证评价结果的准确性和可信度。

（2）系统性与层次性相结合的原则。可持续发展能力涉及经济发展、社会进步、环境保护以及资源利用等方面能力，是由不同子系统组成的一个有机统一体。而各个子系统又由多个层次的指标层构成，具有鲜明的层次性，上层是下层的总目标，下层是上层的影响因子。因此，指标体系的设计必须坚持系统性与层次性相结合的原则，全面、深入地评价可持续发展能力。

（3）完备性与精简性相结合的原则。可持续发展能力指标体系要求覆盖面广，能全面地反映可持续发展能力各方面因素，这就要求指标体系应当比较完备。但从资料获取和数据处理的角度看，指标体系应当简单明了，通俗易懂。因此，构建指标体系时应当选择有代表性、概括性强且数据可获取的指标，同时应避免指标之间的信息重叠，数量不宜过大，在相对完备的情况下，尽可能缩减指标数量，以便于操作。

（4）动态性和静态性相结合的原则。从总体上看，可持续发展能力状况是个动态的发展过程，但是从具体的时间段来看，又具有静态性的特征。因此，恭城实验区指标体系要具有动态性与静态性相统一的特征，选择的指标既要能反映恭城实验区的发展现状，又要能反映恭城实验区未来发展的方向与趋势，使得评价结果在一定程度上对实验区的发展起到预警和导向作用。

（5）区域性原则。不同区域可持续发展能力具有不同的特点，在选取恭城实验区可持续发展能力指标时，充分考虑恭城实验区的不同特点，考虑其发展状况，构建具有地方特色的恭城实验区可持续发展能力指标体系。

（二）恭城实验区可持续发展能力指标体系

可持续发展能力作为可持续发展的一部分，是实现可持续发展目标的潜在能力，即指达到经济、社会、生态环境协调发展的能力。其本质是在不损害地球生存系统下满足当代人和后代人基本需求的能力。本章参考国内外可持续发展能力指标体系的研究成果，根据恭城实验区的发展特色，结合国家科技部的《国家可持续发展示范区规划指标体系》，同时参考《生态县、生态市、生态省建设指标（修订稿）》制定了恭城实验区可持续发展能力评价指标体系，该指标体系包括目标层、系统层、准则层和要素层，共38个指标，见表6-1。

表6-1　恭城实验区可持续发展能力指标体系

<table>
<tr><th>目标层</th><th>系统层</th><th>准则层</th><th colspan="2">要素层</th></tr>
<tr><td rowspan="24">恭城实验区可持续发展能力指标体系</td><td rowspan="8">经济子系统</td><td rowspan="2">经济规模</td><td>J1</td><td>人均GDP（元）</td></tr>
<tr><td>J2</td><td>人均社会消费品零售总额（元）</td></tr>
<tr><td rowspan="2">经济结构</td><td>J3</td><td>第三产业产值占地区生产总值比重（%）</td></tr>
<tr><td>J4</td><td>工业增加值占地区生产总值比重（%）</td></tr>
<tr><td rowspan="2">经济效益</td><td>J5</td><td>全社会劳动生产率（元/人·年）</td></tr>
<tr><td>J6</td><td>固定资产产值率（%）</td></tr>
<tr><td>经济推动力</td><td>J7</td><td>全社会固定资产投资额（万元）</td></tr>
<tr><td>经济集约性</td><td>J8</td><td>万元GDP能耗（标准煤/万元）</td></tr>
<tr><td rowspan="16">社会子系统</td><td rowspan="2">人口状况</td><td>S1</td><td>人口自然增长率（%）</td></tr>
<tr><td>S2</td><td>人口城镇化水平（%）</td></tr>
<tr><td rowspan="8">生活质量</td><td>S3</td><td>城镇居民人均可支配收入（元）</td></tr>
<tr><td>S4</td><td>农民人均纯收入（元）</td></tr>
<tr><td>S5</td><td>城镇恩格尔系数（%）</td></tr>
<tr><td>S6</td><td>农村恩格尔系数（%）</td></tr>
<tr><td>S7</td><td>千人拥有卫生技术人员数（人）</td></tr>
<tr><td>S8</td><td>人均电信业务量（元）</td></tr>
<tr><td>S9</td><td>万人民用汽车拥有量（辆）</td></tr>
<tr><td>S10</td><td>人均居住面积（平方米）</td></tr>
<tr><td rowspan="2">教育水平</td><td>S11</td><td>教育经费占财政支出比重（%）</td></tr>
<tr><td>S12</td><td>万人拥有初高中在校学生数（人）</td></tr>
<tr><td rowspan="4">社会稳定与保障</td><td>S13</td><td>城镇登记失业率（%）</td></tr>
<tr><td>S14</td><td>城乡收入差距水平</td></tr>
<tr><td>S15</td><td>城镇职工养老保险覆盖率（%）</td></tr>
<tr><td>S16</td><td>刑事案件发案率（‰）</td></tr>
</table>

续表

目标层	系统层	准则层	要素层	
恭城实验区可持续发展能力指标体系	资源环境子系统	环境污染	Z1	化肥施用强度（折纯）（千克/公顷）
			Z2	单位 GDP 工业废气排放量（万标立方米/万元）
			Z3	单位 GDP 工业废水排放量（吨/万元）
			Z4	单位 GDP 工业固体废物产生量（吨/万元）
		生态建设	Z5	森林覆盖率（%）
			Z6	环保支出占财政支出比例（%）
		资源利用	Z7	人均耕地面积（亩）
			Z8	万元 GDP 生态足迹（公顷/万元）
			Z9	工业固体废物综合利用率（%）
	科技子系统	科技投入	K1	万人拥有科技活动人员数（人）
			K2	人均科学技术费（元/人）
			K3	科技支出占财政支出的比例（%）
		科技产出	K4	十万人专利授权量（个）
			K5	年技术合同成交金额（万元）

（三）各子系统可持续发展能力评价

1. 提取主成分

运用 SPSS17.0 软件对恭城实验区可持续发展能力指标数据进行标准化处理，并计算各子系统相关系数矩阵以及各子系统中各主成分的特征值、贡献率及累积贡献率，提取特征值大于 1，且累积贡献率达到 85% 以上的主成分，结果见表 6－2。各子系统主成分的载荷矩阵见表 6－3～表 6－6。

表 6－2　　各子系统的特征值、贡献率及累积贡献率

	主成分	特征值	贡献率（%）	累计贡献率（%）
经济子系统	F_{J1}	5.725	71.560	71.560
	F_{J2}	1.474	18.424	89.984
社会子系统	F_{S1}	10.515	64.470	64.47
	F_{S2}	2.505	12.587	77.057
	F_{S3}	1.179	11.683	88.74
资源环境子系统	F_{Z1}	6.109	46.395	46.395
	F_{Z2}	1.782	41.279	87.674
科技子系统	F_{K1}	3.107	58.091	58.091
	F_{K2}	1.049	28.026	86.117

由表6-2可以看出：在经济子系统中，特征值大于1的主成分有2个，其累计贡献率为89.984%，大于85%，说明前2个主成分能够反映原始指标的全部信息，完全符合分析的要求。因此只需求出第一主成分 F_{J1} 和第二主成分 F_{J2} 的综合得分，就能够反映恭城实验区的经济可持续发展能力。主成分载荷矩阵反映主成分与各指标的亲疏关系，经济子系统第一主成分 F_{J1} 的贡献率为71.560%，具有较高的综合性，从其主成分载荷矩阵（见表6-3）中各指标的载荷值可以看出，人均GDP、人均社会消费品零售总额、工业增加值占地区生产总值比重、全社会固定资产投资额这些指标对于经济可持续发展能力起到了重要的作用。而固定资产产值率的载荷值为负，并且绝对值较大，是经济子系统可持续发展能力的重要制约因素。

表6-3　　经济子系统主成分载荷矩阵

准则层	要素层	F_{J1}	F_{J2}
经济规模	人均GDP（元）	0.987	-0.103
	人均社会消费品零售总额（元）	0.990	-0.024
经济结构	第三产业产值占地区生产总值比重（%）	-0.362	0.796
	工业增加值占地区生产总值比重（%）	0.957	0.086
经济效益	全社会劳动生产率（元/人·年）	0.299	0.817
	固定资产产值率（%）	-0.943	0.019
经济推动力	全社会固定资产投资额（万元）	0.976	-0.181
经济集约性	万元GDP能耗（标准煤/万元）	0.891	0.349

在社会子系统中，特征值大于1的主成分有3个，其累积贡献率为88.74%，比85%大，说明前3个主成分可以代表原始变量的全部信息，只要算出这三个主成分的综合得分就能够反映恭城实验区社会可持续发展能力。从表6-2知，社会子系统第一主成分 F_{S1} 的贡献率为64.47%，综合能力比较强，从其主成分载荷矩阵（见表6-4）中可以看到，人口城镇化水平、城镇居民人均可支配收入、农民人均纯收入、千人拥有卫生技术人员数、人均电信业务量、万人民用汽车拥有量、人均居住面积、城镇职工养老保险覆盖率这些指标与社会的进步关系比较密切，综合分析这些指标的原始数据，可以得出恭城实验区在近十几年来在基础设施建设和社会保障方面取得了一定的成绩，医疗、卫生也逐步在区域内实现公共资源一体化，随着这些年经济的发展，城镇居民人均可支配收入和农民人均纯收入也在逐步提高，这些因素促进了恭城实验区社会的可持续发展。

表 6-4　　社会子系统主成分载荷矩阵

准则层	要素层	F_{S1}	F_{S2}	F_{S3}
人口状况	人口自然增长率（%）	0.068	0.218	0.941
	人口城镇化水平（%）	0.954	0.147	-0.086
生活质量	城镇居民人均可支配收入（元）	0.996	-0.008	0.044
	农民人均纯收入（元）	0.991	0.050	0.058
	城镇恩格尔系数（%）	0.823	0.176	-0.445
	农村恩格尔系数（%）	0.428	0.804	-0.155
	千人拥有卫生技术人员数（人）	0.932	0.017	-0.234
	人均电信业务量（元）	0.975	0.025	0.128
	万人民用汽车拥有量（辆）	0.932	-0.005	-0.284
	人均居住面积（平方米）	0.964	0.082	0.157
教育水平	教育经费占财政支出比重（%）	-0.609	0.470	0.311
	万人拥有初高中在校学生数（人）	-0.891	0.176	0.373
社会稳定与保障	城镇登记失业率（%）	-0.057	-0.812	-0.374
	城乡收入差距水平	-0.544	0.572	0.118
	城镇职工养老保险覆盖率（%）	0.982	0.017	0.109
	刑事案件发案率（‰）	-0.721	0.135	0.414

资源环境子系统中，第一、第二主成分的特征值都大于1，并且它们的累计贡献率为87.674%，大于85%，说明这两个主成分能够解释原始变量的全部信息。因此只需求出主成分 F_{Z1} 和 F_{Z2} 的综合得分就能够反映恭城实验区的资源环境可持续发展能力。从表6-2可知，资源环境子系统的第一主成分 F_{Z1} 的贡献率为46.395%，第二主成分 F_{Z2} 的贡献率为41.279%，两者差别不大，说明第一主成分 F_{Z1} 与第二主成分 F_{Z2} 对资源环境可持续发展能力的贡献相当。根据其主成分载荷矩阵（见表6-5）可知，第一主成分 F_{Z1} 在森林覆盖率和环保支出占财政支出比例这两个指标上的载荷值较大，是反映生态建设状况的主成分。单位GDP工业废气排放量指标的载荷值为负，并且绝对值较大，说明单位GDP工业废气排放量是制约资源环境可持续发展的重要指标；第二主成分 F_{Z2} 在工业固体废物综合利用率指标上的载荷值较大，是反映资源利用状况的主成分。人均耕地面积指标的载荷值为负，并且绝对值较大，是制约资源利用可持续发展的指标。

表 6-5 资源环境子系统主成分载荷矩阵

准则层	要素层	F_{Z1}	F_{Z2}
环境污染	化肥施用强度（折纯）（千克/公顷）	-0.571	-0.678
	单位 GDP 工业废气排放量（万标立方米/万元）	-0.910	0.189
	单位 GDP 工业废水排放量（吨/万元）	0.537	0.523
	单位 GDP 工业固体废物产生量（吨/万元）	0.373	0.856
生态建设	森林覆盖率（%）	0.867	0.445
	环保支出占财政支出比例（%）	0.819	0.223
资源利用	人均耕地面积（亩）	-0.340	-0.807
	万元 GDP 生态足迹（公顷/万元）	0.789	0.608
	工业固体废物综合利用率（%）	-0.147	0.972

在科技子系统中，特征值大于 1 的主成分有两个，并且它们的累计贡献率为 86.117%，达到了 85% 以上；因此，这两个主成分能够解释原始指标的全部信息，只需求出第一主成分 F_{K1} 和第二主成分 F_{K2} 的综合得分就能够反映恭城实验区的科技可持续发展能力。根据其主成分载荷矩阵（见表 6-6）可知，第一主成分在人均科学技术费和科技支出占财政支出的比例这两个指标上的载荷值较大，说明人均科学技术费和科技支出占财政支出的比例对于科技子系统的可持续发展能力起到了重要的作用。第二主成分在年技术合同成交金额指标上的载荷值较大，是反映科技支出的主成分。

表 6-6 科技子系统主成分载荷矩阵

准则层	要素层	F_{K1}	F_{K2}
科技投入	万人拥有科技活动人员数（人）	0.899	0.265
	人均科学技术费（元/人）	0.992	0.034
	科技支出占财政支出的比例（%）	0.970	0.137
科技产出	十万人专利授权量（个）	0.414	0.510
	年技术合同成交金额（万元）	-0.002	0.949

2. 计算各主成分得分与综合得分

根据主成分得分系数矩阵，利用式（5-5）可将各子系统提取的各主成分表示为标准化后的指标变量的线性组合，得到各子系统各主成分的得分函数，计算各子系统各主成分得分；再运用式（5-6）求出各个子系统的综合得分。

（1）经济子系统提取的主成分可用 2 个线性组合来表示，得到主成分的得分函数为：

$$F_{J1}=0.173J_1+0.173J_2-0.066J_3+0.167J_4+0.049J_5-0.165J_6+0.171J_7+0.154J_8$$

$$F_{J2}=-0.073J_1-0.02J_2+0.541J_3+0.055J_4+0.553J_5+0.016J_6-0.126J_7+0.234J_8$$

然后根据式（5－6）得到经济子系统的综合得分函数为：

$$F_J=71.56F_{J1}+18.42F_{J2}$$

（2）社会子系统提取的主成分可用3个线性组合来表示，得到主成分的得分函数为：

$$F_{S1}=0.082S_1+0.091S_2+0.111S_3+0.11S_4+0.046S_5+0.01S_6+0.08S_7+0.115S_8+0.076S_9+0.115S_{10}-0.052S_{11}-0.069S_{12}-0.015S_{13}-0.065S_{14}+0.115S_{15}-0.046S_{16}$$

$$F_{S2}=-0.081S_1+0.075S_2-0.042S_3-0.012S_4+0.172S_5+0.467S_6+0.034S_7-0.041S_8+0.032S_9-0.015S_{10}-0.216S_{11}+0.045S_{12}-0.377S_{13}+0.314S_{14}-0.041S_{15}+0.008S_{16}$$

$$F_{S3}=0.589S_1-0.008S_2+0.116S_3+0.113S_4-0.265S_5-0.24S_6-0.081S_7+0.164S_8-0.11S_9+0.17S_{10}+0.055S_{11}+0.135S_{12}-0.081S_{13}-0.091S_{14}+0.153S_{15}+0.186S_{16}$$

然后根据式（5－6）得到社会子系统的综合得分函数为：

$$F_S=64.47F_{S1}+12.587F_{S2}+11.683F_{S3}$$

（3）资源环境子系统提取的主成分可用两个线性组合来表示，得到主成分的得分函数为：

$$F_{Z1}=-0.061Z_1-0.348Z_2+0.182Z_3-0.042Z_4+0.208Z_5+0.235Z_6+0.043Z_7+0.149Z_8-0.242Z_9$$

$$F_{Z2}=-0.147Z_1+0.252Z_2+0.035Z_3+0.255Z_4+0.00Z_5-0.076Z_6-0.242Z_7+0.077Z_8+0.402Z_9$$

然后根据式（5－6）得到资源环境子系统的综合得分函数为：

$$F_Z=46.395F_{Z1}+41.279F_{Z2}$$

（4）科技子系统提取的主成分可用两个线性组合来表示，得到主成分的得分函数为：

$$F_{K1}=0.295K_1+0.375K_2+0.347K_3+0.063K_4-0.18K_5$$

$$F_{K2}=0.067K_1-0.157K_2-0.06K_3+0.377K_4+0.847K_5$$

然后根据式（5－6）得到科技子系统的综合得分函数为：

$$F_K=58.091F_{K1}+28.026F_{K2}$$

由此可得出恭城实验区2001～2012年各个子系统可持续发展能力的综合得

分，结果见表6－7。

表6－7　　恭城实验区2001～2012年各个子系统综合得分

年份	F_J	F_S	F_Z	F_K
2001	－0.824980	－1.084965	－0.779448	－0.804743
2002	－0.645491	－0.715357	－0.697872	－0.812184
2003	－1.034095	－0.791443	－0.519617	－0.565522
2004	－0.939682	－0.699467	－0.511857	－0.304105
2005	－0.594935	－0.498466	－0.468026	－0.572118
2006	－0.328544	0.191194	－0.366406	－0.481756
2007	0.280248	0.174211	－0.258412	0.548542
2008	0.397680	0.216552	0.119179	－0.168532
2009	0.717005	0.319590	0.489141	0.231644
2010	0.646697	0.696686	0.638694	0.430589
2011	1.038104	0.961370	1.035568	0.927676
2012	1.287990	1.230095	1.319057	1.570510

（四）恭城实验区可持续发展能力综合评价

在已得的恭城实验区经济、社会、资源环境与科技子系统可持续发展能力综合得分（见表6－7）的基础上，以各个子系统可持续发展能力的综合得分为指标再运用主成分分析法对各个子系统做综合评价，从而得出恭城实验区2001～2012年可持续发展能力综合得分。

在选择主成分时，发现第一主成分的特征值为3.773，贡献率为94.235，满足主成分分析特征值大于1并且累计贡献率大于85%的要求，因此第一主成分能够解释原始指标的全部信息，该主成分得分为恭城实验区可持续发展能力的综合得分，其主成分得分函数为：

$$F=0.259F_J+0.259F_S+0.259F_Z+0.253F_K$$

由此可得出恭城实验区2001～2012年可持续发展能力的综合得分，见表6－8。

表6－8　　恭城实验区2001～2012年可持续发展能力综合得分

年份	可持续发展能力综合得分
2001	－1.191482
2002	－0.979964
2003	－0.980331

续表

年份	可持续发展能力综合得分
2004	-0.827686
2005	-0.724042
2006	-0.334266
2007	0.239292
2008	0.186851
2009	0.593539
2010	0.823401
2011	1.351189
2012	1.843500

（五）评价结果分析与讨论

通过对恭城实验区2001～2012年的可持续发展能力进行综合评价，得出各子系统综合得分及可持续发展能力综合得分，分析出其变化趋势，结果见表6-9和图6-1。

表6-9　恭城实验区2001～2012年各子系统综合得分及可持续发展能力综合得分

年份	F_J	F_S	F_Z	F_K	F
2001	-0.824980	-1.084965	-0.779448	-0.804743	-1.191482
2002	-0.645491	-0.715357	-0.697872	-0.812184	-0.979964
2003	-1.034095	-0.791443	-0.519617	-0.565522	-0.980331
2004	-0.939682	-0.699467	-0.511857	-0.304105	-0.827686
2005	-0.594935	-0.498466	-0.468026	-0.572118	-0.724042
2006	-0.328544	0.191194	-0.366406	-0.481756	-0.334266
2007	0.280248	0.174211	-0.258412	0.548542	0.239292
2008	0.397680	0.216552	0.119179	-0.168532	0.186851
2009	0.717005	0.319590	0.489141	0.231644	0.593539
2010	0.646697	0.696686	0.638694	0.430589	0.823401
2011	1.038104	0.961370	1.035568	0.927676	1.351189
2012	1.287990	1.230095	1.319057	1.570510	1.843500

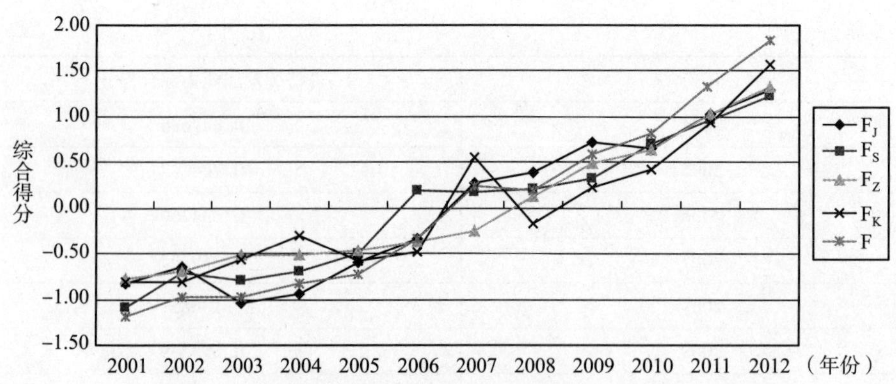

图 6-1　恭城实验区可持续发展能力各子系统综合得分及可持续发展能力综合得分变化趋势

从表 6-9 和图 6-1 可以看出恭城实验区可持续发展能力各子系统综合得分与可持续发展能力综合得分总体上均呈上升趋势，但也有个别子系统在某时间段内综合得分呈下降趋势。

从经济子系统评价结果可以看出，恭城实验区经济子系统综合得分总体上呈上升趋势，由 2001 年的 -0.824980 上升到 2012 年的 1.287990，增长了 2.65 倍，可持续发展能力朝升高方向转变，但局部年份有回落现象。2003 年的综合得分由 2002 年的 -0.645491 降为 -1.034095，下降 60.20%，2010 年的综合得分为 0.646697，比 2009 年略有下降。2003 年恭城实验区人均 GDP 和全社会固定资产投资额均比 2002 年大，因此从经济总量上看，2003 年经济发展比 2002 年有进步，但分析其经济结构、经济效益以及经济集约性各指标发现，第三产业产值占地区生产总值比重和全社会劳动生产率比 2002 年小而万元 GDP 能耗却比 2002 年大，说明固定资产投资总额增加，致使第二产业比重增加，第三产业比重下降，经济结构不合理现象显现，经济效益水平降低，经济集约性不强，致使 2003 年经济可持续发展能力综合得分降低。2010 年与上年相比，第三产业产值占地区生产总值比重、全社会劳动生产率以及固定资产产值率这三项指标数值都有所下降，导致 2010 年经济可持续发展能力下降。从经济子系统主成分载荷矩阵（见表 6-3）中也可以看到，第三产业产值占地区生产总值比重、全社会劳动生产率以及固定资产产值率这三项指标的载荷值较小，是对经济可持续发展能力贡献不大甚至是制约经济可持续发展能力的指标。因此，在未来的经济发展进程中，恭城实验区要改善经济结构，加快发展第三产业，同时提高经济效益。

从社会子系统评价结果可以看出，恭城实验区社会可持续发展能力呈稳步上升的趋势，由 2001 年的 -1.084965 上升到 2012 年的 1.230095，增加了

2.13倍。2003年和2007年综合得分略微下降，是由于2003年，教育经费占财政支出比重、万人拥有初高中在校学生数指标较上年下降，而城镇登记失业率较上年有所上升，因此其可持续发展能力下降。2007年，教育经费占财政支出比重、万人拥有初高中在校学生数较上年下降，而刑事案件发案率较上年有所上升，因此其可持续发展能力下降。从社会子系统主成分载荷矩阵（见表6－4）中可知，教育经费占财政支出比重、万人拥有初高中在校学生数、城镇登记失业率、刑事案件发案率的载荷值为负，是制约恭城实验区社会可持续发展的指标。说明恭城实验区面临着巨大的就业压力，社会安全与社会稳定有待加强。

从资源环境子系统评价结果可以看出，恭城实验区资源环境可持续发展能力呈现逐年上升的趋势，由2001年的－0.779448上升到2012年的1.319057，增长2.69倍，平均年增幅为58.59%。最大年增幅处于2009年，为上年的3.1倍，最小年增幅处于2004年，为上年的1.51%。说明恭城实验区在资源环境可持续发展方面取得了显著的成绩。2008年，化肥施用强度为研究时间段内的最高值，单位GDP工业废气排放量较上年上升，环保支出占财政支出比例较上年下降，而2009年这三项指标有明显改善，因此其可持续发展能力增幅较大。2004年与上年相比，化肥施用强度指标数值增大，环保支出占财政支出比例下降至研究时间段内的最小值，人均耕地面积下降，因此资源环境可持续发展能力增幅较小。从资源环境子系统主成分载荷矩阵（见表6－5）中也可以看到，化肥施用强度、单位GDP工业废气排放量、人均耕地面积的载荷值为负，这三项指标是制约恭城实验区资源环境可持续发展的指标，环保支出占财政支出比例的载荷值较小，说明其对恭城实验区可持续发展贡献不大，因此，恭城实验区在未来的发展中，要增强环境保护意识，加大环保支出，保护耕地，以提高资源环境可持续发展能力。

从科技子系统评价结果可以看出，恭城实验区2001～2012年科技可持续发展能力波动较大，但总体上呈上升趋势。其综合得分2001～2002年变化不大，2002～2004年持续上升，2005年略微下降，2006年较上年有所增加，2007年由2006年的－0.481756急剧上升到0.548542，2008年呈下降趋势，2009年开始呈快速上升状态，到2012年其综合得分达1.570510，是2001年的2.95倍。分析科技子系统12年间的发展历程，2007年综合得分最大，达0.548542，由于2007年恭城实验区加大对科技的投入，加强科技队伍的建设，积极实施科技项目，推动科技成果转化，万人拥有科技活动人员数、人均科学技术费以及科技支出这三项指标占财政支出的比例均较上年有很大的提高，十万人专利授权量以及年技术合同成交金额均为研究时间段内的最高值。2002年科技可持续发展能力综合得分最小，主要原因是2002年人均科学技术费和科技支出占财政支出的比例较小。

从可持续发展能力综合评价结果可以看出，恭城实验区2001～2012年的可持续发展能力总体呈现上升态势，由2001年的－1.191482升到2012年的1.843500，增长2.55倍。但其中也有波动，2008年稍有回落。2008年，除科技子系统综合得分较上年下降以外，经济子系统、社会子系统、资源环境子系统综合得分均较上年上升，因此2008年可持续发展能力下降是科技子系统可持续发展能力下降的缘故。从主成分载荷矩阵中可知，科技子系统的载荷值较小，对可持续发展能力贡献较小，因此，恭城实验区在未来的发展进程中，要在继续加快发展经济、提高资源的利用效率以及保护环境的同时，更要注重加大科技的投入，提高科技成果转化能力，提升科技可持续发展能力，促进恭城实验区的可持续发展。

三、恭城实验区与同等级实验区之间的比较

可持续发展能力代表可持续发展的潜力与趋势，可持续发展水平代表可持续发展的现状，虽然恭城实验区近十几年来可持续发展能力不断提升，水平不断提高，但与其他同等级的实验区相比，是否存在差距，是个值得进一步探讨的问题。为保证区域的可比性，本章选取了河北省石家庄市正定县、山东省烟台市长岛县、福建省漳州市东山县、河北省平泉县以及广东省梅州市丰顺县5个与恭城实验区同等级的实验区进行对比。其中河北省石家庄市正定县、山东省烟台市长岛县是国家级可持续发展先进示范区；福建省漳州市东山县为与恭城实验区同年被批准为国家级可持续发展实验区的实验区；而河北省平泉县和广东省梅州市丰顺县为发展模式与恭城实验区相似的实验区。由于数据获取的局限性，选取了15个指标构成同等级实验区可持续发展能力评价指标体系（见表6－10）。

表6－10　同等级实验区可持续发展能力评价指标体系

准则层	要素层		计量单位
经济子系统	X1	人均 GDP	元
	X2	第三产业产值占总产值比例	%
	X3	人均社会销售品零售额	人/元
	X4	全社会固定资产投资额	万元

续表

准则层	要素层		计量单位
社会子系统	X5	人口自然增长率	%
	X6	城镇居民人均可支配收入	元
	X7	农村居民人均纯收入	元
	X8	城乡居民收入比	%
	X9	城镇登记失业率	%
	X10	十万人专利授权量	个
	X11	万人拥有初高中在校学生数	人
	X12	万人医院、卫生院床位数	张
资源环境子系统	X13	万元 GDP 能耗	标准煤/万元
	X14	森林覆盖率	%
	X15	人均耕地面积	亩

运用统计分析软件 SPSS17.0，首先对原始数据进行标准化处理，然后运用标准化后的数据进行主成分分析。

（一）确定主成分个数，并命名主成分

根据特征根大于1、累积贡献率大于85%的原则提取了3个主成分作为同等级实验区可持续发展能力的分析指标，其特征根、主成分贡献率和累计贡献率见表6－11。

表6－11　　特征根及主成分贡献率

主成分	特征根	贡献率（%）	累计贡献率（%）
1	4.911	32.737	32.737
2	4.891	32.606	65.343
3	4.401	29.343	94.686

由表6－11可知，前3个主成分的累计贡献率已达94.686%，说明前3个主成分已提供了原始数据的大部分信息，完全符合分析的要求。主成分的载荷矩阵见表6－12。

表6－12　　主成分载荷矩阵

变量		主成分		
		F1	F2	F3
X1	人均 GDP	－0.02254	－0.35041	0.93423
X2	第三产业产值占总产值比例	0.92307	－0.04993	0.38074

续表

变量		主成分		
		F1	F2	F3
X3	人均社会销售品零售额	0.23543	-0.33519	0.90813
X4	全社会固定资产投资额	0.64836	0.54120	-0.24472
X5	人口自然增长率	0.74066	-0.53388	-0.25919
X6	城镇居民人均可支配收入	-0.48911	-0.10958	0.84608
X7	农村居民人均纯收入	-0.04652	-0.73116	0.66482
X8	城乡居民收入比	-0.48524	0.87193	-0.00047
X9	城镇登记失业率	-0.11564	0.89119	-0.35915
X10	十万人专利授权量	0.94684	-0.29004	0.00618
X11	万人拥有初高中在校学生数	0.87702	-0.01585	-0.19146
X12	万人医院、卫生院床位数	0.13094	-0.04979	0.95795
X13	万元 GDP 能耗	0.18328	0.96370	-0.13353
X14	森林覆盖率	-0.90931	-0.28215	-0.27687
X15	人均耕地面积	0.01277	0.93756	-0.31026

由表6-12可知，第一主成分在第三产业产值占总产值比例、十万人专利授权量指标的载荷值较大，是反映经济发展和科技进步的指标。第二主成分在万元GDP能耗与人均耕地面积指标上载荷值较大，是反映资源和环境状况的指标。第三主成分在人均GDP、人均社会销售品零售额以及万人医院、卫生院床位数指标上载荷值较大，是反映生活质量状况的指标。

（二）计算各主成分得分与综合得分

按照前文进行主成分分析的步骤中式（5-5）和式（5-6），根据主成分得分系数矩阵，将各主成分表示为标准化后的指标变量的线性组合，得到各主成分的得分函数，计算各主成分得分，然后求出各主成分的综合得分。各主成分得分与排名及综合得分与排名见表6-13。

表6-13　同等级实验区各主成分得分及排名

实验区名称	第一主成分 F1		第二主成分 F2		第三主成分 F3		综合得分 F	排名
	分值	排名	分值	排名	分值	排名		
恭城实验区	-1.12070	6	0.54878	2	-0.48343	5	-0.34831	5
正定实验区	1.84096	1	0.44742	3	0.02860	3	0.79944	1
长岛实验区	-0.41112	5	-0.70223	4	1.80109	1	0.17420	3
东山实验区	0.20177	2	-0.77162	5	-0.19327	4	-0.25585	4
平泉实验区	-0.34101	4	1.52258	1	0.06362	2	0.42613	2
丰顺实验区	-0.16990	3	-1.04494	6	-1.21661	6	-0.79560	6

（三）结论与建议

表6－13中综合得分显示，在6个实验区中，恭城实验区可持续发展能力居倒数第二位，仅高于丰顺实验区。从各主成分得分来看，在代表经济发展和科技进步的第一主成分中，恭城实验区居于末位，正定实验区排名第一；在代表资源环境状况的第二主成分中，恭城实验区排名第二，平泉实验区居于首位；在代表生活质量状况的第三主成分中，恭城实验区仅高于丰顺实验区，长岛实验区名列前茅。显然，在同等级的实验区中，恭城实验区资源环境发展能力较好，水平较高，经济社会发展水平偏低，可持续发展综合能力居于后列。

恭城实验区在未来的发展中，要加大资源环境保护力度，继续推进生态建设，同时借鉴其他实验区的有益做法和经验，促进经济社会的全面发展。

本章参考文献

[1] 陈华荣，王晓鸣．基于聚类分析的可持续发展实验区分类评价研究[J]．中国人口·资源与环境，2010，20（3）：149－154.

[2] 张勤．鄂尔多斯市可持续发展能力研究［D］．呼和浩特：内蒙古大学，2007.

[3] 牛文元．可持续发展之路——中国十年［J］．中国科学院院刊，2002，6：413－418.

[4] Hansen，J. W. A System Fram ework for Charactrerizing Farm Sustainability [J]. Agric. System，Vol. 1996，51：185－201.

[5] 范士陈．城市可持续发展能力成长过程理论解析与模型［J］．经济地理，2006，26（6）：961－964.

[6] 段国鹏．包头市可持续发展能力的评价与建设［D］．天津：天津大学，2004.

[7] 王伟中．地方可持续发展导论［M］．北京：商务印书馆，1999.

[8] 中国科学院可持续发展研究组．2002中国可持续发展战略报告［M］．北京：科学出版社，2002.

[9] Kine Halvorsen Thoren. “The green poster” A method to evaluate the sustainability of the urbangreen structure [J]. Environmental Impact Assessment Review，2000（20）：14.

[10] 宗玉志．青岛市可持续发展能力评价研究［D］．青岛：青岛大学，2007.

[11] José I. Barredo, Luca Demicheli. Urban sustainability in developing countries' megacities: modelling and predicting future urban growth in Lagos [J]. Cities, 2003 (5): 52.

[12] 李江南．娄底市可持续发展能力研究 [D]. 长沙：湖南大学，2009.

[13] Julia Kondyli. Sustainability indicators, policy and governance: Issues for ecological economics [J]. Ecological Economics, 2005 (1): 34.

[14] 吕洁，周鹏，任建兰．山东省可持续发展能力评估 [J]. 山东师范大学学报（自然科学版），2005，20 (3): 56-58.

[15] 陈斌．陕西省区域可持续发展能力评价的指标体系构建与实证研究 [D]. 西安：西北大学，2009.

第七章

广西国家级可持续发展实验区生态足迹分析

恭城国家可持续发展实验区（以下简称恭城实验区）于1997年被列为广西社会发展综合实验区，2001年被列为国家级可持续发展实验区，是一个喀斯特地貌、不沿海、不沿边、不沿铁路和不沿国道线的少数民族山区县。恭城实验区自创建以来，始终坚持把可持续发展战略与实验区具体情况相结合，已探索出一条具有恭城地方特色的“养殖+沼气+种植+加工+旅游”五位一体的现代生态产业发展模式，有力地促进了经济的健康发展和社会事业的全面进步。特殊的区位和地理环境及其发展模式，决定了恭城实验区在发展经济的同时还要充分考虑土地的生态适应性和限度，因此，以生态足迹模型为基础，揭示其生态环境压力状况，分析其可持续发展能力，能够保证恭城实验区沿着一条合理、有效的方向发展，形成示范带动效应，并逐步推广到其他地区，同时，也为广西可持续发展实验区工作的进一步推进提供理论和方法参考。

一、生态足迹模型的理论基础

生态足迹模型从生态学角度为人们提供了定量评价区域可持续发展能力的方法。加拿大生态经济学家里斯（William Rees）于1992年首次提出生态足迹的内涵，之后在他的博士生瓦克纳格尔（Mathis Wackernagel）的协助下加以完善和发展成为生态足迹模型[1][2]。生态足迹模型是一种建立在可持续发展基础上，衡量人类对自然资源的利用程度以及自然界为人类所能提供服务的方法[3]，其计算模型主要包括生态足迹（需求量）、生态承载力（供给量）、生态赤字或生态盈余三部分。

生态足迹模型基于以下两个事实：一是人类可以确定自身消费的绝大多数资源及其产生的废弃物的数量；二是这些资源和废弃物都可以折算成生产和消纳这些资源和废弃物的生态生产性土地面积或生物生产面积[4]。

（一）生态足迹模型的相关概念

1. 生态生产性土地

生态生产性土地，又称生态生产性面积或生物生产性面积，指具有生态生产能力的陆地或水体[5]。它是生态足迹模型中的基础概念，为生态足迹模型中各类资源能源的消耗提供了转化方法和统一的度量标准。

生态足迹模型根据生产力大小的差异，将地球表面的生态生产性土地分为耕地、草地、林地、水域、建设用地以及化石能源用地六大类[6]。耕地的生产力最大，用其单位面积上的生产量来表示。草地，是指人类用来发展畜牧业的土地，其生产能力比耕地小，积累生物能量的能力也远不如耕地，且有 90% 的植物能不能转化为动物能。林地，分为人工林地和天然林地，为人类提供木材及林产品，同时林地还是地球表面的天然氧吧，吸收二氧化碳净化空气、保持水土、调节气候等。水域，指能够为人类提供水产品的水体。建设用地，主要指人居设施、道路、工矿设施以及水电站等满足人类生活需要的基础设施所占用的土地。地球表面人口数量的增长会推动建设用地的增加，建设用地面积与电的消耗量呈正相关，因此选用电力的消耗代表建设用地的生态足迹。化石能源地，是指用于吸收温室气体的森林，生态足迹模型强调资源的可再生性，但事实上，目前并未留出这类土地。

2. 生态足迹

生态足迹（ecological footprint，EF）又称生态占用，是指生产已知人口（国家、城市或个人）所消费的全部资源和吸纳这些人口产生的所有废弃物所需要的生态生产性土地面积（包括陆地和水域）[7]。

3. 生态承载力

生态承载力（ecological carrying capacity）又称生态容量，指在不对自然生态系统的生产能力和功能完整性有所破坏的前提下，能无限持续的最大资源利用和废物生产率，即某一个地区内所能提供给人类的生态生产性土地面积的总和[5]。

4. 均衡因子和产量因子

由于不同的生态生产性土地的生产能力不同，导致计算出的各类生态生产性土地面积不能直接相加，因此提出了均衡因子的概念。均衡因子（equivalence factor）又称等价因子，它与生态生产力有关，其实质为一个能够使不同类型的生态生产性土地转化为生态生产力等值的土地面积的系数。某类生态生产性土地的均衡因子的大小为给定年份的全球所有该类生态生产性土地的平均生态生产力与全球所有各类生态生产性土地的平均生态生产力的比值[8]。

由于不同国家和地区的资源禀赋不同，导致不同国家和地区同一类型的生态生产性土地的生态生产力存在差异，因此，不同国家和地区的同类生态生产性土地的面积不能直接进行对比，从而引入产量因子。产量因子又称生产力系数，是将不同地区同类生态生产性土地面积转化为可比面积的参数，即某一研究区域或国家某类生态生产性土地的平均生态生产力与世界同类生态生产性土地的平均生态生产力的比值[9]。

5. 生态盈余/生态赤字

生态赤字或生态盈余为生态承载力与生态足迹之间的差额。如果某一地区的生态承载力大于生态足迹，该地区就表现为生态盈余，说明人类活动对自然生态系统的压力处于本地区生态容量的范围之内，其生态系统是安全的，表明该地区的发展模式处于相对的可持续性状态。而当某一地区的生态承载力小于生态足迹，就表现为生态赤字，则说明该地区的人类负荷超过了其生态容量，要平衡生态足迹，就需要从该地区之外进口缺失的资源能源或者消耗本地区自身的自然资本。无论是哪一种情况，都表明该地区的发展模式是处于不可持续的状态。

（二）生态足迹模型的计算方法与步骤

（1）将各种资源能源消费项目进行分类，计算各类项目的人均消费量，计算公式为：

$$C_i = \frac{B_i}{N} = \frac{O_i + I_i - E_i}{N} \tag{7-1}$$

式中，C_i 为第 i 种消费项目的人均年消费量，N 为研究区人口总数，B_i、O_i、I_i、E_i 分别第 i 种消费项目的年消费量、年生产量、年进口量、年出口量。

（2）利用全球平均产量数据，把研究区域的人均年消费量折算成相应的生态生产性土地面积，计算公式为：

$$A_i = \frac{C_i}{P_i} = \frac{O_i + I_i - E_i}{N \cdot P_i} \tag{7-2}$$

式中，A_i 为生态生产性土地面积，P_i 为相应的生态生产性土地生产第 i 项消费项目的年平均生产力（kg/hm^2）。

（3）计算生态足迹（需求量）。通过均衡因子把各类生态生产性土地面积转换为等价生产力的土地面积，汇总得到生态足迹（需求量）。其计算公式为：

$$EF = \sum_{i=1}^{6} (A_i \cdot r_i) = \sum_{i=1}^{6} \frac{(O_i + I_i - E_i) \cdot r_i}{N \cdot P_i} \tag{7-3}$$

式中，EF 为研究区域的人均生态足迹，r_i 为第 i 类生态生产性土地的均衡因子。

（4）计算生态承载力（供给量）。其计算公式为：

$$EC = \sum_{i=1}^{6} (W_i \cdot r_i \cdot y_i) \tag{7-4}$$

式中，EC 为人均生态承载力；W_i 为第 i 种类型的实际人均生态生产性面积；y_i 为产量因子。

根据《我们共同的未来》的建议，为保护地球生物多样性，人类应留出 12% 的生态生产性土地面积作为生物多样性保护面积，故在测算 EC 时还要减去 12% 的生态生产性土地面积，得到可利用的人均生态承载力，即 EC′ = (1 - 12%) EC。

（5）计算生态赤字/生态盈余，其公式为：

$$ED = EF - EC(EF \geqslant EC) \tag{7-5}$$

$$ER = EC - EF(EF \leqslant EC) \tag{7-6}$$

ED 为人均生态赤字，ER 为人均生态盈余。

二、恭城实验区生态足迹分析

（一）数据来源与处理

本章研究采用的数据主要来源于《恭城县统计年鉴（1999—2012）》以及恭城瑶族自治县国土资源局对恭城实验区的调查数据，并用《广西统计年鉴》《桂林市经济社会统计年鉴》进行补充。

由于恭城实验区只是一个地方县，其数据统计比较粗略，与国内其他地区及国外贸易的详细统计数据目前还无法全面获得。因此，本研究在计算生态足迹过程中不考虑贸易调整量；计算生态承载力时将园地面积计入林地面积，2001 ~ 2009 年未利用地主要为荒草地和裸岩石砾地，其他土地主要为河流水面，因此将未利用地面积计入草地面积，其他土地面积计入水域面积。2009 ~ 2012 年其他土地主要为田坎和裸地，因此将其他土地计入草地面积。

（二）生态足迹模型的改进

为了使研究结果更具科学性，更符合恭城实验区的实际情况，本书对生态足迹模型中的均衡因子和产量因子进行修正。

不同的学者与组织机构对均衡因子的估算不同（见表 7 - 1），但估算结果均具有相同的特点，即耕地、建设用地的均衡因子最高，其次为林地与化石能源地，最低的是水域。由于均衡因子在过去的 60 年中的变化非常微小[10]，因此，本书在计算生态足迹时不考虑均衡因子随时间变化的微量变化，而采用一组均衡因子。为了使均衡因子更准确，本书在前人研究的基础上，将历年世界普遍使用的几类均衡因子进行汇总，并采取它们的平均值作为恭城实验区的均衡因子，即耕地为 2.16、草地为 0.47、林地为 1.36、水域为 0.35、化石能源用地为 1.36、建设用地为2.16[10]。

表7-1　　**不同学者与组织机构估算的均衡因子**　　单位：gha/cap

年份	耕地	草地	林地	化石能源用地	建设用地	水域	资料来源
1999	2.11	0.47	1.35	1.35	2.11	0.35	Living Planet Report，2002
2001	2.19	0.48	1.38	1.38	2.19	0.36	Living Planet Report，2004
2003	2.17	0.47	1.35	1.35	2.17	0.35	Wackernagel，2003
2005	2.17	0.48	1.37	1.37	2.17	0.35	WWF，2005
2007	2.18	0.47	1.36	1.36	2.18	0.36	Wackernagel，2007
均值	2.16	0.47	1.36	1.36	2.16	0.35	本文使用

注：（1）假设建设用地占用了基本农田，因此建设用地与耕地有相同的均衡因子；（2）吸收二氧化碳的土地为林地，因此林地与化石能源用地均衡因子相同。

产量因子的提出，是为了消除同类生态生产性土地的地域差异，以便进行各国各地区生态足迹的比较。刘娟在对重庆市生态足迹的评价研究中提出，不涉及地区间生态足迹的比较，只对同一地区不同年份间的生态足迹进行比较，产量因子可取1[11]。本书只对恭城实验区内不同年份间的生态足迹进行比较，因此本书各土地类型的产量因子均取1。

（三）恭城实验区生态足迹模型计算与分析

1. 恭城实验区生态足迹（需求量）计算与分析

恭城实验区生态足迹（需求量）主要由生物资源消费账户与能源消费账户两部分组成。

生物资源消费账户计算分为农产品、动物产品和林产品三大类，农产品主要有谷物、豆类、薯类、油料、木薯、蔬菜、食用菌、瓜果；动物产品主要有牛肉、猪肉、禽肉、禽蛋、水产品；林产品主要有水果、茶叶、油桐籽、油茶籽、松脂、竹笋、木材。能源消费账户计算主要有电力、原煤、焦炭、汽油、柴油、液化石油气6种。

通过文献查阅发现，目前国内外关于生态足迹模型的研究，在将各种消费项目折算成相应的生态生产性土地面积时，几乎均采用联合国粮农组织（FAO）1993年公布的有关生物资源的世界平均产量和世界上单位化石能源土地面积的平均发热量等资料为标准[12]，因此，本文也采用这一折算数据计算恭城实验区的生态足迹。

根据恭城实验区的统计数据，按照前文介绍的式（7-1）~式（7-6），计算得出恭城实验区2001~2012年人均生态足迹，结果见表7-2。

表 7－2　　恭城实验区 2001～2012 年人均生态足迹汇总表　　单位：公顷/人

年份	耕地	草地	水域	林地	化石能源用地	建设用地	人均生态足迹
2001	0.464799	0.515409	0.224795	0.184868	0.069710	0.001867	1.461448
2002	0.464200	0.556847	0.215814	0.239699	0.074689	0.002040	1.553289
2003	0.451249	0.555468	0.216164	0.290260	0.111617	0.002360	1.627118
2004	0.504675	0.653291	0.231293	0.304937	0.184151	0.003492	1.881839
2005	0.521818	0.665066	0.261794	0.346474	0.222661	0.003676	2.021489
2006	0.468367	0.669953	0.275426	0.380702	0.315333	0.006494	2.116275
2007	0.459716	0.655259	0.288574	0.412756	0.415488	0.006905	2.238698
2008	0.268965	0.385408	0.207212	0.907462	0.373889	0.007588	2.150524
2009	0.285698	0.410642	0.224681	0.455104	0.414150	0.007628	1.797903
2010	0.277775	0.406476	0.238043	0.451554	0.565169	0.010030	1.949047
2011	0.294376	0.393381	0.247524	0.440529	0.807845	0.011689	2.195344
2012	0.308999	0.407199	0.261943	0.409532	0.825736	0.011748	2.225157

注：表中引用的数据是利用均衡因子调整后的数据。

由表 7－2 可知，恭城实验区人均生态足迹需求 12 年间从总量上看呈增长趋势，从 2001 年的 1.461448 公顷/人增加到 2012 年的 2.225157 公顷/人，增长了 52.26%。这反映了随着经济发展和社会进步，恭城实验区的资源和能源消耗量在不断增加。

从生态足迹各组分上看（见表 7－2 和图 7－1），耕地需求量和草地需求量在 12 年间整体上呈下降趋势，耕地需求量由 2001 年的 0.464799 公顷/人降为 2012 年的 0.308999 公顷/人，下降了 33.52%。草地需求量由 2001 年的 0.515409 公顷/人降为 2012 年的 0.407199 公顷/人，下降了 21%。两者占生态足迹需求的比例也下降，耕地需求量由 2001 年的 31.80% 降为 2012 年的 13.89%，草地需求量由 2001 年的 35.27% 下降为 2012 年的 18.30%。林地需求呈波动上升趋势，其人均需求量由 2001 年的 0.184868 公顷/人上升到 2012 年的 0.409532 公顷/人，且所占比例也由 2001 年的 12.65% 上升到 2012 年的 18.40%。水域需求也有所增加，从 2001 年的 0.224795 公顷/人增长到 2012 年的 0.261943 公顷/人。化石能源用地需求在整个生态足迹需求中处于重要地位，其人均需求量呈逐年上升趋势，由 2001 年的 0.069710 公顷/人上升到 2012 年的 0.825736 公顷/人，增加幅度达 10 倍以上，年均增长率高达 25%，其所占生态足迹需求的比例也由 2001 年的 4.77% 上升到 2012 年的 37.11%，最终超过其他五类生态生产性土地需求。建设用地需求量虽然极小，所占比例不到 1%，但其以年均 13.77% 的速度在增长。生态足迹需求量的变化说明人们的消费结构和层次发生了变化，但化石能源需求量的增长幅度远远大于其他五类生态生产性土地，说明化石能源需求量的增加是引起生态足迹需求量增加的最主要原因。

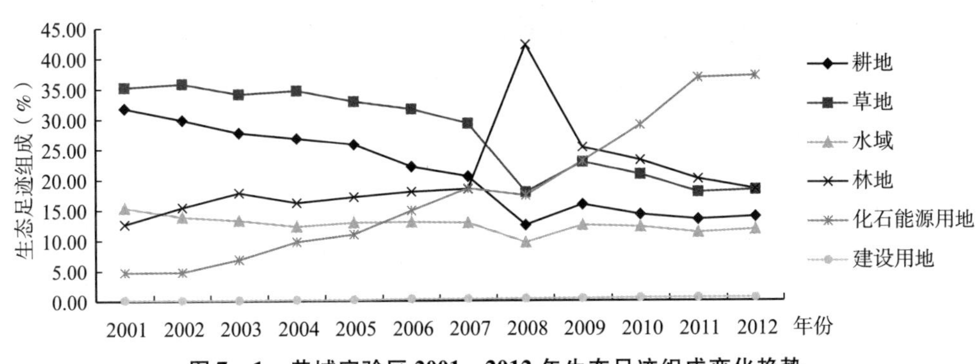

图7－1　恭城实验区2001～2012年生态足迹组成变化趋势

2. 恭城实验区生态承载力（供给量）计算与分析

根据前文介绍的式（7－4），计算恭城实验区2001～2012年的人均生态承载力，再扣除12%的生物多样性保护面积，得到可利用的人均生态承载力，结果见表7－3。

表7－3　恭城实验区2001～2012年人均生态承载力汇总表　单位：公顷/人

年份	耕地	草地	水域	林地	建设用地	人均生态承载力
2001	0.155851	0.014012	0.004629	0.743340	0.035433	0.953265
2002	0.152348	0.013941	0.004613	0.742445	0.035533	0.948880
2003	0.150876	0.013765	0.004597	0.740671	0.035522	0.945431
2004	0.150862	0.013765	0.004597	0.740670	0.035544	0.945438
2005	0.144317	0.013648	0.004564	0.738890	0.035330	0.936749
2006	0.142765	0.013504	0.004520	0.731105	0.034984	0.926878
2007	0.141769	0.013253	0.004475	0.723804	0.034778	0.918079
2008	0.140766	0.013107	0.004435	0.718161	0.035252	0.911721
2009	0.035439	0.013119	0.004538	0.769937	0.046024	0.869057
2010	0.035031	0.012837	0.004443	0.752542	0.045737	0.850590
2011	0.034794	0.012735	0.004413	0.747309	0.045757	0.845008
2012	0.034789	0.012753	0.004399	0.747144	0.046028	0.845113

注：表中数据为扣除生物多样性保护面积后的数据。

由表7－3可知，12年间恭城实验区人均生态承载力从总量上看呈缓慢递减趋势，从2001年的0.953265公顷/人下降到2012年的0.845113公顷/人，下降了11.35%。土地利用结构的变化以及人口的增加是人均生态承载力逐年下降的主要原因。

在生态承载力组成结构中，耕地、草地、水域供给量均呈下降趋势，耕地供给量由2001年的0.155851公顷/人下降为2012年的0.034789公顷/人，下降了77.68%。草地供给量由2001年的0.014012公顷/人下降为2012年的0.012753公顷/人，下降了8.99%。水域供给量由2001年的0.004629公顷/人下降为2012年的0.004399公顷/人，下降了4.97%。林地和建设用地供给量却呈增长趋势，林地供给量由2001年的0.743340公顷/人增加到2012年的0.747144公顷/人，增长了0.51%。建设用地供给由2001年的0.035433公顷/人增加到2012年的0.046028公顷/人，增长了29.90%。

从生态承载力的比例构成变化趋势看（见图7-2），林地的比重历年都最大，2001~2008年，耕地是生态承载力组成的第二大部分，林地与耕地占生态承载力的比重在94%以上，其次为草地和建设用地，水域占生态承载力的比重不到1%。而2009~2012年，建设用地超过耕地成为生态承载力构成的第二大部分，五种土地类型占生态承载力的比重顺序变为林地>建设用地>耕地>草地>水域。这是由于恭城实验区自身的发展引起土地利用结构的变化，而且2009年以后，我国开展了第二次全国土地调查，耕地、林地等土地面积都是重新测量所得，使有关生态承载力方面的土地面积变化较大，导致生态承载力比例构成的变化。

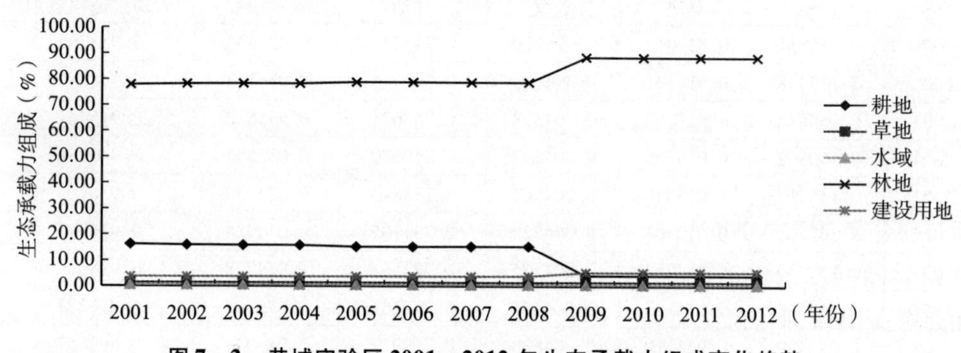

图7-2　恭城实验区2001~2012年生态承载力组成变化趋势

3. 恭城实验区生态盈余/生态赤字计算与分析

根据恭城实验区2001~2012年人均生态足迹和人均生态承载力的计算结果可知，恭城实验区同一时期的人均生态足迹大于人均生态承载力，处于生态赤字状态（见表7-4），且生态赤字呈上升趋势，从2001年的0.508183公顷/人上升到2012年的1.380044公顷/人，增长了1.72倍。生态赤字的存在，表明12年来恭城实验区的消费需求超出其生态系统的承载能力，生态供给与生态需求之比达到1∶1.53~1∶2.63，生态供需矛盾尖锐，生态形势严峻。从图7-3生态足迹供需变化趋势可知，人均生态承载力呈缓慢下降趋势，总体上变化不大，人均生态赤字的变化趋势与人均生态足迹变化趋势一致，说明恭城实验区产生生态赤字的主要原因在于其生态足迹需求量的增加。而生态足迹需求量增加的主要原因是化石能源用地需求量的增加，因此恭城实验区产生生态赤字最重要的原因就是随着其经济的快速发展和社会的不断进步，对能源的需求越来越大。

表 7 - 4　　恭城实验区 2001 ~ 2012 年人均生态盈余（或赤字）汇总表　单位：公顷/人

年份	耕地	草地	水域	林地	化石能源用地	建设用地	人均生态赤字
2001	-0. 308948	-0. 501397	-0. 220166	0. 558472	-0. 06971	0. 033566	-0. 508183
2002	-0. 311852	-0. 542906	-0. 211201	0. 502746	-0. 074689	0. 033493	-0. 604409
2003	-0. 300373	-0. 541703	-0. 211567	0. 450411	-0. 111617	0. 033162	-0. 681687
2004	-0. 353813	-0. 639526	-0. 226696	0. 435733	-0. 184151	0. 032052	-0. 936401
2005	-0. 377501	-0. 651418	-0. 25723	0. 392416	-0. 222661	0. 031654	-1. 08474
2006	-0. 325602	-0. 656449	-0. 270906	0. 350403	-0. 315333	0. 02849	-1. 189397
2007	-0. 317947	-0. 642006	-0. 284099	0. 311048	-0. 415488	0. 027873	-1. 320619
2008	-0. 128199	-0. 372301	-0. 202777	-0. 189301	-0. 373889	0. 027664	-1. 238803
2009	-0. 250259	-0. 397523	-0. 220143	0. 314833	-0. 41415	0. 038396	-0. 928846
2010	-0. 242744	-0. 393639	-0. 2336	0. 300988	-0. 565169	0. 035707	-1. 098457
2011	-0. 259582	-0. 380646	-0. 243111	0. 30678	-0. 807845	0. 034068	-1. 350336
2012	-0. 27421	-0. 394446	-0. 257544	0. 337612	-0. 825736	0. 03428	-1. 380044

注：“ - ” 表示出现赤字。

从各类生态生产性土地生态盈余（或赤字）来看，2001 ~ 2012 年，具有生态盈余的生态生产性土地有林地和建设用地，其他四类生态生产性土地均处于生态赤字状态。林地出现生态盈余是恭城实验区近 12 年来贯彻实施国家的退耕还林政策以及大力植树造林的结果，也是恭城实验区建设生态县的重要成果。建设用地出现生态盈余是由于在开发区热和房地产热的刺激下，城市化、工业化进程不断加快，最终使其生态承载力大于生态足迹。但也由于城市化、工业化进程的发展，建设占用一部分耕地和草地，且城市化、工业化过程中缺乏对环境保护的认识，使耕地和草地资源受到严重破坏，出现供不应求的情况，导致其生态赤字。水域赤字主要是由于水域供给量较小，占生态承载力的比重不到 1%，而随着人们生活水平的提高，人们的消费从基本的粮食作物消费转向营养价值较高的水产品，使水域需求量增加所致。化石能源地出现生态赤字主要是由于目前世界各国并没有预留专门的用地来吸收能源消费过程中排放的 CO_2，因而没有计算其生态承载力，且由于近 12 年来恭城实验区加大第二产业的发展，以及旅游开发逐渐成熟，导致汽油、柴油等能源消费的增加，使其生态赤字越来越大（见图 7 - 3）。

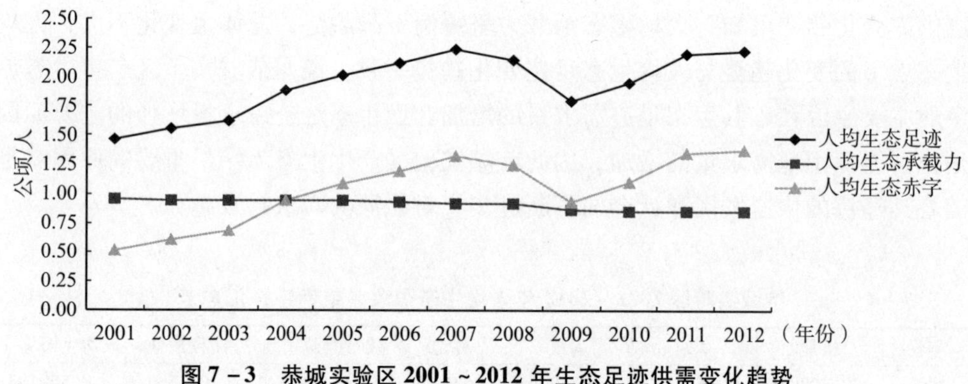

图 7－3　恭城实验区 2001～2012 年生态足迹供需变化趋势

（四）基于生态足迹模型的可持续发展能力分析

生态足迹模型是一种生物物理方法，从前人的研究结果可知，随着经济的发展，人类的生态足迹需求呈增加趋势，如果只用“生态盈余/赤字”指标评价区域的可持续发展能力，往往会得出某一区域经济越不发达、人们生活水平越低，其可持续发展能力越强的结论，这显然不符合可持续发展理论；故要运用生态足迹模型对区域可持续发展能力进行准确评价，需把生态足迹与其他指标结合。因此，本文引入万元 GDP 生态足迹、生态足迹多样性指数和生态经济系统发展能力指标从资源利用效益以及社会经济发展方面来分析恭城实验区的可持续发展能力。

万元 GDP 生态足迹是指每产生一万元 GDP 所占用的生态足迹，其值越大，表明生态生产性土地的产出越低，资源利用效益越低，反之，资源利用效益就越高[13]。因此，万元 GDP 指标可反映区域自然资源的利用效益，能较好地反映出万元 GDP 的生态足迹与自然条件状况、土地生产潜力以及区域经济发展水平的密切关系。其计算公式如下：

$$\text{万元 GDP 生态足迹} = \frac{N \cdot EF}{GDP(\text{万元})} \tag{7-7}$$

生态足迹多样性指数反映生态经济系统的稳定性，它的计算是以六类生态生产性土地面积作为指标，并采用 Shannon－Weaver 公式计算[10]，即：

$$H = -\sum_{i=1}^{6} p_i \ln p_i \tag{7-8}$$

式中，H 为生态足迹多样性指数，p_i 是第 i 种生态生产性土地的生态足迹与总生态足迹的比值。

生态经济系统的发展能力可用 Ulanowicz 公式计算[10]，公式如下：

$$C = EF \times H = EF \times \left(-\sum_{i=1}^{6} p_i \ln p_i\right) \tag{7-9}$$

式中，C 是生态经济系统的发展能力，EF 为人均生态足迹。

在恭城实验区 2001～2012 年人均生态足迹计算结果的基础上，根据式（7－7）～式（7－9）对恭城实验区 2001～2012 年的万元 GDP 生态足迹、生态足迹多样性指数和生态经济系统的发展能力进行计算，结果见表 7－5。

表 7－5　恭城实验区 2001～2012 年生态足迹多样性指数、发展能力和万元 GDP 生态足迹

年份	生态足迹多样性指数	发展能力	万元 GDP 生态足迹
2001	1.435032	2.097223	2.898766
2002	1.445962	2.245999	2.836307
2003	1.491546	2.426921	2.925005
2004	1.511905	2.845164	2.898259
2005	1.536802	3.106627	2.505338
2006	1.573299	3.329533	2.286408
2007	1.590917	3.561583	2.095538
2008	1.481727	3.186490	1.725303
2009	1.598593	2.874115	1.394308
2010	1.586290	3.091756	1.215739
2011	1.541635	3.384420	1.068283
2012	1.543854	3.435317	1.006278

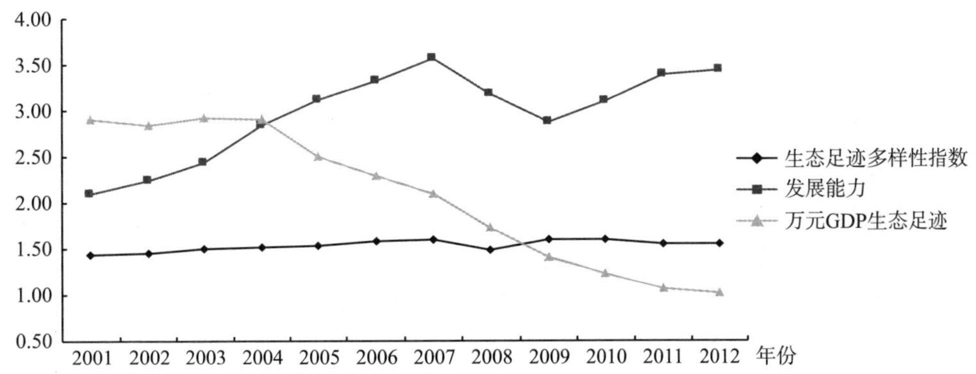

图 7－4　恭城实验区 2001～2012 年生态足迹多样性指数、发展能力以及万元 GDP 生态足迹变化趋势

从表 7－5 和图 7－4 可以看出，恭城实验区万元 GDP 生态足迹 12 年间呈下降趋势，由 2001 年的 2.898766 公顷下降为 2012 年的 1.006278 公顷，下降了 65.29%。表明恭城实验区虽然生态足迹不断增加，生态压力逐年提升，但随着科学技术的进步和管理水平的提高，在资源利用效益方面有很大的提升，经济发展正由粗放型向节约型转变，可持续发展能力有所提高。生态足迹多样性指数虽呈上升趋势，但变化幅度不大，生态经济系统发展能力在12年间则表现为明显的上升趋势，从2001年的2.097223增长到2012年的3.435317，增长了63.80%，说明恭城实验区可持续发展能力不断提高，但生态足迹多样性的增长幅度远低于生态经济系统发展能力的增长幅度，因此恭城实验区可持续发展能力的提高是以增加生态足迹为代价的，是建立在资源消耗基础之上的较低水平向高水平发展的过渡阶段。

三、结论与展望

本章应用生态足迹模型，对恭城实验区2001~2012年间生态足迹变化进行纵向分析，并从生态学角度对其可持续发展能力进行评价。认为恭城实验区近12年来处于生态赤字状态，且人均生态赤字逐年增大，其经济发展是以耗竭自身资源或其他区域的自然资源为基础的，对生态环境压力不断增大。万元GDP生态足迹逐年下降，资源利用效益有一定程度的提升。生态足迹多样性指数变化幅度较小，生态经济系统发展能力则有明显的提高，因此恭城实验区可持续发展能力正处于以资源消耗为基础的较低水平向高水平发展的过渡阶段。

12年来，恭城实验区一直致力于实验区建设，坚持生态立县，走可持续发展道路，但从生态足迹模型的角度分析，恭城实验区仍处于生态赤字状态，出现不同程度的“生态透支”，其可持续发展能力虽有提高，但水平仍然较低。因此，在恭城实验区未来的建设发展中，应在实验区发展和生态环境资源之间寻找一个均衡点，保持生态的可持续性，在降低生态赤字的基础上提高实验区的可持续发展能力。

本章参考文献

[1] Rees W E, Wackernagel M. Urban ecological footprint: Why cites cannot be sustainable and why they are a key to sustainability [J]. Environmental Impact Assessment Review, 1996, 224-248.

[2] 李伟. 基于遥感与GIS的生态足迹分板 [D]. 南京：南京林业大学，2011.

[3] 汤萃文，张忠明，苏研科等. 东祁连山农牧区生态承载力及可持续性分析 [J]. 经济研究导刊，2012，6：47-50.

[4] 李夏子，阿如旱，杨泽龙. 县域生态足迹动态变化分析——以内蒙古和林格尔县为例 [J]. 气象与环境科学，2009，3：32-36.

[5] 徐子伟. 中国贸易可持续性的生态足迹研究 [D]. 青岛: 青岛大学, 2006.

[6] 唐丽萍. 六盘水市生态足迹与可持续发展研究 [D]. 贵阳: 贵州大学, 2009.

[7] 任佳静. 基于生态足迹模型的内蒙古自治区可持续发展定量分析 [D]. 呼和浩特: 内蒙古大学, 2012.

[8] 张文鸽, 管新建, 杨文丽. 宁夏可持续发展定量评价的生态足迹分析法 [J]. 人民黄河, 2007, 2: 15 –16.

[9] 刘勇. 天津市生态足迹的计算与动态分析 [D]. 天津: 天津大学, 2007.

[10] 李永峰, 乔丽娜, 张洪, 等. 可持续发展概论 [M]. 哈尔滨: 哈尔滨工业大学出版社, 2013.

[11] 刘娟. 重庆市生态足迹综合发展评价研究 [D]. 重庆: 西南大学, 2012.

[12] 杜铁. 基于生态足迹的山西省可持续发展能力分析 [D]. 太原: 山西农业大学, 2005.

[13] 赵串串, 杨晓阳, 张凤臣, 等. 基于生态足迹分析的青海湟水河流域可持续发展能力 [J]. 干旱区研究, 2009, 26 (3): 326 –332.

第八章

可持续发展实验区发展机制研究

从前面几章的分析可看出，广西可持续发展实验区无论从规模、水平还是能力等方面，与国内发达省区相比都存在较大差距。作为广西唯一的一个国家级可持续发展实验区，恭城县近12年来处于生态赤字状态，且人均生态赤字逐年增大，其经济发展是以耗竭自身资源或其他区域的自然资源为基础的，对生态环境压力不断增大。要扭转这种局面，最核心的任务是加强可持续发展能力建设。可持续发展实验区能力建设的根本是体制机制创新，体制机制创新程度决定着实验区在依靠科技进步、调整经济结构、保护生态环境、提高生活质量和发动公众参与等方面能力建设的层次。通常，体制机制创新的主要内容有决策机制、运作机制以及考核监督机制[1]，在实践中，各实验区结合各自的经济和社会发展现状与目标，开展了推动实验区可持续发展的体制机制探索，为广西的可持续发展实验区发展机制提供了很好的借鉴。

一、国内部分可持续发展实验区发展机制

（一）福建省龙岩市国家可持续发展实验区

龙岩市位于福建西部，地处闽粤赣三省交界。龙岩市域地势由东北向西南倾斜，呈东高西低，山地丘陵占全市总面积的94.83%，自然资源十分丰富。2009年成为国家可持续发展实验区，属于中小城市型实验区。2009年以前，龙岩市的可持续发展面临着三大问题：一是资源开发粗放；二是“三废”利用效率不高；三是财政、税收、投资等促进循环经济发展的激励政策还不完善，循环经济发展的科技支撑体系也尚未形成。为了解决这些难题，龙岩市经过自身探索尝试，得出一系列适合自身发展的有效机制，获得了良好的效果。

1. 构建科学合理的党政考评机制

党政目标管理考评体系是各级政府价值目标的取向，也是政府执政理念的风

向标，党政目标管理体系设计对一个地方经济社会发展影响是巨大的。为更好地贯彻落实科学发展观，龙岩市委、市政府按照国家可持续发展实验区建设总体规划要求，调整优化了党政目标管理考评和政府绩效考评指标体系，调整压缩部门常规工作的一般性指标，在增加高新技术产业发展、民生工程建设等指标的同时，进一步增加非资源产业发展、可再生资源开发、节能减排等突出循环经济、体现科学发展的指标以及考评权重。通过建立突出循环经济、体现可持续发展价值取向的考评体系来引导行政决策和行政行为朝着有利于构建循环经济、实现可持续发展的目标推进[2]，其中“突出规划部署先行、突出产业结构优化、突出科技创新引领、突出生态环境保护、突出城乡统筹和民生保障、突出科学考评导向”的“六个突出”机制被中央学习实践科学发展观领导小组办公室作为学习实践科学发展观活动的成果和典型事例向全国宣传推广[3]。

2. 构建促进循环经济、生态市建设的机制

为推动循环经济的发展，发挥财政资金的激励和导向作用，2007 年龙岩市制定了《龙岩市发展循环经济专项资金管理暂行办法》（龙财企〔2007〕15 号），2013 年又对该暂行办法进行了修改完善，形成《龙岩市节能和发展循环经济专项资金管理办法》（龙财企〔2013〕15 号）。

2012 年，龙岩市制定出台了《关于加快推进生态市建设的意见》，编制完成《龙岩市生态市建设“十二五”规划》并经市人大常委会审议颁布执行，下发《“生态市、生态县（市、区）、生态乡镇、生态村”建设实施方案》。2013 年启动了“生态建设年”活动，开展了绿色乡镇、绿色社区、绿色学校创建活动，在全省率先启动排污权交易工作，关闭落后产能企业 42 家，淘汰落后产能 529. 6 万吨。

3. 构建科学技术支撑机制

龙岩市把科技创新摆在优先发展的战略地位，努力优化创新环境，强化激励机制，加大科技投入。在全省率先将县（市、区）政府科技投入、专利授权增长率、R&D 经费占 GDP 比重、高新技术产业增加值占 GDP 比重等指标列入市对县（市、区）党政目标管理考评内容；将万人发明专利拥有量创新指标纳入政府绩效考评；设立技术创新人才奖、市青年人才培养专项；各县（市、区）全部设立科技计划和技术创新资金。设立科技创业孵化园，该园“入孵企业”主要都是以从事高新技术产品（项目）研发生产和国家重点鼓励发展的产业为主的科技创业型企业。“入孵企业”自入驻之日起，三年内租金按市场价的 70% 收取，其中租赁面积在 100 平方米以内的，房租第一年享受全免。对获得国家、省创新基金（资金）支持的项目，市科技局按照项目所获得无偿资助的数额，给予 30% 的相应资金配套。还有，税收返还、平台使用、科技型企业贴息贷款等相关方面的优惠。这些扶持政策，吸引了越来越多企业入驻孵化园。市委、市政府出台了《龙岩市引进高层次创业创新人才暂行办法》《龙岩市产业人才高地建设实施办法》《深化科技体制改革加快创新龙岩建设的若干意见》，以及《龙岩市专利奖评奖办法》等系列扶持科技发展的政策，提出建设国家可持续发展实验区和可持续发展产业示范基地、创建国家高新区、建设海西科技创业城、实施高新企业成长助推计划和科技惠民计划五大重点任务，并相应明确具体政策经费保障和工作措施[4]。

（二）山西省长治市国家可持续发展实验区

长治市地处山西省东南部，东倚太行山，西屏太岳山，总面积 13 955. 2km^2，其中市区面积 344. 2km^2。全市现辖 10 县、2 区、1 市和 1 个高新技术产业开发区，总人口 336. 97 万，其中城镇人口 132. 79 万。长治是中华民族的发祥地之一，传说中的上古神农氏尝百草、后羿射日、精卫填海、愚公移山等故事就发端于此。抗日战争时期创建晋冀鲁豫边区根据地，是八路军总部和中共中央北方局等领导机关长期驻地。

2009 年 10 月，长治市被国家科技部等 18 部委批准为国家可持续发展实验区。长治市国家可持续发展实验区属于中小城市型（包括所辖县、市、区整区建设）实验区。长治是老工业基地和能源重化工基地，是中西部典型的经济欠发达的资源型地区。实验区建设以来，长治市委、市政府围绕“中部资源型后发地区跨越式发展中的循环经济建设及生态环境优化实验”主题，积极探索经济产业低碳转型、城市建设低碳构架、市民生活低碳宜居的发展道路，全市经济社会、生态环境等各个方面取得了长足的进步，实现了中期规划预期目标，全市可持续发展能力有了质的提升。

1. 组织保障机制

实验区建设以来，市委、市政府进一步明确了党政一把手直接抓可持续发展战略实施的领导体制，成立了以市长为组长、分管副市长任副组长、市直有关部门和 13 个县（市、区）政府等正职领导为成员的实验区建设领导组及专职管理办公室，负责实验区建设的组织领导工作，确保了实验区工作的协调有序、高效运行。

2. 制度保障机制

先后出台了《长治市发展循环经济实施方案》《长治市建设节约型社会行动纲要》《长治市低碳创新实施方案》等一系列有关推动区域可持续发展的政策措施，并逐步建立完善了实验区统计跟踪、目标任务监察、年度报告、工作例会等工作制度。市人大、市政协充分发挥人民监督、参政议政职能，组织人大代表、政协委员深入基层视察，对产业建设、重点建设项目、生态保护与环境治理、科技教育事业等事关实验区发展的工作进行专题调研，并及时听取和审议市政府关于可持续发展的有关工作报告，监督各级各部门认真执行实验区规划，提出加快实验区发展的意见建议，推进了实验区建设工作进展。通过组织保障和制度保障，长治市实验区建设逐步形成了“领导组综合协调、成员单位具体推进、办公室日常管理、专家组咨询建议、全社会共同参与”的工作机制，确保了实验区建设任务的顺利完成。

3. 科技支撑机制

实验区建区以来，长治市以提高城市自主创新能力为核心，促进科技与经济社会发展紧密结合，先后制定了《长治市科技进步奖励办法》《长治市低碳创新实施方案》等一系列政策措施，充分发挥了科技创新在经济结构调整和区域可持续发展过程中的支撑引领作用。围绕农业科技发展，实验区建设期间共组织实施各类农业科技项274项，引进推广高效集约种植技术、设施蔬菜、中药材种植等先进农业适用技术21项，组织农村技术承包项目278项，其中有70项获得省级奖励，位居全省前列。围绕提升工业科技创新水平，在煤炭、化工、机械、建材等领域，组织开展了“热电厂煤质多变条件下燃烧优化系统开发”等23项技术攻关活动，并筛选确定了支撑长治市“十二五”经济社会发展的30项重点推广技术和20项重点引进技术，支撑高新技术产业成为转方式调结构的主要力量。围绕企业自主创新能力提升，扶持建设国家级高新技术企业32家，省级以上创新型（试点）企业20家，民营科技企业252家，重点建成国家、省级企业技术中心16个，2014年全市每10万人专利申请量达到44.12件[5]。

（三）广东省云安县国家可持续发展实验区

云安县，位于广东省西部，是1996年从云浮市云城区划分出的新县，2014年9月撤县设区，云安区下辖六都镇、高村镇、白石镇、镇安镇、富林镇、石城镇、都杨镇7个镇，区人民政府驻六都镇。云安县是我国南方典型的丘陵山区县，1996年之前，云安县是广东省贫困县，在近乎一穷二白的基础上，通过历届党委政府和群众的协同努力，坚持走可持续发展道路，工业经济实现了从水泥单一产业到多元化发展的格局，形成了水泥、硫化工、新型石材等特色支柱产业；农业规模化、产业化发展良好，品牌建设取得突破性发展；城乡居民收入显著提高，生活环境显著改善，社会和谐繁荣。历届政府积极探索、践行科学发展观，可持续发展理念在实践中得到不断升华，先后建成了广东省可持续发展实验区、广东省首个循环经济试点县、云浮市首个国家级科技富民强县专项行动计划试点县、减轻农民负担全国试点县、广东省村务公开民主管理示范县、全省推广的农村综合改革“南盛模式”、全省推广的综治维稳“云安模式”、全国首个“四位一体”（敬老院、光荣院、儿童福利院、残疾人康复中心）福利中心、广东省火炬计划硫化工特色产业基地、广东省火炬计划林产化工（松香）特色产业基地、广东省产学研示范基地、省市共建先进制造业硫化工产业基地、广东省水泥产业基地、广东省石材产业基地等实验试点和产业基地[6]。

1. 大力发展循环经济，改善生态环境

云安县以矿产资源丰富而著称，依托资源禀赋全县形成了水泥、硫化工和石材三大支柱产业。资源型产业是把“双刃剑”，一方面带动了当地经济的发展，但另一方面也带来了环境的污染。多年来，云安县单位 GDP 能耗数值一直数倍于省平均值，节能减排压力巨大。为破解经济学上的“资源诅咒”，云安选择了走循环经济之路[7]。

2006 年 8 月云安县成为广东省首批循环经济试点县，县委、县政府对循环经济试点工作高度重视，成立由县政府主要领导亲自挂帅任组长的县循环经济试点工作领导小组，县直相关部门和乡镇主要负责人为领导小组成员，并下设循环经济试点工作办公室，负责具体的协调、指导和管理等日常工作。同时，制定了《云安县循环经济试点县实施方案》，各级各部门各负其责，把循环经济作为云安经济发展的生命线去推动和宣传[6]。

围绕实现由资源依赖型向资源效益型过渡，最终建设资源生态型的工业体系，逐步建立资源消耗低、环境污染少、经济效益好的国民经济体系和资源节约型环境友好型社会的总体目标，云安从企业、区域、社会三个层面推进循环经济体系建设，基本建成了水泥产业循环链，硫化工产业循环链，石材产业循环链，农村生产生活循环链，城市生产生活循环链等五大循环经济链条[8]。2015 年经国家标准委和国家发改委批准，《“三废”利用循环经济标准化》试点项目让云安成为广东省内国家级循环经济标准化唯一试点区。

2. 以主体功能区建设为引领，建立科学的政绩考评机制

云安县是广东省欠发达地区第一个以县级行政区范围为基本单元实施主体功能区划并取得明显成效的县。在充分考虑各地经济基础、区位条件、人口分布、资源禀赋等差异的基础上，将全县划分“优先发展区”“重点发展区”和“开发与保护并重示范区”三类主体功能区，并赋予各镇不同功能定位、职责要求，形成合理的区域经济结构和区域分工格局[9]。云安县把主体功能区划理念融入乡镇政绩考评机制，确立了“不以 GDP 大小论英雄，只以功能发挥好坏论成败”的政绩观。比如，在具体的指标类别上，取消了 GDP 总量的考核指标，将考评重点放在乡镇主体功能应承担的职责范围；在“区域发展”指标组中，为“优先区”“重点区”“示范区”的“工业总产值”设定的权重分别为 140、100、

60，而“农业总产值”的权重分别为50、100、130，以权重指挥重点[10]。

3. 探索农村综合改革，统筹城乡发展

早在2009年云安县就以“富民强镇”为目标，启动了“农村改革年”活动。云安是广东省最年轻的一个山区县，面对起步迟、经济弱和发展不充分、城乡不协调的县情实际，因地制宜创新实践，坚持以主体功能区建设为引领，致力探索“以统筹发展为基础、富民强县为核心、社会建设为支点、综合改革为保障”的农村改革路子，破解欠发达山区科学发展难题，形成了农村综合改革的“云安实践”[11]。“云安实践”在全省得到推广。

（四）青海省海西州国家可持续发展实验区

海西蒙古族藏族自治州州域主体为举世闻名的“聚宝盆”柴达木盆地，占海西总面积的78.76%，州内大部分地区海拔在3 000米左右。全州年平均气温为－5.6℃～5.2℃、年平均降水量16.7～487.7毫米，年平均蒸发量1 353.9～3 526.1毫米，属典型的高原大陆气候。降水量稀少，且时空分布不均，主要集中在5～9月。降水量地域分布由东向西递减，四周山地随海拔升高而增加，多在200毫米以上，海拔5 000米以上的高山降水量有400毫米以上。太阳辐射强，光照充足，日照百分率70%以上，太阳辐射和日照仅次于西藏，居全国第二位，是我国光能资源丰富地区[12]。全州现辖德令哈、格尔木两市，都兰、乌兰、天峻三县和大柴旦、冷湖、茫崖三个行政委员会，共有35个乡镇，8个街道办事处，305个行政村，77个社区，总人口64万人。

海西州地域面积辽阔，矿产资源丰富。全州总面积30.1万平方千米，占青海省总面积的41.7%，是全省区域面积最大的民族自治州。柴达木盆地现已发现矿产103种，产地1 626处，探明储量的矿产60种，占全省矿产资源总量的58%～95%，矿产资源潜在经济价值约80.5万亿元。湖盐、钾盐、镁盐、锂、锶、石棉、芒硝、石灰岩矿藏储量居全国首位，溴、硼储量居全国第二位，且矿产资源具有储量大、品位高、类型全、组合好等特点。

海西州资源环境的特殊性决定了其生态系统的脆弱性，要开发利用该区域的资源，必须在保护优先的前提下开展。树立循环经济的理念，走可持续发展之路，是柴达木实现可持续发展的必然选择。

1. 科技创新机制

近年来，海西州深入实施科技兴州战略和人才强州战略，充分发挥科技第一生产力和人才第一资源作用，坚持把科技进步和创新作为加快转变经济发展方式的重要支撑，着力推动全州科技发展迈上新台阶[13]。

（1）完善科技创新政策体系。高度重视科技创新体系建设，先后出台《关于发挥科技支撑作用促进海西经济社会持续快速发展的意见》《柴达木循环经济试验区科技创新体系建设规划》《海西州科技型企业认定办法》及《关于深化科技体制改革加快海西区域创新体系建设的实施意见》等政策措施，进一步加大了对科技创新的政策扶持，充分激发了科技创新活力。2012 年以来，累计取得省级科技成果 72 项、州级科技成果 34 项，授权专利 95 项，获得省级科技进步奖 17 项，州级科技进步奖 46 项。全州八个地区全部被列为国家科技富民强县试点县。

（2）加大财政科技投入力度。建立起以政府投入为引导，企业投入为主体，银行投入为支撑，社会投入为补充的多元化投入体系，为推动科技创新体系建设提供了强有力的资金支撑。2012 年以来，全州累计实施科技计划项目 322 项，资助资金 2. 3 亿元，其中国家级项目 38 项，资助资金 4 593 万元；省级项目 90 项，资助资金 1. 4 亿元；州级项目 194 项，资助资金 3 600 万元。2014 年全州地方财政安排科技支出 7 306 万元，是 2011 年的 2 倍；州本级科学技术支出占当年本级财政一般预算支出比例达到 1. 4% 。

（3）加强科技创新平台建设。截至 2015 年 10 月，全州已建立 11 个国家级、42 个省级科技创新平台，在企业科技研究、技术创新、新产品开发中发挥了积极作用。州政府、省科技厅与天津大学、北京化工大学等 25 家高等院校、科研机构签订战略合作协议。建立产业技术联盟等技术创新组织，在国家政策和资金引导下建立以企业为主体，产学研结合，市场化、多元化投融资和促进成果转化的有效机制，建立面向国内领先水平和国际先进水平的行业技术创新平台。目前已建立国家级“盐湖资源综合利用技术创新战略联盟”“青藏高原有色金属矿产开发与高效利用产业技术创新战略联盟”。投资 2. 2 亿元建设的柴达木科技创新园有望 2016 年投入使用，将为全州科技创新发挥重要作用。

2. 大力推动柴达木循环经济试验区发展

2005 年 10 月，柴达木循环经济试验区经国家发改委、国家环境保护总局等六部委批准，被正式列入全国首批 13 个循环经济试验区之一。2010 年 3 月，国务院正式批复《柴达木循环经济试验区总体规划》，使柴达木循环经济试验区建设由地方发展战略上升为国家战略。《总体规划》提出了“以实施可持续发展战略为宗旨，以资源综合利用、废弃物减量化、资源化和无害化为手段，切实转变工业经济增长和污染防治方式，坚持走以最有效利用资源和保护环境为基础的循环经济之路，实现循环经济示范区的可持续发展”的总体目标。为推动柴达木循环经济试验区的建设与发展，2010 年青海省政府出台了《关于加快推进柴达木循环经济试验区发展的若干意见》（青政〔2010〕70 号），提出了 20 条政策措施，涉及园区建设、产业发展、财税扶持、资源配置、人才保障以及管理体制等各个方面，这些措施含金量高、针对性强、支持力度大，操作性强，为从根本上解决制约青海省循环经济发展的体制性、基础性和政策性问题，创造了更为宽松、更加有利的现实条件和发展环境，进而形成了举全省之力推进循环经济建设的发展合力[14]。设立年均10亿元循环经济发展专项资金，为加快发展提供了坚强保障。坚持“走出去”与“请进来”相结合，采取上门招商、以商招商、以企招商、以会招商等办法，积极参加“青洽会”“西博会”“厦投会”“兰洽会”等各种节会，举办“柴达木循环经济试验区发展论坛”等一系列学术交流、成果展示活动，为加快发展营造了良好氛围[15]。

（五）河北省平泉县国家可持续发展实验区

平泉县位于河北省东北部，冀、辽、蒙三省区交界处。东部与辽宁省凌源市接壤，北与内蒙古自治区赤峰市宁城县毗连，西部与旅游胜地承德市相邻，南与宽城县接界。平泉县是京津地区重要水源地和生态屏障，是典型的资源型山区县，且具有承接京津、连通港口、辐射辽蒙的独特区位优势。县域总面积3 296平方千米，耕地62万亩，是个“七山一水二分田”的山区县，辖12镇7乡1个街道办事处、260个行政村12个社区，总人口48万，其中少数民族人口16.9万人，占总人口的35.7%，是国家扶贫开发重点县、国家可持续发展实验区、河北省统筹城乡发展试点。

2010年3月，科技部下文批准平泉县建设国家可持续民发展实验区。平泉县国家可持续发展实验区建设紧紧围绕“建设生态功能涵养区，实现产业发展生态化”的特色主题，在注重科技促进节能减排和生态建设的同时，实施六大领域、八大工程项目。在农业领域实现了食用菌、设施园艺、畜牧养殖和林果四大特色产业提质增效；在工业领域实现了矿山冶金行业二次创业转型；在第三产业领域创建了辽河源契丹、食用菌活性炭、山庄老酒等五大文化产业园。按照“减量化、再利用、再循环”的发展思路，打造了“资源—产品—利用—废弃物—再生资源综合利用”的循环经济流程，形成了以玉米、食用菌、山杏、秸秆、工业废弃物为主的五大循环经济链条。不仅节约了资源、保护了生态环境，而且走上了持续健康的发展道路，实现了经济发展和生态保护的“双丰收”[16]。平泉走出了一条京津冀水源涵养地区生态化发展，养民、富民相结合的可持续发展之路[17]。

1. 建立组织保障，成立领导小组和专家咨询团

一是成立国家可持续发展实验区建设领导小组，由县委书记、县长任组长，常务副县长、分管副县长任副组长，科技局、发改局、财政局、环保局等25个县直部门“一把手”为成员。建立可持续发展实验区建设领导小组工作会议制度，定期组织召开联席会议，研究解决实验区建设中的关键、重大问题；同时成立可持续发展实验区领导小组办公室，办公室主任由科技局局长担任，加强对可持续发展工作的组织领导和综合协调，通力协作形成合力，在全社会形成齐抓共管、实施规划的良好氛围。二是建立了实验区专家咨询团。聘请了中国农科院张金霞、北京师范大学刘学敏、武汉理工大学罗立群教授等一批专家进入咨询机构，为实验区建设提供有力的智力支持[18]。

2. 制定考核细则，加大考核力度

平泉县研究制定了《实验区建设方案及考核细则》，建立目标责任制，把实验区涉及的各项考核指标分解落实到相关部门的年度工作职能目标考核体系。将实验区建设等指标纳入全县目标考核体系，与经济工作指标同下达、同检查、同考核、同奖惩。实验区办公室和县督考办按月对各部门、乡镇进行动态督导考核，确保实验区建设各项任务按期推进。同时建立可持续发展实验区管理监督机制，运用行政、法律、计划、经济、市场等多种手段，不断调整和完善可持续发展的政策和措施，监督检查规划和示范工程的实施。建立实验区建设的奖惩制度。做好可持续发展目标与地方环境建设、土地保护、城乡统筹、经济结构调整等目标的衔接，对各个部门的可持续发展建设工作给予考核，对于在可持续发展建设中取得突出成绩的给予奖励，对于不重视资源节约、环境保护等行为的给予批评[18]。

3. 以科技创新驱动经济和社会的发展

平泉县坚持以科技创新驱动经济和社会的发展，一是先后出台了《平泉县大力推进科技进步的决定》《平泉县科技进步县长奖奖励办法》《乡镇部门科技进步目标责任制管理办法》《平泉县县管拔尖人才享受优惠待遇的有关规定》《平泉县"十二五"期间人才重点工程的实施意见》等一系列促进科技创新的政策措施；二是加强与中科院、农科院、清华大学、河北农大等高等院校和科研院所的合作，共建国家食用菌产业技术研发中心、河北省食用菌产业技术研究院、华净活性炭院士工作站、草腐菌研发中心等创新平台，引进培养高端科技创新人才和科技管理人才，为科技创新提供研发、推广和培训等方面的服务，推进产品升级、产业结构调整；三是建立"科技成果超市"，通过"实体超市"和"网络超市"，搜集、引进、发布和推广技术成熟、先进适用、对行业发展和区域经济有拉动作用的科技成果[19]；四是加大科技投入，2013 年，全县科学技术支出财政预算安排 2 499 万元，占县本级财政预算支出的 2.2%。

4. 大力发展循环经济

平泉县把发展循环经济作为转变经济发展方式的重要战略举措，围绕主导产业的资源综合利用和产业链延伸，相继出台了《平泉县关于进一步加强节能减排工作的实施意见》《平泉县关于发展循环经济的实施方案》等一系列促进循环经济发展的政策措施，按照“减量化、再利用、再循环”的发展思路，打造了“资源—产品—利用—废弃物—再生资源综合利用”的循环经济流程，形成了以玉米、食用菌、山杏、秸秆、工业废弃物为主的五大循环经济链条。不仅节约了资源、保护了生态环境，而且走上了持续健康的发展道路，实现了经济发展和生态保护的“双丰收”。

（六）山东省烟台市牟平区国家可持续发展实验区

烟台牟平区，位于山东半岛东北部的黄海之滨，区位优势明显，基础产业良好，是山东半岛、环黄渤海乃至经济较发达地区的典型代表。1994 年 12 月牟平撤县设区，现辖 12 个镇街，1 个省级开发区、1 个省级旅游度假区，共有 555 个行政村，总人口 45 万，总面积 1 511 平方千米，海岸线 65 千米。

牟平区 1991 年开始进行社会发展综合实验区试点工作，1992 年被确定为省级实验区，1994 年被批准为国家可持续发展实验区，2008 年被批准为首批国家可持续发展先进示范区。经过二十几年的探索与实践，牟平区以建设资源节约型、环境友好型循环经济、和谐社会为主题，调整优化经济结构，转变经济增长方式，以发展农业循环经济为突破口，创新发展了以种植业、养殖业、农产品贮藏加工业为主线的农业循环经济产业模式，实现了节约农业资源和农业资源的高效利用，有力地促进了经济、社会和生态的可持续发展，为同类地区提供了示范与借鉴[20]。

1. 科技创新助推经济转调升级

牟平区牢固树立以科技为支撑、项目为依托、人才为保障的科技创新工作理念，全力推动经济社会跨越式转型发展，是全国科技进步先进县。一是加强产学研合作，着力搭建企业与高校、科研院所的深层次产学研合作体系，成功促成海德机床有限公司与中科院沈阳计算技术研究所、孚信达双金属股份有限公司与北京科技大学、安德利果汁公司与中国农业大学及山东农业大学等公司与院校长期、深层次的产学研合作，为区域企业科技创新提供了丰富的科技成果和人才资源[21]。二是加强企业创新平台建设，全区拥有高新技术企业 12 家，省级企业重点实验室 1 家，省级科技企业孵化器 1 家，省级工程技术研究中心 6 家，省级专利明星企业 10 家，市级工程技术研究中心 13 家，2 家企业院士工作站[22]。三是开展“订单式培养”人才计划，针对部分企业业务的专业性较强，很难招聘到合格的技术人员和市场人员等问题，美加孵化器立足各相关企业的发展实际，根据其行业发展规划和对人才的需要，与多家专业对口院校开展“订单式培养”人才计划。按照计划，学校根据企业需求定向培养专业人才，企业为学校学生提供实习岗位；学校实验室长期对合作企业开放；企业定期安排专业人员为定向培养学生进行培训讲座[23]。

2. 深化生态文明乡村建设机制

2014 年，牟平区整合捆绑 31 个部门共 4 大类 122 小项涉农政策项目和资金，集中力量打造以武宁、高陵、文化三个镇街 36 个村为重点的区级“美丽风情宜居示范带”和 57 个镇级特色生态文明村。组织住建、林业等部门业务骨干，专门用一周时间，对全区生态文明创建启动情况逐镇逐村进行督导检查，并对 16 个生态文明创建重点村逐村、逐街巷、逐部位进行了创建指导，发现问题及时整改。将生态文明乡村建设纳入对镇街、部门岗位目标责任制考核，每季度考评按权重计入年终考核。对创建重点村按整村全面打造、村庄部分打造、重点部位打造三种类型实行分类申报、分类考核、分类验收、分类奖补[24]。

3. 大力培育农民专业合作社，推动农业产业化发展机制

2012 年，牟平区就制定了《烟台市牟平区农民专业合作社区级示范社认定管理暂行办法》，大力培育农民专业合作社示范社，出台《关于推进农业农村重点工作的意见》，制定了农业产业化财政专项资金奖励使用办法，把发展农民专业合作组织工作作为主要内容纳入各镇街岗位目标考核。对接受区农经部门培训指导，成为区级以上示范性农民专业合作组织的，区级奖励 1 万元、市级奖励 2 万元、省级奖励 3 万元。同时，农民专业合作组织每参加一次由区政府或区农业局组织的各类农副产品展示展销会，在市外省内的奖励 3 000 元，国内省外的奖励 5 000 元，国外奖励 2 万元。对农民专业合作社取得无公害农产品、绿色食品、有机食品认证的，分别给予 0.5 万元、1 万元和 1.5 万元的奖励[25]。截至 2014 年 7 月，牟平区共有省级以上农民专业合作社示范社 12 家，其中国家级示范社 4 家、省级示范社 8 家[26]。合作社按照市场规律，实行企业化管理，制定了合作社章程、安全生产、机务管理、财务管理等各项规章制度。合作社的建设推动了农业产业化发展。

4. 优化资源利用方式，推动农业循环经济发展

为探索农业循环经济发展的科学模式，牟平区通过科学规划和示范带动，积极引导企业走科技含量高、资源消耗低、废物资源化和经济效益好的生态产业道路，逐步建立起以“种养业废弃物生态产业化利用技术、苹果汁加工废弃物综合利用技术和花生加工废弃物资源化利用技术”等为主要内容的“区域农业废弃物资源化利用技术研究与示范”的新格局模式[27]。

久发股份公司是亚洲最大的食用菌科研、加工和出口企业。在久发公司的带动下，以食用菌养殖为纽带，将种植业、养殖业有机地组合，建立起“农作物种植 + 畜禽养殖—食用菌—肥料—农作物”“农作物种植 + 畜禽养殖—食用菌—

蚯蚓—饲料（蚯蚓）+肥料（蚯蚓粪便）—农作物+畜禽养殖”“农作物种植+畜禽养殖—食用菌—沼气发酵—燃料（沼气）+肥料（沼液、沼渣）—农作物”“农作物种植+畜禽养殖—食用菌—饲料—畜禽养殖”4条循环链而形成的一个有机循环农业模式[28]。

近年来，安德利果胶以发展果胶提取加工技术为契机，不断强化循环经济标准化管理体系，探索可持续发展新路子，通过自主研发和技术创新，形成“苹果基地—果汁加工—饮料生产—皮渣提胶—生物燃料—供热发电”为一体的循环经济产业，实现了生态效益与经济效益共赢，是烟台市唯一一家省级循环经济试点单位[29]。目前，公司果胶年产量约4 200吨，年净销售额约3 000万欧元，已成为亚洲第一、世界第五的果胶生产企业，坐拥全球增长速度最快的食品配料市场[30]。

二、广西可持续发展实验区发展机制研究

从各地的实践经验来看，要建设好实验区，政府组织是保证，社会共同参与是关键，科技支撑是手段，加大投入是基础[31]。实验区建设涉及经济、社会、教育、资源、环境、城镇建设各个领域，与其他类型的示范试点相比，是在坚持可持续发展思想指导下总揽全局的综合性实验。在综合性实验的过程中，一定要突出强调它的特色性，通过特色来凸显实验区可持续发展的个性和特点，从而更好地引导实验区往个性化和特色化的道路发展[32]。

（一）建立健全有效的组织领导管理机制

创建可持续发展实验区是一项系统工程，需要政府推动，需要方方面面的共同努力。建立健全可持续发展工作的领导体制和管理机构，是实验区建设持续有效开展的重要保障。政府应把可持续发展列为党委、政府整体工作部署，形成“一把手亲自抓，分管副职集中精力抓，科技部门重点抓，其他部门共同抓”的工作格局，成立领导小组和专家指导委员会。各实验区成立党政“一把手”为组长、相关部门负责人为成员的实验区工作领导小组，将实验区工作纳入党委、政府整体工作部署。领导小组下设实验区管理办公室，负责指导、协调、管理和服务。

（二）建立可持续发展实验区的科学决策机制

所谓科学决策，从本质上讲就是在认识和遵循决策客观规律的基础上，按照决策民主化的要求，根据决策过程每一步骤的需要，依靠专家运用现代科学方法

和先进技术，作出符合客观实际的正确决策[33]。可持续发展实验区是一项多因素的系统工程，随着经济社会的发展、技术的进步、信息的复杂化和多样化以及资源与环境问题等，对决策的科学性提出了更高的要求，决策的过程越来越依赖于专家。专家的作用主要体现在咨询论证、规划编制等方面。

充分发挥专家团队的作用，制定具有前瞻性、科学性且富有特色与创新的《可持续发展实验区发展规划》是可持续发展实验区建设的关键内容。规划是实验区建设的顶层设计，直接关系到实验区建设的成功与否。规划实施过程也是不断创新、不断进步、不断解决问题的过程，为确保各项工作的顺利开展，应成立实验区专家组，专家组的成员可以来自于高校和科研团队。专家组的作用：一是有针对性地开展科技攻关，解决实验区的技术难题和发展的重大问题；二是对实验区项目进行论证、咨询等。

（三）资金投入机制

加大投入，形成多渠道的投入机制，按照“谁投资，谁受益，谁所有”的原则，加快形成以社会投入为主、政府支持为辅的多渠道投入机制；建立和壮大各类社会发展基金，制订管理实施细则；发展公益性项目，在税收、各项规费和其他方面实行优惠政策。实验区在建设过程中应积极拓宽思路，广开门路，尝试建立多元化的资金筹集机制。

一是树立公共财政理念，按照建立公共财政框架的要求，采取直接补贴、贷款贴息等措施，加大政府财政对公共事业的支持力度，集中精力保证增强地方可持续发展能力的重大基础设施、公共服务设施项目以及教育、科技的投入。同时，通过政策鼓励社会力量参与到教育、医疗卫生、环卫、职业培训、中介服务等社会事业中。

二是运用市场手段，通过股份制、合资、合作、出让转让等多种方式，吸引外资和民营资本参与城镇公用设施的开发、建设和经营，建立多元化投资体制和市场化经营机制。通过这些措施，既有效地解决了投入不足问题，又大大提高了建设运营效率。同时，积极对外招商引资，广泛开展国际合作，拓宽可持续发展的资金渠道。

三是鼓励采用 PPP 模式提供基础设施和公共服务。PPP（Public-Private-Partnership），即公共部门与私人企业伙伴关系的英文字头缩写模式，是 20 世纪 90 年代初在英国公共服务领域开始应用的一种政府与私营部门之间的合作方式。PPP 模式包括了两个层面的含义：广义上是指地方政府官员和企业、志愿者为改善公共服务而进行的一种正式合作；对于中国国情来说，PPP 模式是在完善社会主义市场经济体制框架下，对公共服务领域投融资体制和管理方式上进行的创新。狭义上是指公共部门与私人部门共同参与生产和提供物品和服务的制度安排，是一种项目融资方式[34]。在基础设施及公共服务领域通过 PPP 机制引进民间资本、吸引社会资金参与供给，一方面可以减轻政府财政压力，在更好发挥其作用的同时，使社会公众得到更高质量的公共工程和公共服务的有效供给；另一方面将为日益壮大的民间资本、社会资金创造市场发展空间，使市场主体在市场体系中更好地发挥其优势和创造力[35]。

另外，要把项目开发作为经济发展的重要抓手，搞好项目筛选论证和项目库建设，把吸引外资作为重点，争取更多项目列入国家和自治区、市投资计划。千方百计地筹措建设资金，努力拓宽融资渠道。突出利用外资，争取引进、启动社会投资和直接融资，大力推进投资主体和投资形式多元化。要协调企业与金融部门的联系，加强服务，积极推荐项目，扩大银行的贷款规模，积极争取有条件的企业上市，通过发行股票、债券等直接融资，以增强企业实力。创新利用外资方式，采用和借鉴国际通行的各种投资方式，如通过特种许可经营、基础设施所有权经营权转让、企业股权转让等形式利用外资，推动可持续发展战略的实施。

（四）科技引导的示范机制

科学技术是第一生产力，也是社会进步与发展的动力。科技支撑始终是实验区发展的基本原则[36]。可持续发展实验区要高起点、高标准、高质量、高效益，牵涉到许多技术难题，只有充分发挥科学技术对可持续发展的引导和促进作用，紧紧依靠科技进步解决制约实验区可持续发展的主要问题，才能逐步实现经济社会协调持续发展的目标。

实验区应根据各自的实际情况，搭建科技创新平台，完善技术服务体系，积极探索成果转化机制，出台政策加强可持续技术的研发、示范、应用和推广。一是实验区管理办公室在宏观管理上加大统筹，梳理区域可持续发展共性关键问题，做好科技项目顶层设计，全面对接各类科技计划，为实验区搭建桥梁；二是充分依托实验区专家委员会，面向实验区开展系统的能力建设，逐步提升地方科技管理能力；三是完善实验区与科技计划对接管理机制，提升对实验区的管理和服务水平[36]；四是加强科技合作、协同创新，鼓励企业与高等院校、科研院所开展长期的产学研合作和联合攻关，及时解决发展中的重大问题，提升经济社会发展质量。

（五）强化宣传引导，公众参与机制

全国政协副主席李蒙在接受《人民日报》记者采访时指出：公众参与是可持续发展的不竭动力。我们强调公众参与可持续发展，首先在于可持续发展是公

众自身的事业，我们的可持续发展，目的是让公众在和谐的社会环境中生活、工作、学习，全面发展。其次，可持续发展是一项系统的工程，涉及自然、经济、社会等各个领域，必须充分发挥群众的积极性、主动性和创造性，把各方面的力量拧成一股绳，使中国在可持续发展中振兴，在振兴中实现现代化。最后，公众参与可持续发展是发展社会主义民主的重要内容，可持续发展关系国家发展、民族振兴，与当代民众和子孙后代的生存、发展息息相关，对这样关系重大的事情，公众有义务、有责任积极有序地参与[37]。

公众参与可持续发展实验区的建设主要体现在三个层面：一是参与实验区发展规划、计划的论证与决策过程；二是直接参与可持续发展实验区的建设；三是参与决策执行的监督。

而保障公众参与质量的关键是提高公众对于可持续发展的认识，从这个角度而言，对于公众的宣传引导就显得至关重要。宣传引导可采取多种方式开展，一是利用宣传媒体，开展广泛的宣传和引导，让可持续发展的理念深入人心，变成群众自觉的行为方式；二是可持续发展技术培训与示范，有针对性地对相关人员开展技术培训，并开展相应的示范；三是鼓励公众开展技术创新，不断解决生产和消费过程中的具体问题，提高产品技术含量，降低资源消耗，提高实验区可持续发展水平。

（六）加强交流与合作机制

加强实验区内各市、各单位之间的政策衔接，加强科技人员的交流与合作，畅通人才流动渠道，促进人才智力资源合理流动，推动实验区内人才一体化发展，增强整体创新活力。积极开展与国内其他实验区人才的交流合作，鼓励区内知名高校和科研机构在实验区内设立科研创新平台，对相关重大关键技术项目进行攻关。探索建立实验区人才智力信息平台和高层次增加实验区之间的经验交流，如定期组织不同省份间可持续发展实验区建设的经验交流。聘请相关领域的专家学者组成实验区建设专家指导委员会，开展可持续发展实验区相关理论与政策研究，制定实验区建设实施方案，提供咨询、培训和指导，参与实验区考察、考核和验收等工作，解决实验区建设中的技术关键问题。开辟建立可持续发展实验的国内区内合作与交流，学习、借鉴、引进、吸收、消化先进技术与理念，促进广西实验区建设更好更快地发展。

本章参考文献

[1] 科学技术部社会发展科技司，中国21世纪议程管理中心．中国地方可

持续发展特色案例［M］. 北京：社会科学文献出版社，2007：1－2.

［2］龙岩市科技局. 福建省龙岩市国家可持续发展实验区［EB/OL］. http：//www. fjlykjj. gov. cn/ztzl/gj/201411/t20141118_470528. htm，2013－04－10.

［3］罗姝，卢启泉，刘伟荣. 龙岩市建设可持续发展实验区侧记［N］. 闽西日报，2014－12－15.

［4］科技，驱动龙岩跨越的“强引擎”［N］. 闽西日报，2014－5－7（001）.

［5］长治市人民政府. 长治市人民政府关于长治市国家可持续发展实验区验收材料的公示［EB/OL］. http：//www. changzhi. gov. cn/info/news/2011/nry/299292. htm. 2015－09－08.

［6］许连忠，匡耀求，黄宁生，等. 依托循环经济引领山区可持续发展——云安县可持续发展实验区的特色与经验探讨［J］. 广东科技，2010，（1）：64－68.

［7］黄应来，陈清浩，黄小涧，等. 循环经济“变废为宝”云安力破“资源依赖”［N］. 南方日报，2012－06－11（A03）.

［8］沈小文. 云浮市云安县：三管齐下谋幸福六合之都辟新局［J］. 广东科技，2013，（1）：40－43.

［9］中共广东省委党校省情研究中心课题组. 脚踏实地出实招　因地制宜定良策——云安县山区农村综合改革启示［J］. 岭南学刊，2010，（4）：103－106.

［10］王金凤，刘烁，周小林. 云安：科学考核推动科学崛起［N］. 云浮日报，2010－05－07.

［11］陈清浩，周小林. 云安县农村综合改革解读［N］. 南方日报，2011－03－17（A07）.

［12］张雯，李秀彬，王秀红. 高寒温带干旱区农牧业生态系统的能值分析［J］. 干旱区资源与环境，2008，22（6）：73－78.

［13］海西州委办公室，海西州政府办公室. 海西州七项措施推动科技发展迈上新台阶［EB/OL］. http：//www. haixi. gov. cn/info/1113/139791. htm. 2015.

［14］郭海君. 柴达木循环经济试验区的政策现状、环境及导向研究［J］. 柴达木开发研究，2013，27（2）：17－20.

［15］全国最大循环经济试验区在腾飞［N］. 柴达木日报，2013－07－09（3）.

［16］承德市科技局. 平泉县国家可持续发展实验区建设成效显著［EB/OL］. http：//www. hebstd. gov. cn/news/shixian/chengde/content_128559. htm. 2015.

［17］承德市科技局. 平泉县国家可持续发展实验区通过专家实地考察验收［EB/OL］. http：//www. hebstd. gov. cn/news/shixian/chengde/content_134190. htm. 2016.

［18］平泉县科技局. 2015 年度平泉县国家可持续发展实验区验收材料公示

[EB/OL]. http: //pingquan. gov. cn/km60193/um22o/tmcty? id = 4392.

[19] 承德市科技局. 平泉县“四抓”助推全县科技创新 [EB/OL]. http: //www. hebstd. gov. cn/news/shixian/chengde/content_109048. htm. 2014.

[20] 于泉芝，曲学林. 牟平国家可持续发展先进示范区农业循环经济模式构建探析 [A]. 中国人口·资源与环境. 2011，21（专刊）：19 - 22.

[21] 李忠凯. 科技创新助推全区经济转调升级 [N]. 新牟平，2014 - 01 - 16（1）.

[22] 钟福海. 两家省级企业院士工作站落户我区 [N]. 新牟平，2014 - 10 - 23（4）.

[23] 孙明霞，于凤凯. 构筑人才高地打造创业福地 [N]. 新牟平，2014 - 10 - 16（4）.

[24] 牟宣. “大生态”引领乡村美丽蜕变 [N]. 新牟平，2014 - 11 - 27（1）.

[25] 邹家宁. 国家级农民专业合作社示范社我区有四 [N]. 2013 - 01 - 04（1）.

[26] 孙翠艳，孙志晓. 牟平区7家农民专业合作社获省级示范社称号 [EB/OL]. http: //ny. shm. com. cn/2014 - 07/15/content_4241806. htm，2014.

[27] 牟进军，王成乔，曲鲁文. 优化资源利用方式　牟平农字号企业循环经济 [N]. 烟台日报，2005 - 03 - 31.

[28] 丁强，王鸿磊，邹积华，等. 以食用菌种植为纽带的循环农业模式 [J]. 安徽农业科学，2011，39（27）：16525 - 16526，16535.

[29] 峰毓，由佳. 安德利：攻坚技术难题做好果胶大文章 [N]. 新牟平，2015 - 03 - 12（4）.

[30] 峰毓，由佳. 安德利果胶探索可持续发展新路子 [N]. 新牟平，2015 - 04 - 02（4）.

[31] 成都市金牛区国家级可持续发展实验区办公室. 发展在于机制创新——成都金牛区可持续发展的实践 [J]. 中国人口资源与环境，1999，9（4）：85 - 87.

[32] 郭艳华，周木堂. 探索可持续发展实验区特色建设的新途径 [J]. 中国人口资源与环境，2004，14（1）：109 - 111.

[33] 钱再见，李金霞. 论科学决策中的专家失灵及其责任机制建构 [J]. 理论探讨，2006，（4）：129 - 132.

[34] 刘志. PPP模式在公共服务领域中的应用和分析 [J]. 建筑经济，2005，（7）：13 - 18.

[35] 刘薇.PPP模式理论阐释及其现实例证 [J]. 财政税收与资本市场，2015 (1)：78-89.

[36] 姚娜，宋敏，刘学敏. 国家可持续发展实验区科技计划实施现状及成效 [J]. 中国人口资源与环境，2015，25 (1)：158-161.

[37] 刘维涛. 可持续发展需要公众积极有序参与——访全国政协副主席、“二十一世纪论坛”组委会副主席李蒙 [N]. 人民日报，2005-09-09 (008).

图书在版编目（CIP）数据

可持续发展实验区研究：以广西为例/宋书巧，覃玲玲，覃春烨著．—北京：经济科学出版社，2016．10
（广西西江流域生态环境与区域经济一体化丛书）
ISBN 978－7－5141－7436－6

Ⅰ．①可…　Ⅱ．①宋…②覃…③覃…　Ⅲ．①区域经济发展－实验区－研究－广西　Ⅳ．①F127．67

中国版本图书馆 CIP 数据核字（2016）第 265338 号

责任编辑：李　雪
责任校对：郑淑艳
责任印制：邱　天

可持续发展实验区研究
——以广西为例
宋书巧　覃玲玲　覃春烨　著
经济科学出版社出版、发行　新华书店经销
社址：北京市海淀区阜成路甲 28 号　邮编：100142
总编部电话：010－88191217　发行部电话：010－88191522
网址：www. esp. com. cn
电子邮件：esp@ esp. com. cn
天猫网店：经济科学出版社旗舰店
网址：http：//jjkxcbs. tmall. com
北京汉德鼎印刷有限公司印刷
三河市华玉装订厂装订
787×1092　16 开　12. 25 印张　250000 字
2016 年 10 月第 1 版　2016 年 10 月第 1 次印刷
ISBN 978－7－5141－7436－6　定价：43. 00 元
（图书出现印装问题，本社负责调换。电话：010－88191510）